제3판

신한국책략 4.0 : 북한 핵위협과 한반도 안보

김우상 지음

세창출판사

▮ 제3판 머리말 ▮

2018년과 2019년 사이에 세 차례의 남북 정상회담, 그리고 두 차례의 미 · 북 정상회담이 개최되었다. 또한 판문점에서 남 · 북 · 미 정상 간 회동도 있었다. 한반도 비핵화를 위한 정상 간 회동에도 불구하고 북한 비핵화에 관한 어떠한 진전도 없었다. 그동안 김정은 정권의 무기창고에는 핵탄두, 대륙간탄도미사일(ICBM), 잠수함발사탄도미사일(SLBM), 그 밖에 단거리 및 중거리 미사일과 방사포들이 수북이 쌓이고 있었다.

2021년 1월 바이든행정부가 출범하고 몇 달이 지난 6월 미국은 대북정책 검토작업을 끝냈다. 바이든정부의 대북정책 기조는 '조율된 실용주의' 접근으로 알려졌다. 구체적으로 어떤 정책이든 간에 문재인정부와, 또한 내년에 출범할 한국정부와 공조체제하에 바이든정부가 북한 비핵화에 소기의 성과를 내기를 기대해 본다.

바이든정부는 민주주의 동맹, 클린네트워크, '더 나은 세계 재건' 프로젝트를 위한 동맹, 인도 · 태평양 4개국 쿼드(Quad) 등을 가동하기 시작했다. 이에 한국도 동참해 주기를 바라는 눈치다. 한국정부가 어떤 결정을 내리든 간에 적어도 전략적 모호성이라는 핑계하에 미 · 중 사이에서 눈치외교는 금물이다. 사실 한국도 쿼드에 적극 동참하여 자유민주주의, 시장경제, 인권, 항행의 자유와 같은 우리 국익과 가치에 부합하는 문제들과 관련된 역내 규칙, 규범을 만들고 옹호하는 데 주력하는 모임이 될 수 있도록 힘을 거들 필요가 있다. 쿼드가 반(反)중국 공동전선이 아니라 인도·태평양의 지역질서와 가치를 유지하고 보호하기 위한 다자체제임을 보여 줄 필요가 있다.

본 개정판에는 2019년 1월에 개정한 『신한국책략 4.0』을 한 번 더 소폭 개정하여 문재인정부와 트럼프정부의 한반도 비핵화에 관한 성과, 바이든정부의 출범과 미·중 경쟁의 심화, 미·중 사이에서 한국이 취해야 할 입장 및 한·미동맹 강화 방안 등에 관한 필자의 입장을 제1부에 포함시켰다. 제2부 이론 파트는 보완하지 않았음을 밝혀 둔다.

국제정치학을 연구하는 학생들, 일반시민들이 북한 핵위협과 한반도안보 상황을 이해하는 데 이 책이 조금이나마 도움이 되었으면 한다. 무엇보다도 필자의 졸저를 사랑해 주는 독자 여러분께 항상 감사하는 마음이다.

2021년 7월
청담 서재에서
김우상

▌머리말▐

1998년 필자가 혈기왕성한 중견 국제정치학자였을 때 21세기 한국의 외교안보전략을 제시하고 동아시아 국제관계이론을 소개한 『新한국책략』을 출간했다. 어찌된 연유인지는 잘 모르겠지만 『新한국책략』은 당시 많은 국제정치학도들의 필독서가 되었던 것으로 기억한다.

필자는 국가이익을 극대화하기 위한 외교안보전략을 고심한 대로 소개했고, 그러한 전략의 근거와 관련이 있는 국제관계이론들을 평범한 말로 쉽게 풀어쓰는 데 치중했다. 그래서 '전략적 사고'를 강조하며 게임이론을 소개했고, 국제정치현실을 그대로 이해하고 분석하여 한반도 상황에 적용시키는 데 필요한 다양한 논리, 즉 다양한 국제정치이론을 소개했다. 특히 당시에는 국내 학계에 거의 소개되지 않았던 미 · 중 간 패권경쟁의 가능성을 설명하고 예측하는 세력전이이론을 소개했고 한국이 '중추적 동반자' 역할을 수행해야 한다는 중추적 중견국 역할론을 처음 주장했다. 그러다 보니 『新한국책략』은 한반도 주변의 외교안보상황과 관련된 다양한 '이론 및 실제'를 포함한 국제관계학의 교과서가 된 것이 아닌가 싶다.

그 이후 독자들에게 감사하는 마음으로 '신한국책략' 시리즈를 계속 출간하기로 결심했다. 2007년에 새 책을 집필하는 수준의 작업을 통해 『新한국책략』을 완전히 개정한 『신한국책략 II : 동아시아 국제관계』를 출간했다.

2008년부터 3년 반 동안 필자는 국제관계학의 연구를 잠시 중단하고 외교관으로 탈바꿈하는 기회를 얻었다. 전통적 중견국으로 알려진 호주(Australia)에서 대한민국 특명전권대사(Ambassador)의 직무를 수행하며 한국과 호주 간 중견국 협력외교에 매진했다. 당시에 호주의 지식인, 정계 및 재계 지도자, 언론인들 사이에서 핫 이슈가 되었던 중국의 부상과 미·중 간 패권경쟁 가능성, 그리고 이에 대한 호주의 경제 및 외교안보 정책에 관한 논의에도 직접 참여할 기회를 가졌다. 호주에서의 실전 외교경험은 필자가 10여 년간 주장해오던 중추적 중견국 역할론에 대한 확신을 주었다.

신촌 상아탑으로 복귀한 국제정치학도는 외교 일선에서의 경험을 바탕으로 2012년에 『신한국책략 Ⅲ : 대한민국 중견국 외교』를 출간했다. 신한국책략 두 번째 시리즈에 중견국 외교와 관련된 이론과 실제를 보강했다. 특히 대한민국이 지역 내에서뿐 아니라 국제사회에서 중견국 리더십을 발휘할 수 있는 역할과 그 이유에 대해 소개했다.

『신한국책략 Ⅲ』을 출간하자마자 다시 나라를 위해 봉사할 수 있는 기회가 주어졌다. 필자는 한국국제교류재단(Korea Foundation)에서 우리나라의 공공외교를 진두지휘하는 임무를 맡았다. 대표적인 중추적 중견국 호주에서 실전 외교의 경험을 쌓고 난 뒤에 실제로 한국의 중추적 중견국 외교를 구상하고 추진할 수 있는 기회를 잠시나마 가질 수 있었던 것은 필자에게 정말 행운이었다.

중추적 중견국 외교의 이론과 실제 두 가지 다 접할 수 있는 기회를 한껏 누린 국제정치학도가 이에 보답할 수 있는 가장 좋은 방법은 아마도 책을 집필하는 것이라고 생각했다. 필자는 중견국 외교와 관련된 지식과 나름대로의 전략적 사고를 독자들과 공유할 수 있도록 책을 집필하기로 결심했다. 그래서 2016년 10월에 『중견국책략 : 미 · 중 사이 한국의 스마트 외교』를 출간했다. 미 · 중 패권경쟁 구도가 현실이 된 지금 미 · 중 사이에서 한국의 외교안보전략은 어떠해야 하는지에 관한 나름대로의 생각을 역설했다. 신한국책략 시리즈와 마찬가지로 중견국 외교 이론과 실제, 한국의 중추적 중견국 외교전략을 소개했다. 특히 오래전부터 미 · 중 패권경쟁 가능성을 설명하고 예측한 세력전이이론 및 동맹전이이론을 소개하고, 동맹전이이론의 틀 속에서 중추적 중견국 외교의 중요성을 역설했다.

『중견국책략』에서는 미 · 중 패권경쟁 구도 사이에서의 한국의 중추적 중견국 외교전략에 치중하다 보니 한반도 안보와 직결된 이슈들에 관해 논의할 지면이 부족했다. 특히 한반도 비핵화를 위한 대북정책, 한반도의 평화통일을 위한 통일정책, 북한정권의 핵무기 개발로 인한 한반도의 안보불안과 이에 대비하기 위한 미국의 확장억지 제공, 한 · 미동맹의 중요성 등에 관한 필자의 전략적 사고와 이와 관련된 이론적 근거를 소개할 여분의 지면이 필요했다.

『신한국책략 4.0 : 북한 핵위협과 한반도 안보』의 제1부 '전략' 섹션에서는 북한 김정은정권의 조기 붕괴 가능성, 오바마정부의 아시아재균형정책과 전략적 인내 정책, 새로 출범한 트럼프 미국정부의 '힘을 통한 평화'에 근거한 '아시아로의 회귀' 정책, 한국의 대북정책과 통일정책, 한국의 자체 핵무장 및 한반도 전술핵재배치 주장의 허(虛)와 실(實), 한 · 미동맹의 필수불가결성, 북한 독재정권에 대한 트럼프정부의 무력행사 가능성 등에 관한 필자의 생각을 소개한다.

제2부 '이론'섹션에서는 이와 관련된 제반 국제관계이론, 즉 현실주의, 신현실주의, 자유주의, 신자유주의, 구성주의뿐 아니라 국내 학계에는 아직 잘 알려지지 않은 전략적 시각을 두루 소개한다. 게임이론, 전쟁억지이론, 핵확산이론, 군비경쟁이론, 동맹이론, 민

주평화론 등 『新한국책략』에서부터 설명한 이론들을 보완하고 국내 학계에 아직 잘 소개되지 않은 선출인단이론, 청중비용, 지대추구 이론 등도 새로이 설명한다.

이 책을 집필하는 데 여러 사람의 도움을 받았다. 먼저 2016년도 연구년의 혜택을 누리면서 집필할 수 있는 시간을 가질 수 있게 해 준 연세대학교에 감사한다. 특히 2008년부터 2013년까지 5년여 동안 연구실을 비우고 외교 일선에서 우리나라를 위해 봉사하고 실전 외교경험을 쌓을 수 있도록 기회를 준 한국정부, 그 기회를 누릴 수 있도록 도와준 정치외교학과 동료교수들과 연세대학교, 그리고 김용학 총장께 진심으로 감사드린다.

필자가 1980년대 중반부터 국제정치학에 입문하는 데 올바른 방향으로 이끌어 주신 은사님들, 특히 빌 라이커, 부루스 부에노 데 메스키타, 척 펠프스, 데이빗 와이머, 레리 바텔, 데이빗 오스틴-스미스, 스티브 마제스키, 캔 오르갠스키 교수님께 감사한다. 그리고 필자가 국제정치학을 공부하는 데 동고동락하며 도움을 준 시라큐스, 로체스터 대학의 대학원 동기들, 텍사스 A&M 대학의 정치학과 동료교수들과 대학원생들, 숙명여대 동료교수들과 학부 및 대학원생들, 연세대 동료교수들과 학부 및 대학원생들, 그리고 연세대 동서문제연구원 동료연구원들에게도 감사한다.

필자가 연희관 322호 '꿈공장' 연구실을 사용하게 된 이후부터 지금까지 함께 꿈공장에서 국제정치학을 연구하고 우리나라의 외교안보를 위해 수없이 많은 날 동안 진지한 토론에 참여해 온 학문적 동지들과 꿈공장 조교들에게도 진심으로 감사한다. 그리고 이 책을 출판하는 데 도움을 준 꿈공장 조교 김재학, 세창출판사 이방원 사장, 임길남 상무, 멋있는 책으로 편집해 준 편집부 팀에게도 감사한다.

아버지께서 돌아가신 지 거의 20년이 지났다. 선친께서는 아들이 넷이나 있었는데도 항상 셋째 아들이 제일 좋다고 말씀하셨다. 그리고 당신의 셋째 아들은 우리나라를 위해서 평생 봉사할 것이기 때문에 항상 자랑스럽다고 하셨다. 그러실 때마다 어머니께서는 곁에서 인자한 미소를 지으셨던 기억이 생생하다. 그러고 보니 어머니께서 돌아가신 지도 벌써 16년이 지났는데 지금도 아버지, 어머니가 무척 그립다. 아버지 추모 20주기에 즈음하여 당신들의 자랑스런 셋째 아들이 나라를 위한 전략적 사고를 나름대로 정리하여 책으로 출판하여 선친 영정 앞에 바친다.

2016년 11월 26일

신촌 연희관 322호 '꿈공장'에서

김우상

▎차례 ▎

제1부 전략

제2부 이론

제1부

전 략

제1장

한반도 안보전략

한반도 주변에서 진행되고 있는 안보상황이 심각한 수준이다. 북한 김정은정권은 대륙간탄도미사일(ICBM), 잠수함발사탄도미사일(SLBM) 발사시험을 수차례에 걸쳐 단행해 왔고, 2017년 7월에 화성 14호 ICBM 발사시험에 성공했다. 그해 9월에는 제6차 핵실험을 감행하여 1945년 미국이 히로시마에 투하한 원자탄보다 폭발력이 17배나 더 강한 핵위력을 과시했다. 미국이든 남한이든 언제든지 핵무기로 불바다를 만들 수 있다고 공공연하게 위협하던 북한정권은 이제 핵무기로 미국본토를 선제타격할 수 있는 능력을 확보했다고 주장하며 사실상의 핵보유국임을 자처했다.

한·미동맹은 북한정권의 비핵화 목표를 달성하기 위해 협력 중에 있다. 2017년 김정은 위원장과 트럼프(Donald Trump) 대통령 간 위험 수위를 넘나드는 입씨름 가운데 문재인정부는 중재자 역할을 수행하며 2018년 세 차례에 걸친 남북정상회담과 한 차례 미·북 정상회담을 이끌어 내는 데 결정적인 역할을 수행하는 것처럼 보였다. 그러나 수차례 한·미 간 그리고 미·북 간 정상회담의 결과에 비해 북한정권은 실질적인 비핵화 과정에 착수하는 행태를 전혀 보이지 않고 있다. '최대압박과 관여' 정책을 주창한 당시 트럼프정부는 최대압박에 초점을 맞추는 동시에 북한정권과의 협상의 끈을 놓지 않았다. 문재인정부는 미국과 협조체제를 유지하여 대북 경제제재 조치를 취하는 반면, 남북교류의 물꼬를 트기 위해 남북 군사긴장 완화, 남북 철도연결 사업 등에 박차를 가했다. 당시 미국 정가에서는 북한 비핵화의 실질적 진행이 없는 상황에서 남북교류의 과속화를 걱정하는 목소리가 커지기도 했다. 설상가상으로 트럼프정부의 '미국 우선주의', 동맹국 방위비 분담 증대 정책 등의 여파로 국내에서는 한·미동맹에 균열이 일어나기 시작했다는 우려 섞인 목소리도 들렸다.

다행히도 바이든(Joe Biden Jr.)행정부가 출범하면서 국제사회에서 미국의 리더십 재건이라는 외교 목표의 달성을 위해 동맹관계의 강화를 강조하기 시작했고, 2021년 5월에 개최된 한·미정상회담에서 미국정부는 한국의 대북정책에, 한국정부는 미국의 대(對)중국정책에 공감을 표하는 공동성명을 발표하면서 한·미동맹을 한층 더 강화하는 모습을 보였다. 바이든행정부는 북대서양조약기구(NATO), 선진7개국(G7) 및 일본, 한국 등 동맹국들과 날로 거세지는 중국의 공격적 외교 공세에 맞서기 위한 공동전선을 구축하기를 원하고, 인도·태평양 4개국 모임인 쿼드(Quad)에 한국이 동참하기를 원했다. 대북정책에 있어서는 오바마행정부의 '전략적 인내', 트럼프행정부의 '최대압박과 관여' 정책과는 다른 '조율된 실용주의'(calibrated and practical) 접근을 추진하겠다고 했다.

현재 한반도안보를 직접적으로 위협하는 것은 북한정권의 핵위협이다. 미국정부 역시 북핵 위협이 더 이상 한반도 문제만이 아님을 직시했다. 북핵 위협은 미국본토에까지 영향을 미치기 시작했다.

북한정권의 비핵화가 한국뿐 아니라 미국의 사활적 이해관계와 엮인 이상 이 기회를 최대한 활용하여 미국과 함께 북한 비핵화의 목표를 달성할 수 있어야 한다.

한반도안보를 위한 대한민국의 첫 번째 대전략(大戰略)이야말로 북한의 비핵화이다. 어떤 부담을 감수하고라도 북한정권이 사실상의(de facto) 핵보유국이 되는 것을 막아야 한다. 미국, 일본, 중국, 러시아를 포함한 주변국들이 인도, 파키스탄, 이스라엘처럼 북한정권의 핵보유를 어쩔 수 없이 기정사실화하는 상황이 발생하지 않도록 우리정부는 북한 비핵화를 위해 모든 노력을 경주해야 한다. 당장 남북한 간 긴장을 완화하고 평화로운 분위기를 조성하는 것도 중요하지만 겉과 속이 다른 남북한 긴장완화가 한국정부의 대북정책의 최종 목표가 되어서는 안 된다. 2018년 이후 김정은정권은 세 차례의 남북정상회담 및 두 번의 미·북정상회담을 개최하며 비핵화 협상에 임하는 동안 핵·미사일 발사시험을 하지 않았지만 사실상 그동안 국제사회를 속이고 핵무기를 계속 만들고 있음에 틀림없다.[1]

이럴 때일수록 한·미동맹국 지도자들은 초심으로 돌아가야 한다. 왜 김정은정권이 스스로 비핵화 협상테이블로 걸어 나온 적이 있는지 꼼꼼히 따져 보아야 한다. 한·미공조, 중국과 러시아를 포함한 국제사회의 동참을 바탕으로 한 강력한 UN안전보장이사회 주도의 대북 경제제재, 그리고 미국의 핵항공모함 등 전력자산을 동원한 대규모 한·미연합군사훈련이 김정은정권의 통치자금줄을 죄고 북한정권의 생존을 위협하기 시작했기 때문일 것이다. 김정은정권이 진정한 북한 비핵화 단계에 착수하지 않는 한, 한국정부는 남북교류의 속도를 미국정부와 조율하며 강력한 대북 경제제재와 한·미연합군사훈련 카드를 잘 활용해야 한다. 한반도안보의 첫 번째 대전략은 바로 북한정권으로 하여금 핵무기를 완전히 폐기하게 만드는 것이기 때문이다.

중·장기적 차원에서는 자유민주주의에 입각한 한반도 평화통일이야말로 한반도안보의 대전략임에 틀림없다. 한국 국민이라면 그 누구도 인민민주주의에 입각한 한반도 통일을 원치 않을 것이다. 자유민주주의에 입각한 한반도통일은 서두른다고 이루어질 수 있는 것이 아니다. 섣부른 남북교류, 특히 남북한 군사합의가 평화통일로 자연스레 연결되는 것이 아님을 직시해야 한다. 1950년 6월 25일 북한정권의 남침으로 인한 동족상잔의 비극이 정전협정으로 마무리된 이래 남북한 간 국지적 분쟁도 있었고 긴장완화 및 평화유지 상태가 지속되기도 했다. 그러나 표면적인 평화 이면에 북한정권의 핵개발로 인한 한반도안보 위기는 30년 가까이 이어지고 있고, 북한정권은 아직도 지연전술로 핵무기개발에 전념하고 있다. 남북, 미·북 간 북한 비핵화 협상과정에서 북한정권이 진정한 비핵화 수순을 밟기 시작하지 않는 한, 한·미동맹은 공조체제를 더욱 강화하고 강력한 대북 경제제재와 대규모 한·미연합군사훈련 카드를 손에서 놓지 말아야 한다.[2]

한국정부의 중추적 중견국 외교 및 군사협력 역시 등한시해서는 안 된다. 지역강대국의 역량을 보유한 대한민국은 무엇보다도 북한 비핵화의 중요성을 아시아·태평양지역국가들에게 알려야 한다. 북한정권이 사실상의 핵보유국이 될 경우 역내 핵확산 위기의 발생 가능성을 염두에 두지 않을 수 없다. 미국의 핵우산하에 있는 일본은 언제든지 북핵 위협에 대응해 핵개발에 착수하게 될지도 모른다. 특히 10년, 20년 이후 미국이 고립주의정책으로 선회하여 아시아지역에서의 철수를 고려하는 상황이 발생할 경우 일본은 필연적으로 자체 핵무장을 시도하지 않을 수 없을 것이다. 일본의 자체 핵무장은 대한민국의 자체 핵무기개발로 확산되고, 이러한 핵군비경쟁 분위기는 대만 등지로 확산될 수도 있다. 게다가 동북아시아에서 핵확산 조짐이 보일 경우 중국, 러시아 등은 특정 국가의 핵개발시설에 대한 예방공격을 감행할 수도 있을 것이다. 이러한 핵군비경쟁과 전쟁가능성을 미연에 없애는 것이 바로 북한 비핵화라는 사실을 역내 국가들뿐 아니라 국제사회가 충분히 이해할 수 있도록 외교적 수완을 발휘하는 것이 중추적 중견국 한국의 몫이 아닐 수 없다.

특히 역내 중견국들은 날로 심해져 가는 미·중 간 지역패권경쟁 속에서 미국과 동맹관계 또는 우호적 군사협력 관계를 유지해야 하고, 그와 동시에 중국과 무역관계를 유지해야 하는 유사한 안보상황에 직면해 있다. 호주, 인도네시아, 인도와 같은 유사한 안보상황에 직면한 인도·태평양지역 중견국들과 소다자(mini-multilateral) 간 '지역안보협의체'를 구성하여 미국과의 안보 및 경제를 포함한 포괄적 협력과 자유시장경제체제하에서 중국과의 무역관계 유지가 서로 상충되지 않도록 미국과 중국을 동시에 설득할 수 있는 외교적 방안도 함께 논의할 필요가 있다. 게다가 중견국들과 양자 간 군사협력 관계를 강화하는 정책 역시 향후 안보 효과를 발휘할 수 있을 것이다.

중추적 중견국 한국은 주변국과의 우호적 외교관계 및 군사협력 강화도 필수적이다. 한국과 일본은 많은 것을 공유하는 국가다. 특히 자유민주주의, 시장경제, 인권 등의 가치를 공유하는 국가다. 오랫동안 한·미동맹과 미·일동맹을 통해서 한·일 간 준(準)동맹관계를 유지해 왔다. 아베(Abe Sinzo)정부 및 스가(Suga Yoshihide)정부의 극우파 정책으로 인해 한·일관계가 최악의 상황에 놓여 있다고는 하지만 언젠가는 일본정부가 강대국답게 과거사에 대한 책임을 통감하고 진심으로 사죄하는 날이 올 것으로 기대한다. 그때까지 한·일 양국은 우호관계를 잘 관리해 나가야 할 것이다. 가까운 미래에 한·일 양국은 동북아시아 평화유지를 위해서 한배를 타야 할 필요가 있기 때문이다. 중국과 러시아도 중요한 협력 파트너다. 중국, 러시아와의 경제협력, 에너지 자원협력은 한반도 경제안보의 핵심이다. 그럼에도 불구하고 한국 국민은 최근 사드(THAAD) 사태로 인해 중국의 경제보복이 한국경제에 얼마나 심각한 충격을 주었는지, 중국이 대한민국을 얼마나 가볍게 대하는지 경험했다. 한·러 에너지 자원개발 협력 사업은 한국에서 보수정부, 진보정부 할 것 없이 지속적으로 추진해 왔지만 그 성과는 미미했다. 이처럼 한국정부는 대(對)중, 대(對)러 외교 및 경제협력의 중요성을 피부로 느끼고 일본뿐만 아니라 중국과 러시아에도 친한(親韓), 지한(知韓)파를 양성하는 데 외교자산을 투자해야 할 것이다.

이 책의 제1부에서는 위에서 언급한 필자의 주장과 관련된 내용들을 자세히 설명한다. 그리고 제2부에서는 이러한 주장을 펼치는 데 대한 논리적 근거를 제공하는 이론들을 소개한다. 사실 한반도에서 일어나고 있는 북핵 문제를 중국의 급부상과 이로 인한 미·중 간 패권경쟁 가능성과 분리해서 이해할 수는 없다. 그렇지만 이 책에서는 한반도 내에서 진행되고 있는 북핵 위협과 한반도안보 문제, 한·미동맹과 확장억지의 중요성에 관한 내용을 중심으로 설명하기로 한다. 미·중 간 패권경쟁의 가능성, 미·중 사이에서 한국이 추구해야 할 외교안보 전략과 이를 뒷받침하는 논리적 근거들, 즉 중견국 외교론, 세력전이이론, 동맹전이이론, 패권안정론 등에 관한 내용들은 김우상, 『중견국책략』(서울 : 세창출판사, 2016)을 참조하기 바란다.[3]

『신한국책략 4.0』의 제1부에서는 북한의 핵무기 위협과 한반도 안보와 관련된 제반 문제에 관해 의견을 피력한다. 제2장에서는 북한정권의 핵개발 문제와 북핵 위협에 성공적으로 대처하기 위한 한국정부의 대북정책의 원칙을 제시한다. 또한 제1차 북핵위기 및 제2

차 북핵위기, 트럼프정부의 '최대압박과 관여' 정책, 바이든정부의 '조율된 실용주의' 접근 등을 설명한다. 제2장에서는 한반도통일을 위한 대북정책에 관한 필자의 의견도 피력한다.

제3장에서는 한국의 자체 핵무장, 한반도 전술핵 재배치의 가능성에 관해 설명한다. 또한 미국이 한반도에 제공하는 확장억지의 신뢰도를 높이기 위한 방안에 관해서도 논의한다. 그와 더불어 동북아시아 지역에 '제한적 핵선제불사용' 원칙의 도입을 주장한다.

제4장에서는 21세기 대한민국의 동맹전략을 제시한다. 왜 한반도의 중립국화가 좋은 아이디어가 아닌지, 왜 미국이 한국의 동맹파트너로 가장 적합한지에 대해서 설명한다. 또한 한 · 미동맹의 신뢰강화의 필요성과 한 · 미동맹을 보완할 수 있는 역내 중추적 중견국들과의 양자 간 군사협력, 중견국 '지역안보협의체'의 필요성을 제기한다.

제5장에서는 '민주평화론'에 근거한 독재국가와 민주국가 간의 전쟁가능성, 그리고 북한정권의 대남 무력도발행위를 결코 용납해서는 안 되는 대한민국의 입장에 대해서도 설명한다.

제2부에서는 제1부의 각 장에서 소개되는 대북정책, 핵우산과 확장억지, 한 · 미동맹 정책, 북한 독재정권의 무력사용에 대한 미국과 한국 등 민주국가의 대응을 설명하는 데 유용한 다양한 국제관계이론들을 소개한다. 제1장에서 현실주의, 신현실주의, 자유주의, 신자유주의, 구성주의와 같은 국제관계이론의 핵심 시각을 소개한다.

제2장에서는 기존의 핵심 시각과 대비되는 새로운 시각으로 국내 학계에 잘 알려지지 않은 '전략적 시각'에 대해 설명한다. 특히 전략적 시각에 바탕을 둔 '양면게임', '선출인단이론', '청중비용'과 관련된 새로운 국제관계이론들을 소개한다. 선출인단이론과 청중비용 개념을 적용하여 북한정권의 수명과 도발행위와 관련된 주장도 소

개한다.

제3장에서는 게임이론의 기초라고 할 수 있는 죄수의 딜레마 게임, 비겁자 게임 등을 소개하고 이러한 게임을 북핵 문제에 적용해 본다.

제4장에서는 전쟁억지, 확장억지와 관련된 이론, 핵확산과 핵전쟁가능성의 상관관계, 미사일방어체제의 효율성, 핵확산의 공급적 요인 및 수요적 요인과 관련된 이론들을 설명한다. 또한 군비경쟁과 관련된 이론도 소개한다.

제5장에서는 제반 동맹이론을 섭렵한다. 국가들 간 동맹이 체결되는 이유, 동맹에 대한 신뢰와 '동맹 딜레마', '기대효용이론'과 관련된 동맹 가설을 소개한다.

제6장에서는 '민주평화론'을 규범적 접근과 구조적 접근으로 구분하여 간략히 소개한다. 항구적 평화(perpetual peace), 정치적 생존, 청중비용, 지대추구 등과 관련된 이론에 근거한 민주국가와 비민주국가의 전쟁가능성에 관해서 설명한다.

다양한 국제관계이론을 설명하는 제2부는 제1부에서 제시하는 북한정권의 핵위협과 한반도안보와 관련된 정책들을 이해하는 데 도움이 된다. 제1부의 각 장에서 한반도안보와 관련된 전략과 정책을 소개하는 과정에서 주석을 달지 않은 채 간략히 소개된 이론들은 제2부에서 더 자세히 섭렵할 수 있고 주석도 찾을 수 있을 것이다. 그러다 보니 제1부와 제2부 여기저기에서 이론 부분의 설명이 중복되는 경우도 발생한다.

간결한 논리를 바탕으로 국제관계현상에서 다양한 사례로 검증된 주장들, 즉 국제관계이론은 실제로 입안되고 이행되는 정책들에 대한 설득력을 제공하기도 한다. 그래서 제1부의 전략 및 정책과 제2부의 이론은 떼어 놓을 수 없는 관계에 있다.

주

1 최근 랜드와 아산정책연구소의 공동연구 결과는 2027년경 북한정권이 최소 151개에서 최대 242개의 핵탄두와 10여 개의 대륙간탄도미사일(ICBM)을 보유하게 될 것으로 추정한다. Bruce Bennet et al., "Countering the Risks of North Korean Nuclear Weapons," Rand Corporation & The Asan Institute for Policy Studies, April 2021.

2 중국의 급부상과 미·중 간 지역패권경쟁 가능성 역시 중·장기적 차원에서 한반도안보를 위협한다. 향후 20년, 30년 미국과 중국이 아시아지역에서의 패권을 놓고 치열하게 경쟁하는 상황에서 대한민국의 안보 대전략에 관해서는 김우상, 『중견국책략 : 미·중 사이 한국의 스마트 외교』(서울 : 세창출판사, 2016) 참조.

3 Ibid.

제2장

대북정책

1994년 7월 김일성 주석 사망 이후 3년여 동안 북한에서는 고위급 인사들의 숙청이 계속되었고, 많은 탈북자들과 황장엽과 같은 거물급 정치인의 망명도 있었다. 김정일 위원장은 3년 동안 유훈통치를 해 오다가 1997년 10월에 조선노동당 총비서에 추대되었고, 1998년 9월에 최고권력 직책으로 격상된 국방위원장에 재추대되면서 김정일 정권의 세습체제를 확립했다.[1]

그 후 2011년 12월 17일 김정일 위원장이 갑자기 사망하기 전까지 김정일정권은 13년여 동안 안정적으로 유지되었다. 김정일 위원장의 셋째 아들 김정은의 후계체제가 확고하게 구축되지 않은 상태에서 발생한 김정일 위원장의 사망 소식은 한반도 주변의 불안정을 예고하는 것처럼 보였다.

그러나 김정은 세습정권이 출범한 지 4년 반이 지난 2016년 6월 북한 최고인민회의는 김정은 노동당위원장 및 국방위 제1위원장을 최고 권력 직책인 국무위원장으로 추대했다. 김정은 위원장이 집권한 이후 탈북자도 많았고 고위급 외교관의 망명도 있었지만 김정은

정권은 피비린내 나는 숙청을 통해서 최고 권력의 주변을 정리하는 작업을 계속해 왔다. 여러 전문가들이 김정은정권의 붕괴가능성을 점치기도 했지만 실상은 그렇지 않았다.

김정은정권의 붕괴를 전제로 한 대북정책은 안 돼

1993년 제1차 북핵위기가 발생한 이래 1994년 10월 '제네바 합의'가 도출되었다. 그리고 난 뒤 언제부터인가 미국과 한국의 대북정책은 북한정권이 곧 붕괴될 것이라는 전제하에 추진되어 왔다고 해도 과언이 아니다. 그러나 북한정권은 쉽사리 붕괴되지 않고 김정일정권에서 김정은정권으로 세습되었다. 김정은정권이 들어선 지 5년이 지난 당시에도 여러 전문가들은 김정은정권이 곧 붕괴할 것이라고 추측하기도 했다. 심지어 당시 박근혜 대통령조차 김정은정권의 붕괴가능성을 직접 언급했다. 2016년 8월에 개최된 국가안전보장회의에서 "북한정권이 주민의 삶을 도외시한 채 지속적인 공포통치로 주민들을 억압하고 있어서 최근에는 북한 엘리트층조차 무너지고 있다." "북한의 주요 인사들까지 탈북과 외국으로의 망명이 이어지는 등 심각한 균열 조짐을 보이면서 체제 동요의 가능성이 커지고 있다"고 언급했다.[2] 그러나 김정은정권이 지난 10여 년 동안 붕괴되지 않았듯이 당분간 안정적으로 지속될 것으로 예상된다. 김정은 위원장이 건강상의 이유로 갑자기 사망하지 않는 한 김정은정권은 쉽게 붕괴되지 않을 것이다.

부에노 데 메스키타(Bruce Bueno de Mesquita)의 '정치적 생존'의 논리에 근거한 '선출인단이론'에 의하면 독재정권은 출범 직후 6개월에서 1년 6개월 정도 내에 대부분 권력투쟁에 의해 붕괴되기도 한다. 그러나 그 기간이 지나고도 살아남은 독재자는 정권을 오랫동안 유지할 가능성이 아주 높아진다.[3] 북한정권의 독재자의 경우에는 인민군 장성, 노동당 고위관료 등 몇 백 명도 채 안 되는 소수의 측근들의 지지만 확보하면 권력을 유지할 수 있다. 미국 대통령은 다수의 유권자의 표심을 만족시키기 위해서 그들이 선호하는 다양한 정책들을 제시하고 추진할 의지와 능력을 보여 줘야 한다. 선거유세 기간 동안 자신이 차기 대통령의 자질을 얼마나 갖추었는지를 유권자들에게 보여 주고 검증받아야 한다. 그러나 북한 독재정권의 지도자는 몇백 명도 되지 않는 자신의 최측근들에게 권력과 부(富)를 적절히 배분해 주어서 그들의 충성심을 확보하기만 하면 자신의 권력을 유지할 수 있다. 게다가 북한 독재자는 마음만 먹으면 언제든지 측근 중 몇 명을 숙청하고 새로운 측근들로 교체할 수 있음을 과시함으로써 현재 자신을 추종하는 측근들의 무한한 충성심을 확보할 수 있다.

그래서 독재자가 측근들에게 제공하는 금력, 즉 통치자금줄이 확보되어 있는 이상 독재권력을 유지하는 데는 전혀 문제가 없다. 김정은 위원장이 통치자금과 핵무기 등 대량살상무기 개발을 위한 자금을 마련하기 위해 지하자원 수출 등을 통해 중국과 교역관계를 유지하고, 북한노동자를 해외에 수출하고 마약밀매, 무기밀거래, 사이버 해킹과 같은 불법적 방법을 통해서 통치자금을 계속 확보할 수 있는 한 김정은정권은 유지될 수 있다. 측근들 중 불만세력이 있다고 하더라도 기존의 독재자를 제거하고 새로운 독재자를 옹립할 경우 새로운 독재자가 자신들이 지금 누리고 있는 부와 권력보다 더 많은 것을 제공해 줄 것이라는 확신이 없는 한 현상유지에 충실할 것이고, 그래서 살아남기 위해서 현재의 독재자를 위해 무한한 충성심을 발휘할 것이다.

독재자는 정권쟁취 직후에는 통치자금줄을 확보하는 데 어려움을 겪을 수도 있기 때문에 자신을 추종하고 지지하는 세력, 즉 독재자가 집권하는 데 공을 세운 '승자연합'(winning coalition)에 대한 보상을 충분히 하기가 쉽지 않다. 게다가 정권을 공고히 하기 위해 어떤 세력을 숙청해야 할지, 언제 승자연합의 일원을 교체하는 작업을 진행하고 새로운 인사들을 발탁할지 결정하기가 쉽지 않다. 통치자금을 충분히 확보하지 못한 초창기 상황에서는 이러한 난제를 성공적으로 해결하기가 어렵다. 그러나 일단 독재자가 통치자금줄을 확보하고 초창기 난제들을 해결하고 나면 독재자의 정치적 생존 가능성은 아주 높아지고 그 수명 또한 길어진다.

대부분의 독재자는 집권 안정기에 돌입하면 승자연합의 일원을 교체하는 작업을 진행하고, 그 과정에서 토사구팽(兎死狗烹) 당하는 최측근 인사들이 많이 생긴다. 특히 독재자에게 위협이 될 수 있는 세력의 수장, 즉 군부 지도자, 공산당 지도자, 또는 독재자를 보필한 제2인자 등은 숙청의 대상이 될 가능성이 높다. 독재자가 정권쟁취를 위해서 필요했던 뛰어난 지략가, 전임자의 자금관리 담당 측근 등은 정권쟁취기와 정권출범 초기에 아주 중요한 역할을 담당하기 때문에 중용된다. 그러나 정권안정기에 들어선 독재자는 뛰어난 보좌관이나 제2인자보다는 충성심에 가득 찬 보좌관과 제2인자를 두기를 원한다. 게다가 승자연합의 일원을 교체하여 언제든지 충성심이 부족한 인사는 퇴출될 수 있음을 경고할 수도 있다. 승자연합의 교체는 승자연합의 일원에 대한 보상의 크기를 줄이는 효과도 있다. 새로 발탁된 인사들에게는 보상을 적게 하더라도 독재자에 대한 무한한 충성심을 유발하게 할 수 있다.

김정은정권은 그동안 공포의 숙청을 감행해 왔다. 군부 지도자들이 수없이 처형되거나 정치범 수용소에서 재교육을 받고 복귀하기도 했다. 집권한 지 2년 후인 2013년 12월에는 심지어 제2인자이

자 자신의 고모부였던 장성택 국방위 부위원장을 처형하고, 2017년 2월에는 자신의 이복형 김정남을 말레이시아 공항에서 피살하기도 했다. 2016년 8월에는 영국 주재 태영호 북한 공사가 가족과 함께 한국으로 망명하기도 했다. 그러나 북한에서 일어나는 이러한 상황을 놓고 북한정권이 붕괴될 조짐이라고 단정지을 수는 없다. 김정은 위원장은 자신의 주변에 충성스런 승자연합을 두고 이들의 충성심을 더 높이기 위해 승자연합의 일원을 교체하는 작업을 계속해 나가고 있다. 여러 북한전문가들 중에는 북한정권의 고위급 인사들이 김정은의 공포정치에 환멸을 느끼고 김정은정권을 전복하기 위한 시도를 할지도 모른다고 추측하는 이들도 있을 것이다. 그러나 다른 한편으로는 승자연합의 일원이던 고위급 인사의 숙청으로 인해 새로운 인사가 최측근의 자리에 발탁될 수 있는 기회로도 여겨질 수 있다. 이러한 기회를 잡기 위해 김정은 위원장에게 충성을 맹세하려는 인사들이 주변에 많이 있을 것이다. 그와 동시에 기존의 승자연합의 일원은 혹시라도 숙청의 대상이 되지 않기 위해서 더욱 김정은 위원장에게 충성을 바칠 것이다.

김정은정권의 통치자금이 바닥나지 않는 한 김정은 위원장은 정권을 안정적으로 유지할 수 있다. 그렇기 때문에 김정은정권의 붕괴를 전제로 한 대북정책은 성공할 가능성이 낮다. 김정은정권의 갑작스런 붕괴 시나리오에 대비하기 위한 준비는 항상 되어 있어야 하겠지만 북핵 폐기 및 한반도안정을 위한 대북정책을 북한정권의 조기붕괴라는 전제에 바탕을 두어서는 안 된다.

북한정권은 왜 핵무기개발을 고집하나?

북한정권은 오래전부터 핵무기 개발을 준비해 왔다. 북한정권이 핵무기를 개발하고자 하는 이유는 쉽게 짐작이 간다. 무엇보다도 남북한 간의 군사력 경쟁에서 확고한 우위를 차지하려는 의도가 강했을 것이다. 남북한 간 군사력의 격차가 그리 크지 않던 1960, 70년대만 하더라도 북한정권의 핵무기개발 의지는 지금처럼 확고하지는 않았을 것이다. 그러나 1990년대에 들어서면서 한국의 국력이 상대적으로 강해질수록 북한은 어떤 형태로든 남한과 군사력경쟁을 계속해야 했다. 하지만 한국의 급성장하는 경제에 비해 어려움을 겪던 북한경제는 남북한 간 재래식 군사력 경쟁을 뒷받침할 만한 여력이 없었다. 그런 상황에서 북한정권은 경제적 비용이 적게 든다고 판단되는 핵무기개발을 통해서 남한에 비해 군사력 우위 확보를 노렸음에 틀림없다. 게다가 '강성대국', '핵 · 경제 병진노선'의 논리로 군부의 지지를 확고히 하여 내부 통치기반을 다지는 수단으로 계속 활용하고 있다.

겉으로는 북한정권은 핵무기를 개발한 이유로 미국의 핵위협을 강조했다. 북한 핵무기가 남한을 위협하기 위해서 만들어진 것이 아니라 미국의 핵위협을 억지하기 위해 미국을 겨냥한 것이라고 주장해 왔다. 그러나 현재 김정은정권이 보유하고 있는 것으로 추정되는 10-20기의 핵탄두,[4] 잠수함발사탄도미사일(SLBM) 및 대륙간탄도미사일(ICBM) 능력의 확보만으로는 미국의 핵위협을 억지할 수 있는 핵능력, 즉 제2차 핵공격능력을 확보하기는커녕 핵무기로 미국본토를 선제공격할 능력조차 확보했다고 할 수 없다. 북한정권이 핵탄두의 소형화에 성공하여 ICBM에 탑재해서 선제공격을 할 수 있는 능력을 확보해야만 제1차 공격능력, 즉 핵선제공격능력을 확보하게 된다. 그러나 북한이 미국본토에 대한 핵선제공격능력을 확보하기 직전에 미국정부는 북핵 시설에 대한 정밀타격(surgical strike)을 가하는 예방공격(preventive strike)을 검토할 수도 있다. 그래서 북한정권이 핵선제공격능력을 실제로 확보하기란 그리 쉽지 않을 것이다.

북한정권이 설령 핵선제공격 능력을 확보했다고 하더라도 제2차 핵공격능력, 즉 보복공격능력을 확보하지 못한 채 소량의 핵무기를 보유할 경우 역시 핵강대국의 선제공격(preemptive strike)을 유발할 수 있다.[5] 북한정권은 현재 다량의 핵탄두, ICBM, SLBM, SLBM용 핵잠수함을 개발할 경제적 여력이 충분하지 않다. 만에 하나 북한이 이런 천문학적 비용을 감수하면서 제2차 공격능력까지 확보하려고 발버둥 친다면 미국을 중심으로 한 국제사회는 이를 결코 좌시해서는 안 된다.[6]

제1차 및 제2차 북핵위기

1993년 김영삼정부가 출범한 지 얼마 되지 않아서부터 시작된 제1차 북핵위기가 김일성 북한 주석 사망 직후 1994년 10월 미·북 간의 '제네바 합의'로 해결되는 듯했다. 1998년에 출범한 김대중정부는 '햇볕정책'을 추진하며 남북 경제협력을 강화해 나갔다. 개성공단을 가동하기 시작하고, 금강산관광 프로젝트, 남북한 철도연결 사업 등을 추진했다. 2000년 6월 15일에는 평양에서 역사적인 남북정상회담도 개최되었다. 그러나 2002년 6월 서울에서 월드컵 축구경기가 진행되고 있던 때에 북한함정이 북방한계선(NLL)을 침범해 제2차 연평해전을 일으켰다. 김대중정부 말기인 10월에는 제2차 북핵위기가 다시 불거졌다.[7]

제2차 북핵위기를 해결하기 위해서 2003년 8월부터 남북한과 미국, 일본, 중국, 러시아가 참여하는 '6자회담'이 중국의 주도로 북경에서 처음 개최되었다. 노무현정부가 출범한 지 반년 정도 지났을 때였다. 그 후 2005년 9월 제4차 6자회담에서 '9·19 공동성명'을 이끌어 내면서 제2차 북핵위기 해결을 위한 실마리를 찾은 듯했지만, 9 · 19 합의를 이행하는 과정이 과거와 마찬가지로 순탄하지 않았다.[8]

결국 2006년 10월 북한정권은 제1차 핵실험을 감행했다. 2007년 2월 재개된 6자회담에서 9 · 19 공동성명 이행을 위한 초기조치로 '2 · 13 합의'를 도출해 냄으로써 다시 해결의 실마리를 찾은 듯했지만, 궁극적으로 2 · 13 합의도 지켜지지 않았다. 2007년 10월에는 5개월 후 퇴임하는 노무현 대통령이 평양에서 제2차 남북정상회담을 개최하고 '10 · 4 공동성명'을 발표하기도 했지만 곧이어 이명박정부가 출범하면서 남북한 간 분위기는 다시 냉랭해졌다.

2008년 2월 이명박정부가 출범하면서 '비핵 · 개방 · 3,000' 정책을 추진하기 시작했다. 북한정권이 핵을 폐기하고 경제개방정책을 추진할 경우 10년 내에 북한의 1인당 국민소득이 3,000달러에 달할 수 있도록 남북한 경제협력을 추진한다는 정책이었다. 김정일정권은 2009년 4월 대포동 2호 장거리미사일 발사시험을 감행했고 6자회담에서의 탈퇴를 선언했으며, 5월에 제2차 핵실험을 감행했다. 북한정권은 2010년 3월 천안함을 폭침시켰고, 이에 이명박정부는 2010년 5월 개성공단 가동을 제외한 모든 남북한 경제협력을 중단하는 '5 · 24 조치'를 단행했다. 북한정권은 그해 11월에 연평도에 포격을 가하는 무력행위를 자행함으로써 한반도를 전쟁위기로 몰아넣었다.

미국은 곧바로 북한정권과 여러 차례 접촉을 통해 북한이 영변의 우라늄농축 프로그램을 중단하는 대가로 1년간 매달 2만 톤의 영양지원(nutritional assistance)을 하기로 잠정 합의한 것으로 알려졌다. 그때쯤이었던 2011년 12월 김정일 위원장이 갑자기 사망했고, 새로 출범한 김정은정권은 이듬해 4월과 12월에 은하 3호로 명명한 장거리미사일 발사시험을 감행했다. 2013년 2월 박근혜정부가 출범하기 직전에는 제3차 핵실험을 감행했다.

박근혜정부는 ‘한반도 신뢰 프로세스’를 기조로 대북정책을 추진하는 과정에서 2014년에는 ‘통일대박론’을 언급하였고, 한반도 평화통일을 위한 구상을 담은 ‘드레스덴 선언’을 발표했다. 김정은정권은 2016년 1월 제4차 핵실험을 감행했다. 박근혜정부는 2월에 남북한 경제협력의 상징이자 최후의 보루인 개성공단 가동을 전면 중단했다. UN안전보장이사회는 대북제재를 위한 UN안전보장이사회 결의안 2270을 채택하여 강력한 대북제재 조치에 들어갔다. 2016년 8월 김정은정권은 잠수함발사탄도미사일(SLBM)이 500km를 비행하는 데 성공했다고 발표했다. 곧이어 9월에는 제5차 핵실험을 감행했고 핵보유국임을 자처했다.

2017년 5월 문재인정부가 출범하자마자 7월에 북한정권은 화성 14호 대륙간탄도미사일(ICBM)을 성공적으로 시험발사하여 미국본토를 공격할 수 있는 장거리미사일을 곧 보유하게 될 것임을 시사했다. 곧 이어 문재인정부는 대북정책 5대 원칙으로 흡수통일과 같은 인위적 통일시도 배제, 북한체제의 안정을 보장하는 한반도 비핵화 추구, 평화협정 체결 추진, 북핵문제가 해결될 경우 한반도 경제공동체 추진, 비정치적 민간교류 지원을 제시했다. 북한정권은 문재인정부의 남북대화 제의를 아랑곳하지 않고 9월에 제6차 핵실험을 감행했다.

북한정권의 핵 · 미사일 위협이 최고조에 달하게 된 2017년 막바지에 미군은 핵추진 항공모함 3척, 핵추진 잠수함, 전략폭격기 등을 총동원하여 북핵 실험장이 있는 풍계리 근처의 공해상까지 북상시키며 무력을 과시했고, UN안전보장이사회 대북제재결의안 2397을 통과시켜 역대 최고 수위의 강력한 대북 경제제재 조치를 취했다. 미 · 북 간 대립이 격화되는 와중에 문재인정부는 중재자 역할을 자처하여 2018년 2월 평창 동계올림픽에 북한선수단 및 대표단의 참가를 이끌어 냈다. 문재인정부는 이러한 남북접촉의 분위기를 살려서 4월 27일과 5월 26일에 제3차 및 제4차 남북정상회담을 개최했다. 이는 6월 12일 싱가포르(Singapore)에서의 미 · 북 정상회담으로 이어졌고, 그 이후 9월 18일에 평양에서 제5차 남북정상회담이 개최되었다. 문재인 대통령과 김정은 위원장은 9 · 19 평양공동선언을 발표했고 남북 간 군사이행합의서에 서명했다.

사실 김정은 국무위원장은 2018년 4월 20일에 개최된 당 중앙위원회 회의에서 핵실험 및 ICBM 발사시험을 중지하고 경제건설에 총력을 다할 것을 선언한 바 있다. 김정은 위원장은 이미 남북 간 및 미 · 북 간 합의한 바 있는 한반도 비핵화에 관한 어떠한 언급도 없이 핵무기를 성공적으로 완전히 개발했음을 강조했다.[9] 2019년 2월에는 하노이(Hanoi)에서 제2차 미 · 북 정상회담이 개최되었지만 전혀 성과 없이 끝났고, 그해 6월에는 판문점에서 남 · 북 · 미 간 정상들의 회동도 있었지만 10월에 열린 미 · 북 간 스톡홀름(Stockholm) 실무협상은 결렬되었다. 2020년 6월에는 김여정 부부장의 대북전단 비난 담화가 있었고, 이어 북한정권은 남북통신연락선을 완전히 차단하였으며 심지어 한국 국민의 세금으로 건축한 개성 남북공동연락사무소 건물을 폭파시켰다. 이에 반해 한국정부는 남북한 간 2018년 9 · 19 군사합의 이행을 위해 비무장지대(DMZ)의 감시초소(GP) 병력 및 장비 철수, 공동경비구역(JSA)의 비무장화 등을 추진하고, 남북철도연결을 위한 공동조사를 추진하는 등 남북교류의 물꼬를 트기 위한 정책을 일방적으로 추진했으며, 종전선언이 한반도 평화의 시작이라는 입장을 고수했다. 바이든행정부는 '선(先) 비핵화, 후(後) 제재완화 방침'을 고수하고 있는 반면, 북한정권은 바이든정부가 출범한 이후 아직 핵실험이나 장거리미사일 발사시험 등으로 미국을 자극하고 있지는 않지만 핵 리스트(list) 신고, 핵·미사일 반출 등 미국이 원하는 핵심적인 비핵화 조치를 거부하고 있는 실정이다.

왜 북한정권의 핵개발을 용인해서는 안 되나?

혹자는 북한이 핵무기를 보유할 경우 한반도가 통일이 되면 통일한국은 자연스럽게 핵능력을 확보할 수 있기 때문에 우리 민족에게 유리한 게 아닌가라고 반문할지도 모른다. 그러나 결코 그렇지 않다. 만일 북한이 핵무기를 계속 보유하게 된다면 한반도통일은 불가능할 것이다. 한반도통일 문제는 더 이상 남북한만의 정치적 문제가 아니다. 주변 4대강국의 국제정치적, 군사안보적 국가이익에 적지 않은 영향을 미치는 문제로 간주되고 있다. 그러므로 주변 4강, 즉 미국, 일본, 중국, 러시아의 지원이나 외교적 승인(recognition) 없이는 한반도통일이 불가능해 보인다. 이러한 국제정치적 상황에서 만일 북한이 핵무기를 보유한 상태라면, 4대 강국 중 어느 나라도 한반도통일을 적극 지원하지 않을 것은 명백하다.[10] 설혹 남북한 통일의 기회가 주어진다고 하더라도 자유민주주의 시장경제의 가치에 바탕을 둔 한반도통일은 핵무기 보유로 인해 군사력 우위를 점하고 있는 북한에 의해 수용되지 않을 것이 뻔하기 때문에 통일의 가능성이 희박해진다.

북한의 핵무기를 용인해서는 안 되는 두 번째 이유는 핵무기가 없는 한국은 북핵의 영원한 볼모가 될 것이기 때문이다. 김정은정권이 존속하는 한 북한정권은 핵무기를 앞세워 남한에 대한 강압정책을 추구하려고 할 것이다. 지난 20여 년 동안 대한민국 국민은 북한정권으로부터 "서울을 불바다로 만들겠다"는 식의 위협을 수없이 받아 왔다. 그동안 북한은 핵무기능력을 완전히 확보하지도 못했다.

게다가 상호 신뢰에 바탕을 둔 강력한 한·미동맹이 존속하고 있던 때였다. 그런 상황에서도 북한정권은 '서울 불바다'와 같은 끔찍한 위협을 공공연히 해 왔다. 그런 북한정권이 2006년 10월부터 2017년 9월까지 여섯 차례에 걸쳐 핵실험을 감행하고 2016년 8월과 2017년 7월에 각각 SLBM과 ICBM 발사시험에 성공함으로써 핵능력 보유를 과시했다. 김정은정권은 국제사회로부터 핵보유국으로 대우받기 위해 6자회담의 재개를 거부하기도 했고, 세 차례에 걸친 남북정상회담과 사상 초유의 두 차례에 걸친 미·북 정상회담을 개최하면서도 북한 비핵화를 거부하기 위해 온갖 술수를 부리고 있다.

어떠한 경우에라도 북한이 핵국가로 인정받게 되어서는 안 된다. 국제사회에서 북한이 핵보유국으로 인정되는 순간 대한민국은 북한 핵무기의 볼모가 되고 말 것이다. 북한이 사실상(de facto) 핵보유국으로 남게 되어 20-30년의 세월이 지나간다고 가정해 보자. 만일 2040년경 동북아시아 안보질서가 급부상하고 있는 중국에 유리한 형태로 전개된다면, 이는 아시아 지역에서의 미국의 영향력이 급속도로 약화됨을 의미한다. 미국은 이 지역에서 역외균형(offshore-balancing) 정책을 추구하거나 고립주의 정책으로 선회하여 이 지역에서의 해외주둔군을 감축하거나 완전히 철수하게 될지도 모른다.[11] 그런 상황에서 대한민국은 핵무기도 보유하지 않은 채 미국으로부터 더 이상 핵우산을 제공받지 못하게 된다면 사실상의 핵보유국인 북한에 농락당하게 될 것은 뻔하다.

미국을 중심으로 한 국제사회도 북한의 핵개발을 용인할 수 없다. 경제난에 허덕이는 북한정권은 최후의 수단으로 핵무기를 포함한 대량살상무기와 핵기술 등을 비밀리에 수출하여 정권유지를 위한 자금을 마련할 가능성이 있다. 미국을 위시한 국제사회는 북한의 대량살상무기 확산가능성을 가장 중요한 위협으로 간주해 왔다. 미국정부는 북한의 대량살상무기 확산을 레드라인, 즉 인내할 수 있는 한계선으로 정해 놓고 있다.[12] 북한의 대량살상무기체계가 중동지역이나 테러집단에 유출될 경우 중동지역의 국제정세, 국제사회의 테러리즘에의 노출 정도는 심각한 수준에 달하게 될 것이기 때문이다. 더구나 제1차 핵공격능력을 거의 확보했을 것으로 추정되는 북한정권이 미국본토에 선제공격을 가하겠다고 공공연하게 위협하는 상황에서 어떤 미국정부도 북한정권이 제1차 공격능력을 확보하는 것을 그대로 방치하지는 않을 것으로 예상된다.

현재 북한정권에 가장 호의적인 중국조차도 북한의 핵개발을 반기지 않는다. 끊임없이 자국에 도움을 요청하는 골치 아픈 이웃 국가인 북한이 막다른 골목에 다다랐을 때 핵무기로 무슨 짓을 할지 걱정거리가 될 것이다. 게다가 중국 역시 북한의 핵확산가능성이 자국에 대한 테러집단의 테러가능성을 높일 수도 있다고 믿는다. 그뿐 아니라 만일 북한의 핵무장에 반발하여 한국이 자체적으로 핵무장을 시도하게 되고 이웃 국가 일본 역시 핵무장을 하게 된다면 이는 중국의 안보에 심각한 위협 요인으로 간주될 것이다. 그래서 중국도 북한의 핵보유를 인정하기가 어려울 것이다. 그렇다고 중국은 북한정권을 막무가내로 따돌릴 수도 없다. 만일 북한정권이 갑자기 붕괴라도 하게 된다면 북한이라는 완충지역을 잃게 될 수도 있고, 통일을 이룩한 한국과 얼마나 더 가까운 외교·안보 관계로 발전할 수 있을지도 확실치 않기 때문이다.[13]

전략적 인내가 미국의 대북정책인가?

오바마(Barak Obama)행정부의 8년여 간의 대북정책은 '전략적 인내'(strategic patience)였다. 북한정권은 신뢰할 수 없는 상대이기 때문에 북한정권이 먼저 진정성을 보이지 않는 한 양국 간의 협상과 대화는 별로 의미가 없다는 입장이었다. 오바마정부가 중국의 부상으로 인한 아시아 지역질서의 변화와 북한의 핵개발로 인한 대량살상무기 확산가능성에 대비하기 위해 전략적 재균형(rebalancing)의 일환으로 '아시아로의 회귀'(pivot to Asia) 정책을 표방했지만, 북한의 핵개발에 대해서는 전략적 인내 또는 '전략적 무시'(strategic neglect) 입장을 고수해 왔다. 오바마정부는 이란의 핵문제, 시리아 아사드(al-Assad)정권의 폭정, 이슬람국가(IS) 테러집단의 테러 등에 대처하는 데 몰두하다 보니 사실상 전략적 무게 중심을 아시아지역으로 옮겨 오지 못했다.[14]

그러나 2017년까지 김정은정권은 SLBM 및 ICBM 발사시험, 제6차 핵실험을 성공했다. 북한정권이 미국본토를 공격할 수 있는 핵무기 능력을 완전히 확보했다고 파악하는 순간 미국의 대북정책이 어떻게 변할지 우려스럽다. 북한이 소형화된 핵탄두를 ICBM에 장착하여 미국에 대한 핵선제공격능력을 확보하는 것이 미국에게는 바로 '게임 체인저'(game changer)가 되기 때문이다.[15] 2017년 1월 트럼프정부가 출범하면서 오바마정부의 소극적인 '전략적 인내' 대북정책을 포기하고 '최대압박과 관여'(maximum pressure and engagement)정책을 추진하기 시작했다. 트럼프 대통령은 북한정권이 '완전하고 검증가능하며 불가역적인 비핵화'(complete, verifiable, irreversible denuclearization : CVID) 조치를 취할 때까지 최대한의 경제제재를 가할 것과 북한 비핵화를 위해 김정은 위원장과 대화할 용의가 있음을 명백히 했다. 결국 싱가포르 및 하노이에서 미·북 정상회담이 두 차례나 개최되었지만 '한반도 비핵화'에 대한 어떤 성과도 남기지 못했다.

2021년 1월에 출범한 바이든행정부는 '조율된 실용주의 접근'

(calibrated and practical approach)을 대북정책으로 추진한다. 더 구체적인 정책은 알려지지 않았지만 '전략적 인내'와 '최대압박과 관여' 정책의 중간쯤 되는 정책, 한 · 미 · 일 공조뿐 아니라 유럽 동맹국들과의 공조를 통한 정책, 트럼프의 하향식 톱 · 다운(top-down) 협상은 아니더라도 상향식 버텀 · 업(bottom-up) 협상과 하향식 협상을 가미한 대화(dialogue)를 포함하는 대북정책을 추진 중에 있다. 바이든행정부 역시 완전하고 검증가능하며 불가역적인 북한의 비핵화를 대북정책의 목표로 강조한다.

북한정권이 핵선제공격능력을 확보했다고 판단할 경우 미국의 세 가지 대응책을 상상해 보자. 세 가지 대응 시나리오 모두 한국정부에게는 달갑지 않은 것일 수도 있다. 그중에 미국이 북핵 시설에 대한 정밀타격을 감행하는 시나리오를 생각해 볼 수 있다. 사실 워싱턴 정가에서는 북한이 미국에 대한 핵위협을 계속할 경우 핵능력을 완전히 확보하기 전에 예방공격을 해야 한다는 주장이 존재한다.

제1차 북핵위기가 불거진 직후였던 1994년에 클린턴정부는 북한 영변의 핵시설에 대한 예방공격 차원의 공습을 준비하고 한반도에 항공모함 등 미군의 전략자산과 병력을 투입했으나 김영삼정부의 강력한 반대로 마지막 순간에 공습작전을 취소한 적이 있었다. 1994년 당시에는 북핵 능력이 미국본토에 대해서 전혀 위협적이지 않았지만 2021년 현재 북핵 능력은 미국본토까지 위협하는 수준에 거의 도달했다. 이런 상황에서 미국이 자국의 사활적 국익을 담보로 한국정부의 입장을 반드시 수용해 줄 것이라는 보장은 없다.[16]

오바마정부의 '전략적 인내'는 북한정권이 제1차 핵공격능력을 아직 확보하지 못했다고 판단하는 상황에서 추진된 정책이었다. 2016년 9월 북한정권이 제5차 핵실험을 감행하여 1945년 히로시마에 투하했던 원자탄의 2/3 정도의 위력을 발휘했을 때, 오바마 대통령 역시 북핵 위협을 완전히 제거하기 위해 예방공격 차원의 정밀타격을 고려한 바 있었다. 그러나 천만 명이 넘는 서울시민이 북한정권의 보복공격의 볼모가 될 것임을 상기하는 미국 국방부 등의 평가로 인해 그러한 대북 예방공격을 포기했다.[17]

'최대압박과 관여'정책을 추진한 트럼프정부는 더 강경한 입장이었다. 북한정권의 ICBM 발사시험 및 제6차 핵실험이 성공적이었다는 것을 잘 알고 있던 트럼프 대통령 역시 북한 핵위협에 대해 예방공격 가능성을 타진했다. 트럼프 대통령 주변의 온건세력은 천만 서울시민의 안위를 고려할 경우 군사적 대안은 불가능하다고 주장하는 반면, 강경파 의회지도자 등은 미국본토를 타격할 수 있는 북한의 제1차 핵공격능력이야말로 어떤 피해를 각오하더라도 용인되어서는 안 된다고 주장한 바 있다.[18] 이와 같이 북한정권은 제1차 공격능력, 즉 핵선제공격능력을 완전히 확보하기 전에 미국으로부터 예방공격을 당할 수도 있는 상황이 되었다. 북한의 자체 핵무장은 북한정권의 핵전쟁억지 논리에 역행하는 결과를 초래할 수도 있게 되었다. 북한정권과 같이 예측 불허하고 비정상적으로 보이는 행태를 일삼는 비핵 적대국이 핵선제공격능력을 확보하게 될 경우에는 미국이 예방공격을 감행할 가능성이 높아진다.

두 번째 시나리오로 김정은정권의 교체 시도를 상상해 볼 수 있다. 문재인정부가 출범하기 전만 하더라도 한국 국방부는 유사시를 대비해서 북한 요인을 제거하는 '참수(斬首) 작전'을 포함한 대량응징보복 작전을 준비하고 있었다. 김정은정권이 무력도발을 감행할 경우 한·미동맹은 김정은정권을 붕괴시키는 군사작전을 감행할 준비를 했던 것이다. 트럼프정부는 최근까지만 하더라도 스텔스 폭격기를 동원하여 김정은 위원장만 제거하는 작전의 가능성을 논의하기도 했던 것으로 알려졌다. 그러나 이러한 정권교체 또는 지도자 제거 작전을 감행하는 시나리오 역시 북한정권의 대(對)남한 보복 가능성으로 인해 실현 가능성이 희박한 것이라고 하겠다.[19] 북한정권이 먼저 무력도발을 감행하지 않는 한 한·미동맹군이 이러한 군사작전을 통해 김정은정권의 교체를 시도할 가능성은 아주 낮다.

이와 같은 무력사용을 통한 북한정권의 지도자 교체(leadership change) 시나리오 이외에 평화적 수단을 동원한 지도자 교체 시나리오도 생각해 볼 수 있다. 부에노 데 메스키타가『독재자의 핸드북』에서 암시하듯이 미국정부가 북한정권의 군부 실력자나 공산당 실력자 중 누군가를 포섭해서 리더십 교체를 감행할 수도 있다. 김정은 위원장의 통치자금보다 더 많은 액수의 통치자금을 새로운 실력자에게 제공할 수만 있다면 김정은 위원장을 축출하고 북한에 친미(親美) 성향의 독재정권을 옹립할 수도 있다. 미국의 입장에서는 어떤 인사가 북한정권의 독재자가 되든 상관없이 북한정권이 핵무기를 포함한 대량살상무기의 보유를 포기하게만 하면 된다. 미국은 레짐 체인지(regime change)까지도 필요 없고 독재자 교체만 시도해도 된다고 판단할 수 있다. 물론 이러한 시나리오 역시 실행될 가능성은 아주 희박해 보인다.

네 번째 시나리오로 미국정부가 김정은정권과 협상을 통해 북한의 ICBM을 제거하고 핵무기개발을 동결하는 대가로 대북 경제제재를 완화해 주는 수준에서 미국본토에 대한 북핵 위협을 해소하려는 상황을 상상해 볼 수 있다. 이러한 시나리오는 궁극적으로 미국이 북한을 사실상의 핵보유국으로 인정하게 되는 것이다. 그러나 북한 비핵화를 대북정책의 목표로 강조하는 바이든행정부가 북한을 핵보유국으로 인정하는 조치를 독자적으로 취할 가능성 역시 아주 낮다.[20]

여러 북한전문가들이 오바마정부의 전략적 인내정책에 대해 비판적인 입장을 취해 왔다. 이에 응답하듯 트럼프정부는 북한정권의 핵선제공격능력 확보 일보 직전이라는 게임 체인저로 인해 '최대압박과 관여'라는 대북 강경책으로 선회했다. 미국은 UN안전보장이사회 대북제재 결의안을 통해 중국과 러시아까지 포함한 국제사회가 대북 경제제재에 동참하도록 설득했다. 게다가 북한과 거래하는 외국은행과 외국기업을 국제금융시장에서 배제시키고 미국시장에 진출하는 것을 막는 '세컨더리 보이콧'(secondary boycott) 수준의 독자적 대북 경제제재를 가하기도 했다.[21] 때로는 트럼프 대통령과 김정은 위원장의 '브로맨스'(bromance) 관계로 인해 트럼프행정부가 북한의 완전한 비핵화라는 초심을 포기하고 북한의 핵무기는 그대로 둔 채 미국본토에 위협적인 ICBM만 폐기하고 대북 경제제재를 완화할지도 모른다는 우려 섞인 목소리가 들리기도 했다.[22]

문재인정부 역시 남북교류의 추진 속도를 높이기 위해 대북 경제제재의 완화 가능성을 끊임없이 타진했다. 2018년 9월 19일 남북 간 체결된 군사합의, 그 뒤를 이은 남북 간 철도연결을 위한 공동조사, 북한정권이 개성의 남북공동연락사무소를 폭파하고 북한군이 대한민국 공무원을 사살하는 사건이 발생했는데도 오직 종전선언이 한반도 평화의 시작이라는 일방적 주장을 펼치는 문재인정부의 대북정책에 대해 미국 정치인과 전문가들 사이에서 우려하는 목소리도 들렸다. 한국정부의 대북정책이 트럼프정부 주도의 대북 경제제재 추진 방향과 엇박자를 일으키고 있는 것이 아닌지, 그래서 한·미동맹의 신뢰관계에 부정적인 영향을 미치지 않는지 우려하는 목소리가 만연했다.[23]

2021년 출범한 바이든정부와 한국정부는 북한 비핵화라는 초심을 포기하면 안 된다. 양국 정부는 한·미동맹에 균열을 일으키는 어떠한 행위도 용납해서는 안 된다. 한국정부와 미국정부가 어떤 대북정책을 추진하든 간에 반드시 한 · 미 간 긴밀한 소통채널과 협조체제를 확립해야 한다. 2021년 5월 한 · 미 정상회담 직후 양국 정상은 공동성명에서 한 · 미동맹의 강화와 한반도 비핵화에 대한 입장을 공유했다. 김정은정권이 협상테이블에 나와서 핵시설 신고 및 핵사찰 등 북한 비핵화 수순을 밟는 데 동의하기 전까지는 UN안전보장이사회 주도의 대북 경제제재 조치, 한 · 미연합군사훈련 등을 지속적으로 추진해 나가야 한다. 이와 더불어 미국이 제공하는 확장억지를 더욱 공고히 하면서 한 · 미동맹을 강화해 나가야 한다.

성공적인 대북정책을 위한 대전략

대한민국정부의 대북정책이 성공하기 위해서는 현시점부터 자유민주주의 평화통일이 이루어질 때까지 정권의 변화에 상관없이 지속적으로 유지될 수 있는 대원칙, 즉 대전략(大戰略)이 있어야 한다. 비록 구체적 전략이나 정책대안은 상황에 따라 정권에 따라 달라질 수 있다 하더라도 '자유민주주의 평화통일'이라는 대전략은 영속적이어야 한다. 여기서 대전략이라 함은 진보정부가 집권하든 보수정부가 집권하든 간에 어느 정부든 반드시 지켜야 하는 대원칙을 말한다. 대한민국 국민이라면 대부분 공감대를 가지고 지지할 만한 그런 원칙을 대원칙, 즉 대전략이라고 지칭한다.[24] 만일 자유민주주의 평화통일의 성공 가능성이 당장 보이지 않을 때는 묵묵히 그런 날이 오기를 기대하며 남과 북의 평화공존과 공영을 위한 정책을 차근차근 추진해 나가면 된다. 대한민국이 더 부강한 자유민주주의 국가로 발전해 나갈수록 자유민주주의 평화통일을 이룩할 수 있는 가능성이 더 높아지게 마련이다.

자유민주주의 평화통일이라는 대전략을 궁극적으로 달성하기 위해 적어도 다음과 같은 다섯 가지 원칙을 지키며 대비하면 좋을 것이다. 중도실용이 바로 그 첫 번째 원칙이다. 대북정책이 '민족공조' 대 '외세공조'와 같은 북한정권의 논리에 빠져서는 안 된다. 국내 보수, 진보파의 득세 또는 힘겨루기의 산물로 변질되어서도 안 된다. 국내정치에 휘말리지 않고, 보수든 진보든, 여당이든 야당이든 간에 합리적으로 다수가 공감할 수 있는 그런 초당적 정책이어야 한다.

보수든 진보든 간에 한반도안정, 북핵 폐기, 북한주민의 삶의 질 향상과 인권증진, 점진적 자유민주주의 평화통일이 대북정책의 목표라는 데 이의를 제기할 대한민국 국민은 없다. 만일 자유민주주의에 입각한 한반도 평화통일, 북한주민의 인권증진을 반대하는 사람이 있다면 그는 보수나 진보가 아니라 친북 공산주의자로 간주될 수밖에 없다. 대한민국의 대북정책은 이러한 대북정책의 목표를 가장 효율적으로 달성할 수 있는 이념적으로 중립적이며 오로지 대한민국의 국익을 대변하는 실용적인 것이어야 한다.

둘째, 대한민국의 어떤 정부도 북한정권과의 대화, 교류, 경제협력만을 추구해서는 북핵 폐기를 통한 한반도안정의 목적을 달성할 수 없다. 그렇다고 해서 대북 강경책만으로도 성공을 거둘 수 없다. 대북정책은 '상호주의'에 바탕을 두고 있어야 하고, 한국정부는 이러한 상호주의 원칙에 근거해서 대북정책을 추진한다는 사실을 북한정권이 믿을 수 있도록 만들어야 한다.

즉 대북정책에는 믿을 만한 군사적 대응책과 남북한 간 대화 의지의 표명이 동시에 포함되어야 한다. 무엇보다도 먼저 북한정권의 도발가능성이나 실제 도발에 대해서는 언제든지 선제공격, 보복공격과 같은 군사적 대응을 감행할 것이라는 '믿을 만한' 의지를 표명하고 반드시 실천에 옮겨야 한다. 그와 동시에 한국정부는 북한정권과 언제든지 대화와 협상의 준비가 되어 있다는 입장도 표명해야 한다. 북한정권이 무력도발을 감행할 경우 결코 용납하지 않는다는 것을 명백히 해야 한다. 북한군의 어떠한 무력사용에 대해서도 대한민국 국군은 그보다 몇 배에 상응하는 군사적 응징을 즉각 감행해야 한다. 그 반면 남북한이 대화와 협력을 할 경우에는 북한정권에 얼마만큼의 이득이 돌아갈 것인지를 북한정권이 구체적으로 계산할 수 있도록 한국정부가 주도적으로 명확히 제시할 수 있어야 한다. 게다가 이러한 이득이 미국과 중국에 의해서 인정되고 보장될 수 있도록 한국정부가 나서야 한다.

2016년 9월 북한정권이 제5차 핵실험에 성공했다고 자평한 이후 김정은정권은 서울과 미국본토에 대한 핵공격을 감행할 것이라고 위협했다. 이러한 김정은정권의 언동에 한 · 미동맹은 평상시보다 더 강력한 한 · 미연합군사훈련이라는 대응조치를 취했다. 한 · 미연합야외기동훈련인 독수리훈련(Foal Eagle : FE), 주요 전구지휘소연습인 키리졸브(KR)와 을지프리덤가디언(UFG)훈련뿐 아니라 한 · 미해군의 대규모 연합훈련, 한 · 미공군 군용기 200기 이상이 참여하는 비질런트에이스(Vigilant Ace) 훈련 등에 핵추진 항공모함, 핵추진 잠수함, 스텔스 전투기 등 미군의 전략자산을 대거 동원하여 한 · 미동맹군의 군사력을 과시하고 북한정권의 군사위협에 대비하는 모습을 보여 주었다.[25] 2017년 북한정권이 ICBM 발사시험 및 제6차 핵실험을 감행한 이후 핵 및 미사일 위협이 최고조에 달했을 당시에는 미군의 핵추진 항공모함 3척, 핵폭탄 투하 가능한 B-1B전략폭격기 등을 북한 풍계리 핵실험장 근처의 공해상까지 북상시키기도 했다.[26] 북한정권의 핵위협에 대한 한 · 미동맹의 이와 같은 강력한 군사적 대응과 대북 경제제재 조치는 김정은정권으로 하여금 결국 문재인정부가 주도한 남북정상회담과 미 · 북 간 협상에 임하도록 만드는 계기가 되었음에 틀림없다. 만일 한 · 미동맹이 북한정권의 도발행위에 아무런 대응조치를 취하지 않았더라면 김정은정권의 위협적 언동의 수위는 점차 더 높아져서 어떤 만행을 저지를지 모를 지경이었다. 게다가 미국이 주도하고 전 세계 대부분의 국가가 UN안전보장이사회의 대북 경제제재 결의안에 따라 참여한 대북 경제제재 조치가 북한정권의 통치자금줄에 치명적인 영향을 미치기 시작했음이 분명했다.[27] 한편으로는 북한정권의 도발행위에 대한 강경한 한 · 미연합군사훈련과 UN안전보장이사회의 대북제재, 다른 한편으로는 문재인정부가 주도하고 트럼프 대통령이 활약한 남북 및 미 · 북 협상창구 확보 노력이 김정은정권으로 하여금 핵실험 및 미사일 발사시험을 유보하고 협상에 스스로 임하게 만든 것이다.

2018년 한 해에 문재인 대통령과 김정은 위원장 간 세 번의 정상회담, 트럼프 대통령과 김정은 위원장 간 한 번의 정상회담이 개최되었다. 그동안 북핵의 비핵화가 진행되기는커녕 여기저기서 북한 ICBM 및 핵개발이 비밀리에 지속되어 왔다는 보도가 이어지는 가운데 문재인정부는 2018년 9 · 19 남북군사합의를 적극적으로 이행하며 그 후속조치로 동해 및 서해 북방한계선(NLL) 및 한강 하구 비행금지구역 설정까지 준비했다.[28] 게다가 향후 계획된 정기적 한 · 미연합군사훈련의 규모도 대폭 축소하거나 유예하기로 했다. 2019년에는 미 · 북 간 하노이 정상회담, 판문점에서의 남 · 북 · 미 정상들의 회동도 있었지만, 북한정권이 비핵화 수순을 밟기 시작하기는커녕 2020년 6월에 남북공동연락사무소를 폭파하는 도발을 감행했다.

북한정권이 비핵화 과정에 착수하지 않는 한 한 · 미동맹은 향후 한 · 미연합군사훈련의 규모를 대폭 강화해야 한다. 게다가 국제사회와 더불어 강력한 대북 경제제재를 그대로 유지해야 한다. 미국은 지금처럼 세컨더리 보이콧과 같은 강경한 대북 경제제재 조치를 유지해야 한다. 대부분의 외국은행이나 기업이 중국 국적일 것이기 때문에 중국과의 마찰이 있을 수도 있으나 어떤 형태로든 중국을 설득하여 금융제재 조치를 취해야 한다. 북한에 핵과 관련된 물품을 수출하며 북·중 교역의 핵심창구 역할을 담당해 온 랴오닝 훙샹(遼寧 鴻祥) 그룹과 같은 기업들에 대한 철저한 감시와 제재조치도 필요하다. 이미 미국은 북한의 대량살상무기와 관련된 부품, 북한 노동자들이 외국에서 벌어들인 현금 등을 북한으로 운반해 온 고려항공의 외국 취항을 막거나 제한하기 위한 외교적 수단도 이행 중에 있다. 게다가 북한정권을 국제사회에서 고립시키기 위해 국제사회가 북한과 경제적, 외교적 관계를 단절하거나 격하시키기를 요청하기도 했다.[29] UN안전보장이사회의 대북제재 결의안 이외에 이러한 미국을 중심으로 한 대북제재 조치는 반드시 필요하다. 미국정부가 중국을 설득하여 중국이 이러한 대북제재에 적극적으로 동참한다면 김정은정권이 핵무기개발 프로그램에 필요한 자금줄은 물론 김정은정권의 통치자금줄을 차단할 수 있을 것이다. 이러한 조치는 김정은정권이 가장 두려워하는 것이다. 통치자금줄의 차단이야말로 김정은 위원장의 정권유지에 가장 큰 타격을 입히는 행위가 될 것이다.

이와 같이 미국을 위시한 국제사회가 북한정권으로 흘러 들어갈 가능성이 있는 자금줄을 전방위적으로 차단하고 한·미 간 대규모 연합군사훈련을 재개할 때, 김정은정권은 대화와 협상에 임하지 않을 수 없게 될 것이 분명하다. 북한정권에 대한 강력한 제재조치의 일사불란한 이행은 북한정권을 대화와 협상의 테이블로 나오게 만드는 지름길임을 인지해야 한다. 미국이나 한국정부는 중국정부에 이러한 대북 제재조치가 북한정권을 붕괴시키기 위한 것이 아니라 북한정권을 협상테이블로 끌어들여 핵폐기를 이행하기 위한 것임을 설득해야 한다.

북한정권이 대화와 협상에 응할 태세를 보일 경우 한·미동맹과 국제사회는 이에 응할 준비가 되어 있어야 할 것이다. 북한정권을 상대하는 데는 반드시 상호주의 원칙을 지켜야 한다. 김정은정권이 핵실험과 ICBM, SLBM 시험발사 등으로 도발을 감행할 때에는 반드시 강력한 대북제재 조치를 즉각적으로 시행해야 한다. 그럴수록 김정은정권은 도발행위를 포기하고 협상테이블로 나올 가능성이 높아진다. 일단 김정은정권이 협상에 응할 경우 한·미동맹 역시 협상에 임하는 것이 바로 상호주의 원칙을 지키는 행위이다. 북한정권이 핵탄두 및 ICBM, SLBM 개발을 완전히 중단하고 핵시설 리스트의 제출 등 북한 비핵화의 수순을 밟기 시작할 경우 한·미동맹도 한·미연합군사훈련의 규모를 대폭 축소하거나 훈련 자체를 유예할 수도 있을 것이다. 그러나 북한정권이 협상을 지연시킬 경우에는 한·미동맹군이 언제든지 대규모 연합군사훈련 태세를 갖출 수 있도록 한·미 간 긴밀한 협조관계를 과시해야 한다. 북한정권이 협상에 응할 경우 한국정부는 미국이 일방적으로 북한과 협상에 임하지 않도록 미리 미국과 긴밀한 논의와 협력을 지속적으로 해 나가야 하는 것도 잊어서는 안 된다.

이는 바로 셋째 원칙으로 이어진다. 즉 한·미 공조체제다. 남북한 간의 협력은 미국과 북한 간의 협력가능성을 의미하고, 남한에 대한 무력도발은 한·미동맹에 대한 무력행위라는 사실을 북한정권이 피부로 느끼게 해야 한다. 게다가 대북정책의 창구역할을 한국정부가 맡아서 할 수 있도록 한·미 공조체제를 강화해야 한다. 북한정권이 미국본토에 대한 실질적인 핵선제공격 능력을 확보하게 될 경우 대북정책에 대한 한·미 공조체제가 흔들릴 수도 있다. 미국은 북핵 폐기를 위해 정조준하고 한국정부는 한반도안정에 치중하다 보면 북핵 위협에 대한 양국 간 대응태세에 격차가 생길 수도 있다.

향후 한국과 미국에 어떤 정부가 출범하든지 간에 확고한 한·미 공조체제에 기반한 대북정책의 추진이 필수적이다.

역대 한국과 미국 두 정부 간의 상호신뢰 수준에서는 다소 차이가 있었지만 대한민국의 어느 보수정권이든 진보정권이든 간에 한·미동맹을 대한민국 안보의 핵심으로 간주하지 않은 적은 없었다. 한·미동맹을 통해서 미국으로부터 북한정권의 군사위협과 주변 강대국의 잠재적 위협에 대한 확장억지력과 핵우산을 제공받아 왔다. 향후 한반도통일과정이나 심지어 한반도통일 이후에도 한·미동맹은 한반도안정을 유지하는 데 없어서는 안 될 한반도안보 중심축의 하나로 남아야 할 것이다.

사실 대한민국이 미국과 동맹관계를 맺고 있기 때문에 이웃 강대국 중국, 일본, 러시아와 대등한 입장에서 외교와 교역을 하고 있다고 해도 과언이 아니다. 한·미동맹 관계가 악화되어 주한미군이 철수했다고 가정해 보자. 한반도에 홀로 선 대한민국을 중국이 지금처럼 대등하게 대해 줄 것 같은가. 심지어 일본조차 한국을 쉽게 대하려 할지도 모른다. 실상은 한·미동맹 관계가 굳건하기 때문에 중국이 한국을 함부로 대하지 못하고, 고작해야 경제보복에 치중하는 것이다. 그런 점에서는 일본도 마찬가지인 것이다. 그러므로 한·미동맹 관계가 강화되면 될수록 한국은 중국, 일본 등과 더욱 대등한 관계를 유지해 나갈 수 있는 것이다. 또한 대한민국이 중국, 일본, 러시아와 같은 강대국과 대등한 차원에서 우호관계를 발전시켜 나갈수록 한·미동맹관계 역시 더욱 대등한 수준으로 발전될 수 있는 것이다. 이와 같이 대한민국은 얼마든지 자주적으로 미국과 동맹관계를 유지할 수 있으며, 그와 동시에 이웃 나라 중국, 일본, 러시아 등과 우호관계를 발전시켜 나갈 수 있다.

넷째, 대북정책에는 반드시 '투 트랙', 즉 두 가지 방식의 접근법이 포함되어야 한다. 첫 번째 트랙은 위에서 설명한 바와 같이 북한정권을 상대로 한 상호주의에 입각한 대북정책을 지칭한다. 두 번째 방식은 북한주민에 대한 조건 없는 대북 인도주의 지원정책이다. 중・장기적 차원에서 북한정권에 대한 상호주의 대북정책을 추진하는 데는 무한한 인내심이 필요하다. 북한정권이 개방도 마다하고 북핵 폐기도 계속 거부할 경우 상호주의 차원에서 상당히 오랫동안 남북관계가 쉽게 개선될 수 없을지도 모른다. 그렇다고 해서 대한민국 정부나 국민이 한 핏줄을 나눈 북한주민이 굶주리는 것을 모른 체할 수는 없다. 어떤 형태로든 인도주의 지원을 통해서 북한주민이 기본적 생존권을 유지하는 데 도움을 줄 수 있어야 한다. 국제사회가 나서서 북한주민의 생존을 도와주는 것을 방관만 해서는 안 된다. 대북 인도적 지원은 대한민국의 주도로 지속되어야 한다.

대북 인도적 지원에는 아무런 조건이 없어야 한다. 인도적 지원품이 북한주민에게 원활하게 배급되는지 확인하기 위해 감시・감독이 허용되면 좋겠지만, 만일 모니터링이 허용되지 않는다고 하더라도 인도적 지원을 포기할 수는 없다.[30] 앞으로 어떤 대한민국 정부가 출범하든 간에 남북한 통일의 염원이 이루어지는 날까지 북한주민의 기초생활이 유지될 수 있도록 최선의 인도적 지원을 지속할 수 있는 방안을 마련해야 할 것이다. 인도적 지원품목은 가능한 한 오랫동안 비축할 수 없고 단기간 내에 소비해야만 하는 품목들 위주로 구성할 수 있을 것이다. 이는 다량의 인도적 지원품이 북한주민이 아닌 북한 인민군에 배급되는 것을 방지하기 위해서이다. 북한주민에 대한 인도적 지원의 대가로 북한정권이 이산가족상봉을 제안한다면 더할 나위 없이 좋겠지만, 북한정권으로부터 아무런 대가가 없다 하더라도 개의치 말아야 진정한 조건 없는 인도주의 지원정책이 될 수 있을 것이다.

한국정부가 북한주민에게 어떠한 물자를 지원했는지, 북한주민에 대한 조건 없는 인도적 지원을 위해 얼마나 노력하고 있는지를 북한주민에게 직접 알릴 수 있는 방안도 적극적으로 모색해야 한다. 게다가 지위고하를 막론하고 탈북자들이 남한에 정착할 경우 얼마나 자유롭고 풍요로운 생활을 누릴 수 있는지를 북한주민에게 알려야 한다. 그러기 위해서는 우리사회의 북한주민에 대한 인도적 지원 노력과 탈북자들을 감싸 주는 노력도 배가되어야 할 것이다.

다섯째, 대북정책의 기본원칙이 대한민국에서 어떤 정부가 들어서든 간에 상관없이 지속적으로 유지될 수 있다는 것 자체가 장기적이고 일관적인 특성을 요구한다. 특정정부의 임기 내에 북핵을 완전히 폐기하고 한반도통일을 완수하려는 대북정책이어서는 안 된다. 북한정권이 쉽사리 핵 폐기를 하지 않을 것이라는 것을 잘 아는 이상 우리 정부는 인내심을 가지고 중·장기적 차원에서 일관된 정책을 펼쳐 나가야만 한다. 만일 임기 내 북핵 폐기, 남북통일의 대업을 달성하겠다는 야심찬 정책을 추진하다가는 자칫 서두르게 되고 단기적 정책대안에 치중하게 되어 결국 일관성을 잃게 될 가능성이 아주 높다.

중도실용 원칙에 입각한 일관성 있는 대북 상호주의 정책과 조건 없는 인도주의 지원정책은 정권과 시대를 뛰어넘는 영속성이 있어야 한다. 대북정책의 목표는 북핵 폐기와 한반도안정에 있다. 대한민국은 북한정권이 조기에 붕괴되는 것을 바라는 것이 아니라 남북한 화해협력과 평화공존을 통해 북한주민이 대한민국 국민처럼 잘 살기를 원한다는 것과 이를 위해서도 북한의 핵개발 포기가 완전히 이루어져야 함을 북한정권에게 주지시킬 뿐 아니라 전 세계에 천명해야 할 것이다.

한반도 통일정책은?

2016년 9월에 발표된 통일관련 한 대학연구소의 '통일의식조사'에 의하면 우리 국민 중 통일이 필요하다고 긍정적으로 답한 사람은 54% 정도였지만, 통일이 반드시 필요하다고 생각하는 사람은 20%도 채 안 되었다.[31] 2018년 6월 국회 입법조사처가 주관한 여론조사에서도 결과는 마찬가지였다. "남북한이 전쟁 없이 평화적으로 공존할 수 있다면 통일은 필요 없다"에 동의하는 응답이 53%였고, "남북한이 한민족이라고 해서 반드시 하나의 국가를 이룰 필요는 없다"에는 50.3%가 동의했다.[32] 우리 국민 모두에게 "우리의 소원은 통일"이었던 때가 있었는데 이제는 더 이상 통일이 우리 국민 모두의 소원이 아닌 것 같다.

대다수 북한주민은 굶주리고 인권이 유린되고 있는데 김정은정권은 핵무기를 개발하고 남한을 대량살상무기로 위협하고 있는 현 상황에서 우리 국민의 통일에 대한 생각이 변하는 것은 당연하다고 할 수 있다. 특히 우리 청년, 청소년들은 엄청난 통일비용을 감당해야 하고 통일 직후의 당분간 혼란스런 사회를 감내해야 하는 장본인들이다. 그러다 보니 이들에게 통일이란 우리의 소원이 아니라 단지 부담이며 혼란스러움이며 두려움으로 비쳐질지도 모른다.

대한민국정부는 중앙행정기관으로 통일부를 두고 있고, 헌법기관으로 민주평화통일자문회의를 두고 있으며 대통령이 의장직을 맡고 있다. 2014년 7월 박근혜정부 당시에는 대통령직속 통일준비위원회를 설치하기도 했다. 게다가 우리 사회에는 통일관련 연구소가 많다. 국무총리실 산하 통일연구원을 포함해서 주요 대학마다 통일관련 연구소가 없는 대학을 찾기가 쉽지 않을 정도로 그 숫자가 많다. 그런데도 통일에 대한 국민의식은 더 나아지는 것 같지가 않다.

만일 통일에 대한 부정적인 국민의식이 이대로 지속된다면 머지않아 통일을 반대하는 국민의 수가 더 많아질 수도 있을 것 같아서 걱정이다.

우리 정부의 통일정책에는 적어도 네 가지 원칙이 있어야 한다. 무엇보다도 우리 국민이 통일에 대한 공감대를 공유할 수 있도록 하는 것이 가장 중요하다. 우리 정부는 국민에게 왜 통일이 필요한지, 왜 우리의 소원이 통일인지를 함께 느끼고 깨달을 수 있도록 다양한 기회를 제공해야 한다. 사실 통일은 경제적 국가이익 그 이상으로 중요하다. 단기적으로 드는 통일비용에 비해 중·장기적으로 경제적 이익이 엄청날 것이다. 그뿐 아니라 사회통합을 통한 정치적 비용 감소, 전 지구적 고령화와 인구감소 시대에 반해 통일한국의 인구증대, 한반도평화와 안정이 가져다줄 정치, 외교, 경제, 사회 제반 효과 등 중·장기적 차원에서 통일의 긍정적인 요인은 무궁무진하다. 무엇보다도 한 핏줄을 나눈 북한주민의 자유와 인간답게 살 권리를 찾아주고 남북한 주민이 한 나라에서 같이 살 수 있도록 해야 하는 것은 우리의 숙명이다.

이러한 긍정적인 요인과 관련된 다양한 정보를 국민에게 제공하는 것이야말로 우리 정부의 몫이다. 점진적 통일일 때, 갑작스런 통일일 때, 전혀 분쟁이 없는 평화적인 통일일 때 각각 통일의 부정적인 면과 긍정적인 요인은 무엇인지 통일과 관련된 다양한 정보를 생산하고 배포하고 이를 바탕으로 교육의 기회를 제공하는 것 등은 우리 정부가 나서서 할 수 있는 일들이다.

남북한 관계가 2017년 북한정권이 제6차 핵실험을 감행했을 때처럼 교착상태이든 2018년 문재인 대통령과 김정은 위원장 간에 남북정상회담이 세 차례나 개최되었던 것처럼 대화국면이든 간에 한국정부는 통일에 대한 정부의 입장 및 기본 원칙 등을 포함한 다양한 정보, 다각적인 여론이 소개되고 논의될 수 있는 공론의 기회 등을 국민에게 제공해야 한다. 남북교류가 최고조에 달했건 남북관계가 최악의 상황에 처해 있건 간에, 보수정당이 집권했건 진보정당이 여당이 되었건 간에 통일부 및 통일관련 연구기관 등은 해야 할 일이 많다. 국민이 통일에 관해 더 알게 되고, 스스로 고민하고, 느낄 수 있도록 통일관련 정보와 여러 전문가들의 다양한 시각과 제안들을 지속적으로 제공해야 한다. 국민 다수가 나름대로 공감대를 형성할 수 있을 때까지 관련 기관들은 최선을 다해 노력해야 한다.

동서독의 경우를 보더라도 오랜 기간 동안 독일통일이 이루어질 것으로 보이지 않는 상황이었다. 당시 동독은 소련이 주도하는 바르샤바조약기구(Warsaw Pact)의 일원이었다. 그래서 다른 동유럽의 바르샤바조약기구 회원국들과 마찬가지로 소련의 영향권하에 있는 국가였기 때문에 소련이 독일통일을 찬성할 리가 없다고 생각되었다. 게다가 주변국 프랑스, 영국 등 어떤 국가도 독일의 통일을 반기지 않는 실정이었다. 그런데도 다수의 독일 국민은 통일의 꿈을 포기하지 않았고 결국 독일통일은 이루어졌다. 현재 김정은정권의 핵무기를 포함한 대량살상무기개발로 인해 한반도통일은 불가능한 것처럼 보인다. 한반도주변 어떤 국가도 통일한국의 등장을 반기지 않을 것이라는 주장도 제기된다. 이와 같이 한반도통일이 불가능한 듯 보이는 상황에서도 국민 대다수가 통일의 희망을 포기하지 않도록 통일부, 통일연구원, 수많은 대학들의 통일관련 연구소는 각각 무언가 도움이 되는 정책을 추진하고 연구결과를 제시하고 국민을 설득하는 노력을 해야 한다.[33]

박근혜정부는 '통일대박론'을 제기한 적이 있었지만 왜 통일이 대박인지 국민 다수를 설득하지 못했다. 향후 진보정부든 보수정부든 간에 국민 다수가 수긍할 수 있는 희망찬 자유민주주의 통일의 미래를 제시할 수 있어야 한다. 통일연구원뿐 아니라 국내 대학의 많은 통일관련 연구기관들도 보수와 진보적 시각을 지닌 국민을 모두 아우를 수 있는 자유민주주의 통일비전에 관한 연구결과를 지속적으로 제시할 수 있어야 한다. 북핵 위협에 굴복한 인민민주주의 통일이 아니라 인간의 기본권인 자유와 인권이 보장된 자유민주주의 통일의 꿈을 청소년들이 키워 나갈 수 있도록 사회 분위기를 조성하는 데 최선을 다해야 할 것이다.

둘째, 우리 정부의 통일정책과 대북정책은 항상 연계되어 있어야 한다. 즉 항상 통일을 염두에 둔 대북정책이 필요하다. 그러기 위해서 통일정책은 우리 국민의 공감대를 형성하는 데 도움이 될 뿐만 아니라 북한주민에게도 통일이 대박임을 설득할 수 있도록 비전을 제시하는 것이어야 한다. 그래서 대북정책이 주로 북한정권을 상대하기 위한 것이라면 통일정책은 주로 남북한주민 모두를 상대로 펼치는 것이어야 한다.

독일통일의 예를 보더라도 동독주민의 통일에 대한 갈망과 결단이 독일통일의 원동력이 되었다. 서독이 오랜 기간 동안 일관되게 지속한 '접근을 통한 변화'(Wandel durch Annäherung) 정책에 근거한 동서독 교류협력을 통해 동독주민이 스스로 서독체제에 관해 듣고 보고 느끼고 고민하고 선택할 기회를 준 것이 바로 그 원동력의 핵심이었다. 우리의 통일정책도 북한주민의 삶의 질을 개선하고 인권을 증진시키는 데 도움이 되는 방안들을 담고 있어야 한다. 북한주민이 세계가 어떻게 돌아가고 있는지, 남한사회가 어떤 사회인지, 남한에 정착한 탈북주민들은 남한사회에서 어떻게 살고 있는지에 관해 스스로 듣고 보고 느낄 수 있도록 하는 방안들이 내포된 정책이어야 한다. 적어도 북한주민들에게 바깥세상을 알리기 위해 노력하는 행위를 금지하는 대북전단금지법 시행과 같은 정책을 추진해서는 안 된다. 피를 나눈 남한동포가 북한주민을 돕기 위해 어떻게 얼마나 노력하고 있는지 남한동포의 진심어린 마음이 전달될 수 있는 그런 방안이 포함된 통일정책을 추진해야 한다. 아무리 우리 정부가 노력해도 북한주민이 남한사회를 동경하지 않고 수용할 마음의 준비가 되어 있지 않다면 평화적 통일은 불가능하다. 동서독이 통일된 것처럼 남북한이 평화적으로 통일을 이룰 수 있으려면 북한주민뿐 아니라 인민군 병사들이 무기를 버리고 남북한 통일대열에 스스로 동참할 수 있는 그런 분위기가 북한 사회에 만연해져야 한다.[34]

현재 개성공단은 중단된 상태이다. 그러나 개성공단이 가동되던 기간 동안 공단에서 근무하던 북한주민은 남한사회에 관해 조금이나마 듣고 보고 느낄 수 있는 기회를 누렸다. 북한정권이 언제 진정한 비핵화를 시작하게 될지는 미지수이지만 남북한 간의 진정한 교류가 시작될 날이 올 것에 대비하여 우리 정부는 남북한 화해와 협력을 위한 인적, 물적 교류의 활성화 정책들을 염두에 두고 있어야 할 것이다. 남북한 공동번영을 위한 민생 인프라 구축, 북한주민에 대한 인도적 문제 해결, 남북주민 간 동질성 회복 등을 위한 정책이 실제로 이행될 수 있도록 구체적 방안들이 차근차근 마련되어야 할 것이다.[35] 통일을 갈망하는 한 전문가가 다음과 같이 지적했다. "서독정부는 동독주민의 삶의 질, 인권개선에 초점을 두었고, 동독주민들의 반응은 폭발적이었다. … 햇볕정책 10년 동안 북한주민의 삶은 여전히 고통스러웠고 인권이라는 가치는 사치스러운 남의 이야기였다." 우리 정부도 북한주민의 삶의 질과 인권증진에 초점을 맞춘 남북한 화해와 교류협력 준비에 만전을 기해야 한다.[36]

셋째, 한반도의 평화적 통일이 왜 주변국들의 이해관계에 도움이 되는지를 구체적으로 설명할 수 있는 연구와 통일한국과 주변국과의 새로운 관계에 관한 청사진이 준비되어야 한다. 통일한국과 미국, 중국, 일본, 러시아와의 새로운 관계의 정립이 어떻게 한반도통일 이전의 양국 관계와 비교해서 자국에 별로 불리할 것이 없는지를 설득할 수 있는 구체적 방안들이 준비되어야 한다. 그리고 통일한국이 동북아지역의 평화와 번영을 위해 어떤 역할을 담당하고 얼마만큼 기여할 수 있는지에 관한 비전도 제시할 수 있어야 한다.

마지막으로, 이러한 통일관련 정책과 방안들은 보수정권이든 진보정권이든 간에 상관없이 일관적이고 영속적이어야 한다. 통일이 언제 우리에게 다가올지 모르기 때문에 항상 중 · 장기적 차원에서 통일을 준비하는 정책과 방안들을 구상해야 한다. 물론 급변사태에 대한 대비, 통일 직후의 국가 재정비에 관한 대비도 철저히 해야 하겠지만 말이다. 그리고 통일과정에서 주변국들로부터뿐만 아니라 국제사회의 전폭적인 지지를 이끌어 내기 위해서라도 우리나라의 이미지를 제고하는 중추적 중견국 외교, 소프트 파워 외교, 그리고 도덕적이고 규범적이며 평화를 애호하는 나라의 이미지를 전 세계에 알리는 공공외교에도 박차를 가해야 할 것이다.[37]

주

1 김정일 위원장은 1991년 12월부터 조선인민군 최고사령관의 직책, 1993년 4월부터는 국방위원회 위원장의 직책을 맡았다. 이종석, 『새로쓴 현대북한의 이해』(서울 : 역사비평사, 2000), pp.518-519.

2 문화일보, 2016년 8월 22일.

3 선출인단이론에 관해서 제2부 제2장 참조. Bruce Bueno de Mesquita and Alastair Smith, *The Dictator's Handbook* (New York : Public Affairs, 2011); 김우상 · 김재한 · 황태희 외 공역, 『세계정치론』(서울 : 카오스북, 2015), Bruce Bueno de Mesquita, *Principles of International Politics*, 5th ed.(Los Angeles : CQ Press, 2014).

4 이에 반해 미국 정보당국은 북한이 65기 정도의 핵탄두를 보유하고 있는 것으로 추정한다. 조선일보, 2018년 7월 12일.

5 예방공격(preventive strike)은 잠재적 위협국이 자국에 대한 무력도발을 감행할 수 있는 능력을 거의 확보했다고 판단될 때 그러한 도발능력을 제거하기 위해 예방적 차원에서 공격을 감행하는 것을 의미한다. 이에 반해 선제공격(preemptive strike)은 잠재적 위협국이 언제 자국에 대해 침공을 감행할지 모르는 급박한 위기상황에서 잠재적 위협국에 대해 먼저 공격을 감행하는 것을 의미한다. 예방공격에 관해서 Jack Levy, "Declining Power and the Preventive Motivation for War," *World Politics*, 40(1987), pp.82-107; Jack Levy, "Preventive War and Democratic Politics," *International Studies Quarterly*, 52(2008), pp.1-24 참조.

6 핵전쟁억지력에 관해서는 제2부 제4장 참조.

7 제1차 북핵위기는 1993년 3월 8일 국제원자력기구(IAEA)가 북한의 핵의혹 시설에 대한 특별사찰을 요구하는 결의안을 통과시킨 직후 12일 북한정권이 핵확산금지조약(NPT)에서 탈퇴할 것을 선언하면서 시작되었고, 1994년 10월 21일 미 · 북 간 제네바 협정이 체결됨으로써 일단락되었다. 제2차 북핵위기는 2002년 10월 켈리(James Kelly) 미국 국무부 동아태차관보가 평양을 방문하고 돌아온 후 북한에 고농축우라늄 프로그램이 있다는 발언을 한 직후 한반도에너지개

발기구(KEDO)가 대북 중유 및 경수로 건설 중단을 결정하였고, 이에 2003년 1월 북한은 NPT에서 탈퇴하면서 시작되었다. 통일교육원, 『북한의 이해』(서울 : 통일교육원, 2004), pp.72-74.

8 북한문제 해법을 제시한 중요한 합의인 2005년 9월 19일 제4차 6자회담의 '9·19 공동성명'의 내용은 다음과 같다. 제1항에서는 6자회담의 목표가 한반도의 검증 가능한 비핵화를 평화적으로 달성하는 것임을 확인하고, 북한은 모든 핵무기와 현존하는 핵계획을 포기할 것과 조속한 시일 내에 NPT와 IAEA의 안전조치에 복귀할 것을 공약하였다. 미국은 핵무기나 재래식 무기로 북한을 침공할 의사가 없음을 확인하였고, 한국은 1992년 한반도 비핵화 공동선언에 따라 핵무기를 접수 및 배비하지(배치하여 설비하지) 않는다는 약속을 재확인하고, 영토에 핵무기가 존재하지 않는다는 것을 확인하였다. 1992년도 '한반도 비핵화에 관한 남북공동선언'은 준수, 이행되어야 함과 북한은 핵에너지의 평화적 이용에 관한 권리를 가지고 있음을 밝혔다. 또한 적절한 시기에 북한에 대한 경수로 제공 문제에 대한 논의를 하는 데 동의하였다. 제2항에서는 북한과 미국, 북한과 일본 간의 관계정상화를 위한 조치를 취할 것을 약속하였다. 제3항에서는 에너지, 교역, 투자 분야에서 경제협력을 양자 및 다자적으로 증진할 것을 약속하고, 중국, 일본, 러시아, 미국, 한국은 북한에 대해 에너지 지원 의사를 표명하였다. 한국은 북한에 200만 kw의 전력공급 제안을 재확인하였다. 제4항에서는 당사국들이 별도 포럼에서 한반도 평화체제에 관한 협상을 가지고, 동북아 안보협력 증진을 위한 방안을 모색하기로 합의하였다. 제5항에서는 '공약 대 공약', '행동 대 행동' 원칙에 입각하여 단계적으로 합의를 이행할 것을 합의하였다. 제6항에서는 제5차 6자회담개최 일자에 관한 합의를 하였다. 동아일보, 2005년 9월 20일.

9 조선일보, 2018년 4월 23일.

10 아미티지(Richard Armitage)와 나이(Joseph Nye)는 2007년 2월의 '신아미티지 보고서'에서 북한 핵문제는 결국 한반도통일이 이루어질 때 해결될 가능성이 높아지고 있다고 지적한다. 소련이 붕괴된 후 우크라이나가 핵무기를 포기한 것과 같은 과정을 통해서 북한이 핵무기와 모든 핵프로그램을 포기하고 한반도통일을 달성하게 될 수 있을 것임을 암시한다. Richard L. Armitage and Joseph S. Nye, "The U.S.-Japan Allaince : Getting Asia Right through 2020," *CSIS Report* (Washington, D. C. : Center for Strategic and International Studies, February, 2007).

11 미어샤이머와 월트는 미국의 역외균형 정책의 필요성을 주장한다. John Mearsheimer and Stephen Walt, "The Case for Offshore-Balancing," *Foreign Affairs*, 95(2016), pp.70-83.

12 Michael Green, "The Perilous Case of Kim Jong Il," *National Interest*, 103 (2009), p.39.

13 중국은 북한정권이 갑자기 붕괴할 경우 난민문제, 북한이라는 완충지역을 잃게 될 수도 있는 문제 등을 우려한다고 주장하는 학자들이 있는 반면, 이제 더 이상 중국은 그런 문제에 집착하지 않는다고 주장하는 이들도 있다. 이들은 북한이 갑자기 붕괴하여 한반도가 통일을 이루게 될 경우 통일한국이 미국에 비해 중국과 얼마나 더 가까워질 수 있는지가 가장 중요한 관심사라고 주장한다. Oriana Mastro, "Why China Won't Rescue North Korea," *Foreign Affairs*, 97(2018), pp.58-66; 조선일보, 2018년 8월 20일.

14 김우상, 『중견국책략 : 미 · 중 사이 한국의 스마트 외교』(서울 : 세창출판사, 2016), 제1부 제3장 참조.

15 게임 체인저란 기존의 상황이나 판도를 심각하게 변화시키는 새로운 요인을 의미한다. www.merriam-webster.com/dictionary 참조.

16 Michael Green, *op. cit.*, pp.36-42; 중앙일보, 2011년 11월 8일; 동아일보, 2011년 10월 6일; 연합뉴스, 2016년 9월 21일.

17 Bob Woodward, *Fear : Trump in the White House* (New York : Simon & Schuster, 2018), ch.12.

18 *Ibid.*, ch.13.

19 *Ibid.*, ch.22; 조선일보, 2018년 2월 20일.

20 2016년 9월에 발표된 미국 외교협회(CFR) 보고서에서도 북핵 시설에 대한 예방 공격가능성부터 평화협정 체결과 미 · 북 관계정상화 방안까지 논의되고 있다. Mike Mullen, Sam Nunn, and Adam Mount, "A Sharper Choice on North Korea : Engaging China for a Stable Northeast Asia," Council on Foreign Relations, Independent Task Force Report No.74, 2016; 중앙일보, 2016년 10월 4일.

21 미국의 독자적 대북 경제제재 및 중국의 대북제재 참여 요청과 관련한 기사로 조선일보, 2018년 1월 26일, 1월 31일, 2월 15일, 4월 2일, 8월 17일.

22 조선일보, 2019년 1월 19일.

23 남북관계의 과속과 관련해서 미국이 우려를 표명한 기사로 조선일보, 2018년 11월 22일, 11월 23일.

24 김우상, *op. cit.*, 제1부 제3장 참조.

25 한 · 미연합군사훈련인 독수리훈련, 키리졸브, 을지프리덤가디언에 관해서 조선일보, 2018년 8월 16일.

26 조선일보, 2018년 5월 12일.

27 북한정권의 한 · 미연합군사훈련 및 미군의 전략자산 전개에 대한 거부감과 관련해서 조선일보, 2018년 1월 12일, 1월 27일; 북한정권의 통치자금 문제과 관련된 기사로 조선일보, 2018년 1월 19일, 1월 22일, 3월 16일, 5월 12일.

28 조선일보, 2018년 8월 22일, 11월 14일, 11월 15일, 12월 7일.

29 중앙일보, 2016년 9월 21일, 9월 30일.

30 북한주민과 취약계층에 대한 인도적 지원 물품이 북한정권과 군부에 의해 강제 징수되어 배급품으로 둔갑하여 북한 인민군을 포함한 특권층에 배포될 수도 있다. 그렇기 때문에 대북 인도적 지원에서 무엇보다도 중요한 것은 모니터링이다. 그러나 초기에 모니터링 강도가 낮다고 해서 인도적 지원을 포기할 수는 없다. 우선 국제기구와 NGO 등에 의한 모니터링을 시행하고, 인도적 지원 규모가 증가하는 추세에 맞추어 모니터링을 강화하는 방안을 마련해야 할 것이다.

31 동아일보, 2016년 9월 28일.

32 m.dailian.co.kr, 2018년 12월 27일.

33 중앙일보, 2016년 10월 9-10일.

34 손기웅, 『통일 : 가지 않은 길로 가야만 하는 길』(서울 : 늘품플러스, 2015), pp. 15-65.

35 박근혜정부가 제의한 '드레스덴 선언'에 이러한 내용이 담겨 있지만 실제로 이를 위해 무엇을 준비했는지는 알지 못한다.

36 손기웅, *op. cit.*, p.33.

37 김우상, *op. cit.* 참조.

제3장

핵무기와 한반도

현재 동북아시아 안보질서에 가장 위협적인 요인이 되고 있는 것은 북한의 핵무기개발 프로그램이다. 미국을 포함한 한반도 주변 4강은 북한 또는 한반도가 핵무장하는 것을 원치 않는다. 1991년 남북한이 공동으로 한반도 비핵화를 선언한 이후 비핵화 정책에 위배되는 행위나 비핵화 선언을 전면 부정하는 행위는 남북한 간은 물론 동북아시아 안보질서에까지도 큰 영향을 미치게 되었다.

대한민국도 핵무장을 하거나 전술핵을 재배치해야 하나?

대한민국은 1960년대 후반 박정희정권 시기에 자체 핵개발의 의지가 있었다. 1969년 7월 닉슨(Richard Nixon) 미국 대통령이 '괌독트린'(Guam doctrine)을 선언했을 때 한반도에 대한 미국의 안보공약이 약화될 것을 우려한 박정희 대통령은 비밀리에 자체 핵개발에 착수했다. 사실 미국은 1955년부터 대한민국에 평화적 핵기술을 제공하기 시작했으며 1959년에 한국원자력연구소를 설립하는 데 도움을 주었다. 1957년에는 전술핵무기를 한반도에 배치하기도 했다. 그러나 베트남 전쟁에서 고역을 치른 미국은 갑자기 대(對)아시아 외교전략을 수정하며 아시아지역 분쟁에 개입을 자제한다는 취지의 괌 독트린을 선언한 것이다.

박정희정부는 재처리능력 등 핵개발 프로그램을 비밀리에 추진했지만 미국정부의 반대에 부딪쳤다. 1975년 당시 키신저(Henry Kissinger) 국무장관은 한국이 핵개발을 시도할 경우 한 · 미동맹을 파기할 것이라고 통보하기도 했다. 이에 박정희 대통령은 핵확산금지조약(NPT)에 가입함과 동시에 미국의 안보공약에 대한 보증이 있어야만 핵개발을 포기할 것임을 밝혔다. 그러나 당시 포드(Gerald Ford Jr.)행정부의 대(對)한반도 안보공약에 대한 한국정부의 신뢰는 그리 높지 않았다. 박정희정권은 1976년에 비밀리에 핵개발을 재시도했다. 1977년 3월 카터(Jimmy Carter) 대통령은 한국에 대한 군사지원을 포기하고 주한미군의 철수 및 1,000기에 달하는 전술핵무기의 철수를 제안했다. 물론 카터 대통령은 1982년까지 이러한 계획을 실행에 옮기지는 않았지만 한 · 미동맹의 안보공약에 대한 믿음이 흔들리는 박정희정권은 핵탄두 및 미사일개발에 대한 의지를 굳혀 나갔다. 그러다 1979년 10월 박정희 대통령은 직속 부하에 의해 암살당했고 한국정부의 핵개발 의지는 물거품이 되었다. 1981년 레이건(Ronald Reagan) 대통령은 한국이 핵개발을 포기할 경우 대(對)한반도 안보공약을 보증할 것임을 재확인했고, 전두환정권은 핵개발을 완전히 포기하게 되었다.[1]

2017년 북한정권은 제6차 핵실험에 성공했다. 이와 더불어 대륙간탄도미사일(ICBM)급 화성 14호 장거리미사일, 잠수함발사탄도미사일(SLBM) 발사시험에도 성공했다. 김정은정권은 핵보유국임을 자처하고 핵무기를 포기하는 것은 결코 협상의 대상이 될 수 없음을 명백히 하고 있다. 이에 대해 한국의 여러 군사전문가, 정치인들은 한국이 자체적으로 핵무장을 하거나 한반도에 전술핵을 재배치해야 한다고 주장한다. 그러나 이런 주장에 대한 반대의견도 만만치 않다. 대한민국이 스스로 핵무장을 시도하는 대안은 군사적, 정치적, 경제적으로 그 비용이 너무 크다. 한반도에 전술핵을 재배치하는 대안 역시 미국정부가 쉽사리 수용하지 않을 것이다.

무엇보다도 대한민국이 핵무기를 자체적으로 개발하겠다고 나설 경우 우리가 지불해야 할 정치적, 경제적 비용은 엄청나다. 먼저 핵확산금지조약(NPT)에서 탈퇴해야 한다. 즉 국제질서를 안정적으로 유지하기 위해 국제사회가 가장 중요하게 여기는 국제레짐 중 하나인 NPT를 완전히 무시해야 한다. 그럴 경우 대한민국의 국제정치적 위상과 이미지는 큰 타격을 입게 될 것이 뻔하다. 북한정권의 제5차 핵실험 이후 UN에서는 북한의 UN회원국 자격박탈에 대한 주장이 제기되고, 북한과 공식 외교관계를 단절하는 국가도 생겼다.[2] 한국이 스스로 핵무장을 위해서 NPT, 포괄적 핵실험금지조약(CTBT), 국제원자력기구(IAEA)에서 탈퇴할 경우 대한민국은 불량국가로 낙인찍힌 북한과 같은 수준의 대우를 국제사회로부터 받게 될 것이다. 더구나 한국의 자체 핵개발 시도는 북한이 핵보유국임을 인정할 뿐 아니라 북한의 핵보유 권리를 우리가 나서서 지지해 주는 격이 된다.

게다가 UN안전보장이사회가 주도하는 경제제재 조치에 미국을 포함한 국제사회가 참여할 경우 대한민국은 정치적 위신뿐 아니라 경제적으로도 큰 타격을 입을 수 있다. 수출의존도가 아주 높은 한국경제는 위기에 직면할 수도 있을 것이고 주식시장은 폭락해서 장기간 회복불능의 상태에 놓일 수도 있을 것이다.

핵무기의 유용성은 일반적으로 전쟁억지에 있다. 핵공격 또는 핵위협을 성공적으로 저지하기 위해서는 대한민국이 '제2차 공격능력' 또는 보복능력을 갖추어야만 한다. 상대방의 핵선제공격을 받고 난 뒤에도 상대방에게 엄청난 피해를 줄 수 있는 핵능력, 즉 제2차 공격능력을 보유해야만 핵전쟁억지력을 가질 수 있다. 핵강대국들에 둘러싸인 한반도를 핵공격으로부터 보호하기 위한 제2차 공격능력을 대한민국이 스스로 갖추기란 쉽지 않다.

예를 들어 500개 이상의 핵탄두를 가진 상대국에 대해 제2차 공격능력을 갖기 위해서는 대한민국은 많은 숫자의 최신형 핵무기를 개발해야 하는데, 여기에는 천문학적인 군사비가 소요된다. 상대방이 한국이 보유한 모든 핵탄두와 운송수단을 한꺼번에 파괴할 수 없도록 상당량의 핵탄두와 미사일을 개발해야 한다.

적대국의 핵탄두가 우리 핵무기 운송체계를 초토화시키는 것을 막고, 상대방이 공격할지도 모를 목표물의 수를 극대화하기 위해 운송수단을 분산 배치시켜야 하고, 핵공격용 잠수함, 핵폭격기를 포함한 이동 가능한 운송체계를 하루 24시간 지속적으로 가동해야 한다. 핵보복능력을 확보하기 위해 이러한 모든 가능성에 대비한다는 것은 한국이 감당하기엔 너무나 큰 경제적 비용을 필요로 할 것이다. 적은 수의 핵탄두와 운송체계만 하더라도 개발 및 유지에 엄청난 군사비지출이 요구된다.

무엇보다도 핵무기를 개발하는 과정에서 핵보유국의 예방공격(preventive strike) 가능성을 배제할 수 없다는 사실이 가장 위협적이다. 제2부 제4장에서도 언급하는 바와 같이 1942년 이후 최근까지만 하더라도 핵시설에 대한 예방공격이 15차례 이상 감행되었고, 50여 차례에 걸쳐 핵시설에 대한 공격가능성이 제기된 바 있다. 최근의 예로는 1981년 6월 이스라엘이 바그다드 근방의 이라크 핵시설에 대한 예방적 차원의 공습을 감행한 사례와 2007년 9월 시라아의 핵개발을 의심한 이스라엘이 시리아의 알키바르 핵시설에 예방공격을

감행한 예를 들 수 있다.[3]

우리나라가 자체 핵무장을 대안으로 추진해야 할 예외적 상황이 있다. 일본이 자체 핵무장에 착수했을 때는 우리나라도 일본과 마찬가지로 자체 핵무장에 돌입할 수밖에 없다. 일본의 자체 핵무장 가능성과 관련된 미국의 한 보고서는 "진보된 핵능력과 우주 발사대 · 미사일 · 잠수함 기술 등에 근거하면 일본정부가 10년 안에 스스로 핵무장을 할 수 있다"고 지적한다.[4]

미국이 일본과 한국의 자체 핵개발만이 북핵문제를 해결하는 유일한 방안이라고 판단하여 양국의 핵개발을 마지못해 지원해 줄 경우에도 상황은 달라진다. 일본과 한국정부의 자체 핵개발 시도에 미국이 지원하고 핵개발 과정에서 노출될 수 있는 주변국의 예방공격 가능성을 미국이 확장억지로 저지해 줄 경우 한국과 일본은 핵무기를 성공적으로 개발할 수 있을 것이다. 그러나 이러한 시나리오는 실현 가능성이 거의 없다. 현재 상황에서 한국이 자체 핵무장을 시도해서는 안 된다. 다만 위성발사 기술, 미사일, 잠수함 관련 자체 기술의 발전을 위한 지속적인 투자와 연구는 필요하다.

2016년 북한정권이 제5차 핵실험을 감행한 직후 여의도 정가에서는 주한미군의 전술핵 재배치, 핵추진 잠수함의 도입 등이 북핵 위협에 대한 현실적 대안으로 제시되기도 했다. 그러나 1991년에 한반도에서 철수한 주한미군의 전술핵을 재배치하는 방안 역시 타당한 대안이 될 수 없다. 무엇보다도 이러한 방안은 북한정권의 핵능력 보유를 기정사실화하는 것이 되고 만다. 주한미군의 전술핵이 재배치되는 순간 '한반도 비핵화' 선언은 북한정권뿐 아니라 한국정부에 의해서 동시에 위배되어 자동적으로 폐기될 수밖에 없다. 전술핵이 한반도에 재배치되지 않는 한 한국정부와 국제사회는 한반도 비핵화의 목표를 달성하기 위해 협력하여 북한정권에 다양한 제재를 가할 명분이 있지만, 주한미군의 전술핵 재배치 결정을 내리는 순간 그런 명분은 사라진다.

사실 북한정권의 핵선제공격 위협에 대비해서 한반도에 전술핵을 재배치해야 한다는 주장은 설득력이 별로 없다. 미국은 전술핵을 한반도에 재배치하지 않더라도 언제든지 전술핵을 동원하여 북한정권을 공격할 수 있다. 일본의 요코스카 해군기지에 미국 해군 제7함대 소속 니미츠급 항공모함에 탑재된 F-18 전투기에는 B-61 핵폭탄을 장착할 수 있다. B-61 스마트 수소폭탄(smart bomb)은 지하를 관통해 들어가서 폭발할 수도 있어 폭발력에 비해 방사능 피해를 줄일 수 있는 전술핵폭탄으로 알려져 있다. 요코스카에서 평양까지의 거리는 1,400km 정도밖에 되지 않기 때문에 공중급유 없이 논스톱으로 요코스카에서 이륙하여 평양 주변에 핵공격을 가할 수 있다. 한반도에서 3,150km 정도 떨어진 괌(Guam)의 엔더슨 미군 공군기지에서 다목적 스텔스 폭격기인 B-2 스피릿(Spirit)은 B-61 핵폭탄을 장착하고 4시간 가량, 초음속 전략폭격기인 B1-B 렌서(Lancer)는 B-61 핵폭탄을 장착하고 2시간 가량 후에 한반도에 도달할 수 있다. 그래서 굳이 한반도에 B-61 전술핵폭탄이 재배치되지 않더라도 미국정부가 마음만 먹으면 언제든지 북한 핵시설에 대한 공격을 감행할 수 있다.

그럼에도 불구하고 한국에서 전술핵의 한반도 재배치 주장이 제기되는 이유는 두 가지이다. 먼저, 미국의 확장억지(extended deterrence) 제공에 대한 신뢰 문제 때문이다. 북한정권이 한국영토에 핵공격을 감행할 경우 미국이 북한에 보복 핵공격을 이행할 것인지가 확실치 않다는 것이다. 북한정권이 미국 중부의 대도시 시카고(Chicago)를 대륙간탄도미사일로 핵공격 할 수 있다고 으름장을 놓는 상황에서 과연 미국이 미국본토에 대한 북한의 핵공격가능성을 염두에 둔 채 한국에 확장억지 약속을 지킬 것인지 의문스럽다는 것이다. 미국의 확장억지 공약이 '믿을 만한'(credible) 것이어야만 북한정권이 미국의 보복이 두려워서 한국에 무력도발을 감행하지 못한다. 즉 확장억지가 성공할 수 있다. 만일 북한정권이 미국의 확장억지 공약이 이행되지 않을 것이라고 오판한다면 북한정권은 남한에 대한 무력도발을 감행할 가능성이 높아진다. 그럴 경우 미국의 핵우산은 우리에게 무용지물이 된다. 그래서 미국의 확장억지 공약에 대한 신뢰도를 높이기 위해서라도 주한미군의 전술핵 재배치가 필요하다는 것이다.

미국정부가 한반도에 전술핵무기를 재배치할 결정을 쉽게 내릴 리가 없다. 미국은 한국정부의 요청에 의해서가 아니라 미국의 대(對)러시아 및 대(對)중국 핵전략의 변화에 따라 전술핵 재배치와 관련된 사안을 검토할 것이기 때문이다. 그럼에도 불구하고 한반도에 전술핵 재배치 주장이 제기되는 이상 한·미동맹은 미국의 확장억지 공약에 대한 신뢰도를 더 높이는 제도적 장치를 강구할 필요가 있다. 2015년 4월 한·미동맹은 기존의 확장억지정책위원회(EDPC)와 미사일대응능력위원회(CMCC)를 통합한 억지전략위원회(DSC)를 출범시켜서 북핵 및 미사일 위협에 대응하는 능력을 강화하기 위해 공조체제를 구축했다. 그러나 아직 한·미 간에는 확장억지와 관련된 정보공유도 부진하며 확장억지를 위한 미군의 작전계획에는 한국군이 참여하지 못하고 있는 것으로 알려져 있다.[5] 미국정부가 한국에 확장억지 제공의 신뢰를 높이기 위해서는 첫 단계로 이러한 확장억지와 관련된 정보가 공유되어야 하고, 확장억지 제공을 위한 작전계획에 한국군도 참여할 수 있어야 한다. 그리고 유사시 전술핵의 한반도 반입을 위한 계획도 한·미동맹이 함께 수립해야 한다. 만일 이러한 확장억지 제공과 관련된 정보공유 및 작전계획 참여 등이 현재 한·미동맹 간에 원활히 진행되고 있다면 이를 널리 알려야 한다. 군사전문가뿐 아니라 국민이 이러한 내용을 알게 될수록 미국이 우리에게 제공하는 핵우산을 포함한 확장억지의 신뢰도가 더 높아진다.

현재 북대서양조약기구(NATO) 회원국 중 네덜란드, 벨기에, 이태리, 독일, 터키, 5개국의 공군기지에 미군 B-61 전술핵폭탄이 배치되어 있다. 이들은 다른 NATO 회원국들과 함께 미국과의 '핵무기공유'(Nuclear Sharing) 개념을 확립하고 있다. 이들은 NATO지역 핵무기와 관련된 모든 사안에 관해 미국과 함께 논의에 참여하고 NATO 핵계획 수립 및 핵정책 결정에 관여한다. 이들 중에는 B-61 핵폭탄을 배치한 국가도 있고, B-61 핵폭탄을 장착할 수 있는 폭격기를 배치하고 있는 국가도 있다. 1966년에는 NATO 동맹군의 핵정책과 관련된 모든 사안을 논의하는 고위급 회의체인 핵계획그룹(NPG)이 출범했다. 여기에는 프랑스를 제외한 모든 NATO 회원국이 참여하고 있다. NATO처럼 한·미동맹 간에도 핵무기공유 개념이 확립되어야 한다. 비록 한반도에 전술핵무기가 재배치되지는 않는다고 하더라도 한·미 간 핵무기공유 개념을 통해서 한국군이 미군의 한반도에서의 핵계획 수립에 동참할 수 있어야 미군의 확장억지 공약이 한국 국민에게 '믿을 만한' 것으로 수용될 수 있을 것이다.

두 번째로, 어쨌든 간에 국내 안보전문가, 여의도 정치인들이 주장하는 자체 핵무장론이나 전술핵 재배치론은 충분히 의미가 있다. 북핵 위협에 노출되어 있는 한국으로서는 어떤 형태로든 핵전쟁 억지력을 확보해야 한다. 안보 전문가들은 관련된 모든 대안을 제기할 수 있어야 하고, 정치인은 국민의 불안을 해소해 주기 위해 실현 가능한 대안을 선택해야 한다. 현재로서는 미국의 확장억지 공약이 전부이다. 이를 직시하고 있는 한국 정치인은 당연히 핵무장론이나 전술핵 재배치 주장을 통해서 미국정부에 강력한 메시지를 보내려고 할 것이다. 미국이 확장억지와 관련된 정보공유 및 작전계획 등에 한국군과 적극적으로 공조하는 모습을 보이고, 항공모함, 핵폭격기와 같은 전략자산을 동원해서 한·미합동군사훈련을 정기적으로 실시하여 미국의 확장억지 제공 의지에 대한 한국 국민의 신뢰를 높여 주기를 기대한다.

한국 정치인들은 북한 핵문제 해결에 핵심적 역할을 할 수 있지만 적극적으로 협력하지 않고 있는 중국에게도 강력한 메시지를 보내려고 할 것이다. 중국은 한국이 자체적으로 핵무장을 시도하여 일본을 포함한 주변국에 핵확산 분위기가 조성되는 것을 결코 원치 않는다. 중국은 한반도에 전술핵이 재배치되는 것 역시 결코 반기지 않는다. 그렇기 때문에 여의도 정가에서 들리는 자체 핵무장론이나 전술핵 재배치 주장은 한국의 안보에 도움이 된다는 것을 한국의 정치인들은 잘 알고 있다.

북핵문제는 이제 시간문제가 되어 가고 있다. 대북 유화정책인 '평화 프로세스'를 추진해 온 문재인정부, 김정은 위원장과의 '브로맨스'를 뽐내던 트럼프 대통령 역시 절호의 기회를 살려 북핵문제를 완전히 해결하지 못했다. 향후 한국과 미국에 어떤 정부가 들어서든 간에 북한정권이 핵무기를 폐기할 가능성은 더욱 낮아지고 결국 북한정권이 사실상(de facto) 핵보유국이 될 가능성은 더욱 높아진다. 10년, 20년 후 북한정권이 사실상 핵보유국으로 인정받는 상황에 직면한다면 한국이 북한정권의 핵위협에 맞설 수 있는 방안은 별로 없다. 한·미동맹을 통한 미국의 확장억지를 계속 보장받든지 아니면 대한민국 역시 자체 핵무장을 하는 방안밖에는 해결책이 없다.

대한민국은 제한적 선제불사용 원칙 도입을 주장해야

2019년 현재 북핵 위협으로부터 한반도의 전쟁억지력을 확보하고 통일한국 이후에도 주변 강대국들의 핵위협으로부터 한반도를 지키기 위해서는 동맹국 미국이 제공하는 믿을 만한 확장억지가 핵심이다. 이와 더불어 '중추적 중견국' 대한민국은 핵무기의 제한적 선제불사용 원칙과 같은 국제레짐을 동북아시아 또는 더욱 광범위하게 아시아 · 태평양지역에 도입하는 것을 적극적으로 추진할 필요가 있다.

핵무기의 '제한적 선제불사용'(limited no-first-use) 원칙이란 핵무기를 보유하지 않은 국가가 핵능력 보유국의 영토나 동맹국의 영토를 공격할지라도 핵보유국은 핵무기를 사용하지 않고 재래식 무기로만 대응하지만, 핵무기를 보유한 적대국에 의해 재래식 무기로 공격을 당할 경우에는 '유연대응'을 할 수 있다는 것이다. 즉 핵무기로 보복하든지 재래식 무기로 대응하든지를 스스로 선택할 수 있다는 것이다.

이 원칙을 지역 내에 도입하기란 쉬운 일은 아니다. 그러나 가능성이 전혀 없는 것은 아니다. 클린턴 미국 행정부는 핵능력 보유국이거나 핵무장국가와 군사동맹관계를 맺고 있는 비핵국가에 의해 미국영토나 동맹국의 영토가 공격당한 경우를 제외하고는 핵무기 '선제불사용'(no-first-use) 원칙을 지킬 것이라고 선언한 바 있다. 또한 핵확산금지조약(NPT)에 서명한 비핵국가들에 대해서는 핵무기를 사용하지 않을 것을 거듭 확인하였다.[6] 중국 역시 선제불사용 원칙이 국제적 규범이 되어야 한다고 주장한다. 1993년 10월 지하 핵실험을 감행한 중국은 동시에 "핵무기의 무조건적 선제불사용과 비핵국가와 비핵지대에 대한 핵무기 사용과 위협을 금지하는 국제적 협정"을 요구한 바 있고, 2006년도 중국 국방백서에서도 핵 선제불사용 원칙을 재확인하고 있다.[7]

1996년 9월에는 미국, 러시아, 중국, 프랑스, 영국 등 세계 5대

핵강국들은 모든 형태의 핵실험을 금지하는 것을 골자로 한 포괄적 핵실험금지조약(CTBT)에 서명하였으며, 원전을 보유하고 있는 44개 의무 서명국들이 조약에 서명하고 비준할 것을 촉구하였다. 2016년 현재 44개 의무 서명국들 중 북한, 인도, 파키스탄, 시리아 등은 서명하지 않은 상태이고, 미국, 중국, 이란, 이스라엘, 이집트 등은 서명은 하였지만 비준을 하지 않은 상태다. 현재 183개국이 CTBT에 서명하였으며, 그중 166개국이 비준을 했다.[8]

핵보유국들이 비핵국가들에 대해 핵확산금지 원칙을 강권하는 한, 핵무기 강대국들은 CTBT에 적극 동참하여 더 이상 수직적 핵확산을 자제하고 비핵국가들을 핵위협으로부터 보호해야 할 의무가 있다. 중추적 중견국 한국은 북한 핵문제에 대한 국제사회의 입장을 잘 활용하여 북한의 핵무기 및 핵프로그램을 '완전하고 검증가능하며 돌이킬 수 없이 폐기'하도록 유도함과 동시에 지역 내 제한적 선제불사용과 같은 새로운 핵 규범을 주장할 필요가 있다.

여기서 선제불사용 원칙 대신 제한적 선제불사용 원칙을 주장하는 이유는 북한의 핵무기개발을 고려했기 때문이다. 선제불사용 원칙은 선제공격국이 핵국가이든 비핵국가이든 간에 재래식 무기로 공격을 감행할 경우 핵능력 보유국이라고 하더라도 핵무기를 먼저 사용하지 않고 재래식 무기로만 대응할 수 있다는 원칙이다. 이와 같은 선제불사용 원칙이 동아시아지역에 도입될 때 비핵국가 대한민국 또는 통일한국이 얻을 수 있는 핵위협으로부터의 안전보장은 제한적 선제불사용 원칙에 의한 것과 별 다를 바가 없다.

굳이 제한적 선제불사용 원칙의 역내 도입을 주장하는 이유는 이 원칙이 핵능력이 있는 북한에 더 위협적이기 때문이다. 이 원칙에 의하면 만일 북한이 소량의 핵무기를 개발한 상태에서 재래식 무기로 대한민국의 영토에 선제도발을 감행했을 때 한·미동맹군은 유연대응 전략으로 대처할 수 있다. 즉 미국은 핵무기를 사용하여 북한의 재래식 무기 공격에 대해 보복할 수도 있다. 물론 선제불사용 원칙하에서는 북한이 핵능력이 있든 없든 간에 재래식 무기로 도발을 감행하면 미국으로서는 핵무기를 먼저 사용할 수 없다. 따라서 제한적 선제불사용 원칙 도입을 주장하는 것은 북한정권의 핵무기 개발이 북한의 안보에 전혀 도움이 되지 않는다는 사실과 북핵 개발을 국제사회가 결코 용납하지 않을 것임을 북한정권에 강조하려는 의미를 내포하고 있다.

이웃 국가 일본이야말로 핵전략에 있어서 대한민국과 한배를 타고 있다. 일본정부가 가까운 장래에 또는 영원히 핵무기를 개발할 의지가 없다면, 어떤 형태로든 핵위협으로부터 보호장치를 강구해야 한다. 21세기에도 일본은 대한민국과 더불어 미국의 핵우산하에 있으면서, 그와 동시에 대한민국과 함께 제한적 선제불사용과 같은 국제사회에서 합의한 원칙 또는 국제레짐을 정립시키는 데 공동노력을 경주해야 할 것이다. 모든 핵보유국들이 동북아시아나 아시아·태평양지역에서 제한적 선제불사용 원칙을 정립하는 데 동의한다면 비핵국인 대한민국이나 일본은 인접 강대국의 잠재적 핵위협으로부터 자국을 보호할 수 있는 안전장치를 더욱 확고히 할 수 있을 것이다.

시간이 흐를수록 북한정권은 사실상 핵보유국이 될 가능성이 높아진다. 그럴수록 한국뿐 아니라 일본 역시 북핵 위협에 노출되고, 한국과 일본 역시 최후의 수단으로 자체 핵무장을 시도하게 될지도 모른다. 이런 시나리오는 아시아·태평양지역을 핵군비경쟁의 소용돌이로 몰아넣는 것을 상정한다. 게다가 일본, 한국 등의 핵개발에 반대하는 주변 강대국들의 핵시설에 대한 예방공격으로 인한 전쟁가능성을 상정하는 시나리오다. 이와 같이 북한정권의 핵개발이 향후 아시아 · 태평양지역 안보에 얼마나 심각한 영향을 미치게 될지에 관한 경각심을 가질 수 있도록 북핵문제를 아 · 태지역의 주요 안보문제로 이슈화하는 중견국 특유의 외교적 노력이 절실하다.

대한민국이 핵의 평화적 사용권을 포기해서는 안 돼

대한민국이 핵무장하는 것은 현명한 전략이 아니다. 그러나 북한정권이 핵무기를 결코 포기하지 않을 경우 언젠가는 한국정부 역시 자체 핵무기를 보유해야 한다는 결정을 내려야만 할 수도 있다. 더구나 핵무기개발을 포기하고 핵무기를 보유하지 말아야 한다는 것과 핵의 평화적 사용권까지 포기한다는 것은 상당한 차이가 있다. 불행하게도 한국정부는 1992년 11월 핵의 농축 및 재처리시설의 보유를 포기한다는 선언을 하고 말았다.

에너지자원 빈국 중 하나인 대한민국은 2016년 현재 24기의 상용 원자로를 운용하고 있으며 4기의 원자로를 건설 중에 있다. 최근 문재인정부의 탈원전 정책으로 인해 한국의 전력공급 중 원자력 발전량이 차츰 줄어들 수도 있지만 현재 원자력 발전량은 총 전력량의 1/3 정도를 차지한다. 2015년 원자력 발전량은 총 전력 발전량의 31.5%를 차지한 반면 2017년에는 26.8%를 차지하고 있다.[9] 우라늄의 농축 및 사용후 핵연료의 재처리를 통한 핵의 평화적 사용 문제는 21세기 대한민국의 에너지 정책의 중심이 될 것임에도 불구하고 한국은 이러한 핵의 평화적 사용권을 이미 포기하였으며, 그로 인해 앞으로 원자력발전을 위한 연료공급을 전적으로 외국에 의존하게 되었다.

농축 및 재처리 능력은 핵의 평화적 사용 능력인 동시에 핵무장을 위한 준비단계로 간주되기 때문에 핵강대국들로서는 농축 및 재처리 능력의 확산을 원치 않고 있다. 만일 대한민국이 현시점에서 이러한 능력의 보유를 위한 핵주권을 주장하게 되면 주변 핵강대국들의 견제를 받게 될 것이다. 게다가 북한의 핵문제 해결의 실마리도 찾지 못한 상태에서 농축 및 재처리시설의 보유 권한을 주장하기에는 적절한 시기가 아니다.

그러나 대한민국은 핵의 평화적 사용권을 보유하게 될지도 모르는 통일한국 시대를 대비해서 원자력기술 개발을 등한시해서는 안 될 것이다. 문재인정부가 무리하게 추진한 탈원전정책도 재고되어야 한다. 또한 현재 농축시설 또는 재처리시설을 보유하고 있는 것으로 알려진 10여 개 국들의 에너지정책 등에 관한 연구도 게을리해서는 안 될 것이다. 물론 핵에너지의 안전성에 관한 연구도 충실히 하여 미국 스리마일 아일랜드, 구소련 체르노빌, 일본 후쿠시마 등에서 일어났던 원자력발전소 사고 및 자연재해에 의한 엄청난 핵재앙 가능성에 대해서도 대비해야 할 것이다. 특히 2016년 경주부근에서 발생한 진도 5.8 규모의 지진보다 더 강한 규모의 지진이 발생할 가능성을 대비해서 모든 원자력발전 시설에 대한 안전성 강화에도 심혈을 기울여야 할 것이다.

마지막으로, 한국정부는 핵과 환경문제에 관한 다각적 연구를 지원하고 그와 관련된 국제레짐 설립을 위해서 주변 국가들과 협력해야 한다. 2010년부터 격년제로 개최되고 있는 핵안보정상회의와 같은 다자체제를 잘 활용하여 아 · 태지역에 제한적 선제불사용과 같은 지역 차원의 핵레짐이 도입될 수 있기를 기대해 본다. 대한민국은 일본 등 주변 국가들과 함께 전반적인 핵확산금지를 추진하고 있는 핵강대국들이 핵폐기물 수출 문제를 포함한 핵과 환경문제에 관한 제도적 장치를 마련하기 위해 노력하도록 촉구하는 데도 앞장서야 할 것이다.

주

1 Nuno P. Monteiro and Alexandre Debs, "The Strategic Logic of Nuclear Proliferation," *International Security*, 39(2014), pp.7-51.

2 연합뉴스, 2016년 9월 26일.

3 Matthew Fuhrmann and Sarah Kreps, "Targeting Nuclear Programs in War and Peace : A Quantitative Empirical Analysis, 1941-2000," *Journal of Conflict Resolution*, 54(2010), pp.831-859.

4 중앙일보, 2016년 10월 9-10일.

5 연합뉴스, 2016년 8월 19일.

6 Stockholm International Peace Research Institute, *SIPRI Yearbook 1994*, (1994), pp.646-647.

7 *Ibid.*, pp.648-649; Office of the Secretary of Defense, *Annual Report to Congress : Military Power of the People's Republic of China, 2006,* Department of Defense, USA, 2006.

8 CTBT 홈페이지, http://www.ctbto.org 검색일 : 2016년 9월 25일.

9 한국원자력산업회의 홈페이지 www.kaif.or.kr 참조.

제4장

동맹전략

동맹이 체결되는 이유를 한마디로 요약하자면 동맹 당사국들 간의 국가이익이 서로 맞아떨어지기 때문이다. 균형동맹이든 편승동맹이든, 대칭동맹이든 비대칭동맹이든 간에 동맹은 국가이익을 바탕으로 체결되기도 하고 파기되기도 한다. 동맹관계로 인해 불필요한 분쟁에 연루될지도 모른다는 두려움과 동맹공약 준수에 소극적일 경우 기존 동맹이 파기될지도 모른다는 두려움 사이에서 발생하는 '동맹딜레마' 역시 국가이익과 직결된 문제다.[1]

동맹관계는 비슷한 성향의 국가끼리 성립될 가능성이 높기 때문에 국가들 간에 공유하는 이념도 중요한 부분을 차지한다. 그러나 이념의 공유만으로는 동맹이 체결되거나 유지되기는 어렵다. 그렇기 때문에 21세기 대한민국의 동맹전략은 국제체제에서 자유민주주의와 시장경제체제를 유지하고 확산한다는 공동의 가치뿐 아니라 국가이익이라는 실용주의적이고 전략적 판단에 근거해야 한다.

21세기 대한민국의 동맹전략은?

국익을 최우선한 전략적 사고에 의하면 21세기 대한민국의 동맹전략의 핵심은 바로 미국과 양자 간 군사동맹관계를 더욱더 강화해 나가는 것이다. 그와 동시에 인접 강대국 중국, 일본, 러시아와 우호적 관계를 유지하고, 인도·태평양지역의 주요 '중추적 중견국,' 즉 호주, 인도네시아, 인도 등과 양자 간 및 소다자체제(mini-multilateral) 간 외교 및 군사협력을 강화해 나가는 것이다.[2]

한국의 국가이익 차원에서 판단해 볼 때, 대한민국은 국가생존과 직결되는 '확장억지', 즉 핵우산을 포함한 전쟁억지력의 확보를 위해서 한·미동맹이 필수적이다. 제3장에서 언급한 바와 같이 한국이 주변국이나 국제사회로부터 아무런 제재를 받지 않고 성공적으로 스스로 핵무장할 수 있는 가능성은 희박하다. 북핵 위협에 시달리는 현재로서는 한·미동맹이야말로 한국 안보의 생명선이나 다름없다. 게다가 한국과 일본은 한·미동맹과 미·일동맹을 통해 간접적으로 군사적 관계를 맺고 있다. 매년 실시되어 온 한·미연합군사훈련 때 오키나와를 포함한 주일미군 기지에서 동원되는 미국 해군력 및 공군력만 보더라도 이를 알 수 있다. 한국과 일본은 과거사 문제로 인해 오랫동안 서먹한 관계를 지속해 오고 있지만 언젠가는 일본이 과거사에 대해 한국 국민에게 진심으로 사죄하고 한·일관계를 간접적인 동맹관계 이상으로 발전시킬 수 있는 계기를 마련해야 할 것이다. 물론 한국은 주변 강대국 중국, 러시아와도 우호적 경제 및 외교관계를 발전시켜 나가야 할 것이다.

한반도 통일 이후에는 비록 북한정권의 남침 위협은 없어졌다고 하더라도 강대국에 둘러싸인 통일한국은 어떤 형태로든 강대국과의 동맹관계를 통해 안전보장책을 확보해야 한다. 한반도 주변의 어느 강대국도 통일한국이 핵무기를 보유하는 것을 지지할 국가는 없을 것이기 때문에 비핵국가인 통일한국은 강대국 동맹파트너로부터 핵우산을 포함한 확장억지를 제공받을 필요가 있다. 그래서 미국은 지금과 마찬가지로 통일한국의 최적의 동맹파트너가 될 것이다.

한 · 미동맹의 필요성은 결코 일방적인 것이 아니다. 미국 역시 동아시아의 안정적 질서유지와 자국 주도의 국제질서를 유지하기 위해서 한 · 미동맹을 필요로 한다. 미국의 사활적 국가이익을 분석해 보면 미국은 한국과의 동맹관계를 계속 유지하기를 원하는 것이 분명하다. 미국의 국가이익의 핵심은 2001년 9 · 11 테러사태 이전에는 지역 패권국가의 등장 방지, 대량살상무기 확산금지, 자유무역에 기반을 둔 시장경제체제 확산이었다. 9 · 11 테러사태 이후에는 테러리즘 척결과 미국본토의 안전보장이 사활적 국가이익 리스트에 추가되었다. 이러한 미국의 국익을 동아시아에 적용시켜 보자. 먼저 단기적으로 볼 때 미국이 이 지역에서 아주 중요하게 생각하는 외교안보 이슈는 바로 북한 비핵화이다. 북핵은 이미 미국본토에 대한 직접적 위협이 되기 시작했다. 북한 핵개발로 인한 대량살상무기 확산과 핵무기가 테러집단으로 이전될 가능성 역시 향후 심각한 문제로 부각될 수 있다. 게다가 북한은 국제체제에서 시장경제 원리를 부인하는 거의 유일한 국가이다. 이러한 북한을 견제하기 위해서 미군을 한반도에 전진배치하는 것은 미국의 국익에 사활적인 것임에 틀림없다.

중 · 장기적으로는 미국 주도의 국제질서 및 지역질서에 가장 위협적인 요소가 바로 '중국의 부상'이다. 미국은 21세기에 접어들기 전부터 이미 이른바 '중국위협론'에 대해서, 그리고 대중국 봉쇄정책과 포용정책 사이에서 심사숙고해 왔다. 트럼프행정부 이전까지만 하더라도 미국은 개발도상국 중국을 포용하고 상호 경제협력을 강화해 나갈 경우 기존의 자유무역 국제질서 속에서 더욱 자유민주적이고 '책임있는 이해당사국'(responsible stakeholder)으로 중국이 변모해 나갈 것이라는 전제하에 대중국 포용정책에 역점을 두었다. 그러나 시진핑 주석이 이끄는 중국은 아시아 지역에서 공세적 군사 및 외교 행태를 드러내기 시작했고, 이에 미국은 대중국정책을 전반적으로 수정하기에 이르렀다. 트럼프행정부는 중국을 '수정주의 국가', '전략적 경쟁자'로 규정하고 중국과 무역전쟁, 하이테크 전쟁에 돌입했다.[3] 바이든행정부 역시 트럼프행정부의 대중국정책의 기조를 이어 받아 시진핑이 주도하는 중국의 공세적 외교에 대응하기 위한 대중국 공동전선의 구축에 심혈을 기울이고 있다. 인도·태평양 지역에서 미국, 일본, 호주, 인도, 4개국 협의체인 쿼드(Quad)를 가동하며 한국이 쿼드에 직·간접적으로 동참하기를 기대한다. 선진7개국(G7)과는 '더 나은 세계 재건'(Build Back Better World: B3W) 프로젝트를 추진하기 위해 협의하며 중국 주도의 '일대일로'(一帶一路) 프로젝트를 견제하기 시작했다.[4] 이와 같이 미국 주도의 국제질서 및 지역질서에 도전할 가능성이 있는 지역패권국가의 등장 방지라는 미국의 사활적 국가이익 측면에서 본다면 한반도에서 영향력을 지속적으로 유지하며 중국을 견제하는 것은 필수적이다.

중국은 대륙국가이기 때문에 해양으로 진출하고자 하는 욕망이 있다. 그 반면 미국은 해양국가이기 때문에 대륙국가가 해양으로 진출하는 것을 결코 반기지 않는다. 로스(Robert Ross)와 같은 학자는 미국이 한반도와 대만을 중국에 포기하기만 하면, 대륙국가 중국과 해양국가 미국은 더 이상 이해관계가 상충될 여지가 없어서 체제안정을 유지할 수 있을 것이라고 주장한다. 쿱찬(Charles Kupchan)은 중국 주도의 아시아, EU 주도의 유럽, 그리고 미국 주도의 아메리카 세 개의 대륙이 3극체제를 이룰 경우 국제체제는 가장 안정적일 것이라고 주장한다.[5] 그러나 미국이 이러한 주장을 결코 받아들일 리 없다. 미국에게 한반도는 사활적 국익이 걸려 있는 전략적 요충지인 것이다.

만일 미국이 어떠한 이유에서든 간에 한국과의 군사동맹관계를 단절하고 일본과의 군사동맹관계만으로 동아시아 안보정책을 수행하려고 한다면 미국뿐만 아니라 일본에게도 불리한 상황이 전개될 수 있다. 비록 미국 내 여론이 한국과의 동맹관계 유지에 부정적이라 하더라도 미국 지도층은 한국과의 지속적인 동맹관계를 유지하는 것이 국익을 위해 필수적임을 깨달을 것이다. 만일 미국 지도층마저 일본과 방위조약만을 고집할 경우 한국은 중국과 훨씬 가까워질 가능성이 있으며, 이러한 경우 중국의 위협을 미국뿐 아니라 일본도 직접적으로 느끼게 될 것이다. 그렇기 때문에 미국이나 일본 중 어느 나라도 미국이 한반도에서 영향력을 잃게 되는 것을 바라지 않을 것이 분명하다.

한반도가 통일이 된 이후에도 마찬가지다. 핵무기를 포함한 북한의 대량살상무기 확산의 위협이 사라졌다고 하더라도 미국은 중국과 러시아를 견제하기 위해 한반도를 전략적 요충지로 활용하려고 할 것이다. 적어도 한반도가 중국이나 러시아의 영향권하에 놓이게 되는 것을 보고만 있지는 않을 것이다. 그래서 미국은 통일한국과 한·미동맹을 지속적으로 유지해 나갈 충분한 이유가 있다. 주변 강대국들이 한반도가 통일되는 과정에서 어떤 역할을 하는지에 따라 통일한국과 주변 강대국과의 관계가 새로이 정립될 가능성이 있겠지만 한·미동맹은 한반도 통일 이후에도 존속될 가능성이 높다.

물론 그렇다고 해서 한·미동맹을 당연시해서는 안 된다. 아무리 친한 친구 사이라고 하더라도 상대방을 더욱 이해하고 배려하려고 노력해야만 우정을 지속할 수 있는 것처럼 한국과 미국은 서로를 더 이해하고 협력하기 위해서 각각 친미(親美), 지미(知美) 인사와 친한

(親韓), 지한(知韓) 인사를 양성하고 지원하는 데 소홀해서는 안 된다.

21세기 한국의 동맹전략의 핵심인 한 · 미동맹을 보완해 줄 수 있는 역내 소다자(mini-multilateral)간 '중견국 지역안보협의체'의 역할 또한 중요하다. 한국은 호주, 인도네시아, 인도 등 '뜻을 같이하는'(like-minded) 역내 중견국들과 함께 지역 안보질서의 변화를 진취적이고 창의적으로 조정하는 데 적극 동참할 수 있는 중견국 협의체를 주도해 나가야 한다. 한반도 통일 이후에도 한국이 동아시아의 평화와 안정에 기여하기 위해서 지금부터라도 역내 중추적 중견국들과 소다자간 지역안보협의체를 가동하고 이들과 각각 양자 간 군사협력을 강화해 나갈 필요가 있다.[6]

최근 호주의 정치인, 지식인 중에는 한 · 호 군사동맹의 필요성을 제기하는 이들이 있다.[7] 현재 한국은 호주와 '외교 · 국방장관(2+2)' 회의를 가동하고 있는데, 더 나아가 양국은 가까운 미래에 동맹관계의 수립을 신중히 고려해 볼 필요가 있다. 전략적 독립(strategic autonomy), 비동맹(non-alignment)을 주창해 온 인도와의 군사교류 강화도 고려해야 한다. 2018년 현재 7% 이상의 경제성장을 유지하며 급성장하고 있는 핵보유국 인도는 여러 아시아 · 태평양지역 국가들과 마찬가지로 중국과 국경을 접하고 있으며 중국과 경제적 협력을 중시하는 동시에 중국으로부터 안보위협을 느끼는 잠재적 강대국이다. 한반도에서 멀리 떨어져 있는 미래의 강대국 인도와의 외교 및 군사교류 강화 역시 한국의 동맹전략 중 하나가 될 필요가 있다.

한반도의 중립국화는 가능한가?

그러면 한국은 왜 미국과 군사동맹관계를 계속 유지해야 하는가? 중국과 군사동맹관계를 맺으면 안 되는가? 러시아나 일본은 한국의 동맹대상국으로 적합하지 않은가? 아니면 차라리 자주국방이나 중립국화를 선언하는 것은 불가능한가? 우리가 한・미동맹관계의 지속 여부를 판단할 때 반드시 고려해야 할 것은 결코 감정에 휩쓸려서는 안 된다는 것이다. 동맹관계와 관련된 결정은 국가안보의 위기를 초래할 수 있는 문제이므로 반드시 국가이익에 바탕을 둔 전략적 사고에 의해야 한다.

미국은 지난 60여 년간 한국이 국가존립의 위기에 처해 있을 때 함께 싸워서 대한민국을 지켜 준 혈맹이고, 한반도에 전쟁억지력을 제공하고 경제원조를 해 줌으로써 한국이 경제적 급성장을 이룰 수 있게 도와준 나라다. 그러나 21세기 대한민국이 계속 미국과의 동맹관계를 유지해야 하는지에 관한 결정은 과거 혈맹에 대한 고마움이라는 감정적 요인, 이따금씩 발생하는 주한미군의 범죄행위에 대한 증오심, 패권국 일방주의에 대한 반미감정 등의 요인에서 탈피하여 냉철하게 실용주의 차원에서 검토되어야 한다. 국익에 근거하여 이성적으로 검토해 볼 경우 한・미동맹의 지속적인 유지 및 강화보다도 더 좋은 대안은 없다.

19세기 말 조선이 열강들의 침략에 직면했을 때 청나라 외교관 황준헌은 『조선책략』에서 조선이 살아남기 위해서는 러시아를 막는 것(防俄)이 급선무이며, 이를 위해서 "중국과 친하고(親中國), 일본과 결탁하고(結日本), 미국과 연합하여(聯美國), 스스로 강해지는(自强) 것 뿐"이라는 전략을 제시한 바 있다. 대한민국은 현재 경제적으로 세계 15대 강국, 군사적으로 60만 대군을 보유한 세계 10대 강국 중 하나로 평가받지만 한반도의 지정학적 위치로 인해 주변 강대국보다 상대적으로 약한 중견국임을 부인할 수 없다. 주변 4대 강국에 둘러싸인 한국은 통일의 목표를 달성하든 하지 못하든 간에 상대적 국력의 측면에서 중국, 일본, 러시아, 미국에 비해 열세에 놓여 있다.

21세기 대한민국의 운명이 구한말 조선의 비극적인 운명과 같이 되지 않기 위해서는 반드시 강대국과 동맹을 유지할 필요가 있다.

대한민국이 강대국 파트너와 동맹을 유지하는 문제에 대해 '자주 대 동맹'의 논리를 적용할 수는 없다. 사실 그 어떤 나라도 독자적으로 자주국방 할 수 있는 나라는 없다. 초강대국 미국조차도 동맹국의 지원을 바탕으로 자국의 안보를 확고히 하고 국제질서를 안정적으로 유지하려고 노력한다. 자주국방이라는 표현은 실질적으로 의미가 없는 것이다. 대한민국과 같은 중견국은 얼마든지 자주적으로 강대국과 동맹관계를 유지할 수 있다. 자주와 동맹의 문제는 한국이 강대국 동맹파트너를 얼마나 효율적으로 잘 활용하는가의 문제다. 중견국이 강대국과 동맹을 맺고 있다는 이유만으로 자주적이지 않다고 이분법화하는 것은 적절하지 않다.

천문학적 군사비를 지출한다고 하더라도 강대국의 도움 없이 자주국방이 불가능하다면, 중립국화는 대안이 될 수 있는가? 한국과 같이 상대적으로 국력이 약한 국가가 강대국들에 둘러싸여 있을 경우 한국은 완충국의 특성을 지닌다. 일반적으로 강대국들에게 완충국의 지정학적 가치는 아주 높다. 따라서 미국, 중국, 일본, 러시아에 있어서 한반도의 지정학적 가치가 높음은 두말할 나위도 없다. 이러한 완충국이 중립국화할 가능성은 없다. 중립국화는 주변 강대국들이 외교적으로 인정해 줄 때만 가능한데 지정학적으로 중요한 위치에 있는 완충국을 강대국들이 영원한 중립국으로 인정할 가능성은 거의 없기 때문이다. 스위스와 같이 성공적으로 중립국의 지위를 유지하는 국가는 지정학적 측면에서 주변 강대국들에게 특별한 매력을 제공하지 않기 때문에 가능하다. 그러나 한반도는 주변 강대국들에게 지정학적으로 아주 중요하기 때문에 중립국 지위를 영속적으로 유지하기 어렵다. 국제정세가 변할 경우 강대국들의 한반도

에 대한 이해관계도 바뀔 수 있기 때문에 한반도의 중립국화는 믿을 만한 대안이 되지 못한다.[8]

왜 대한민국의 동맹파트너가 미국이어야 하나?

그러면 21세기 대한민국의 동맹파트너로서 가장 적합한 나라는 어떤 나라인가? 동맹관계를 맺으려고 할 때 고려해야 할 필수조건이 세 가지 있다. 첫 번째로, 동맹파트너는 자국과 인접하지 않고 가능한 한 멀리 떨어져 있는 나라일수록 좋다. 세계외교사에서 예를 허다하게 찾을 수 있듯이 동맹관계를 맺고 있던 나라들 간에 전쟁이 일어날 가능성이 높다. 특히 지리적으로 인접한 국가와 동맹관계를 맺게 되면 언젠가는 영토분쟁에 휘말릴 가능성이 높다. 오늘의 동맹국가가 내일의 적대국이 될 수도 있기 때문에 인접국가와 동맹을 맺어서 영토분쟁의 씨앗을 남기는 것은 좋지 않다. 더구나 중견국인 한국에 비해 인접국이 모두 강대국일 경우 한국은 인접 강대국과는 군사동맹관계를 맺지 않는 것이 유리하다.

두 번째로, 멀리 떨어져 있는 국가와 동맹관계를 맺되 그 국가는 자국과의 동맹공약을 성실히 이행할 만한 충분한 국가적 이해관계가 있는 나라이어야 한다. 그래야만 유사시 자국을 도와 동맹공약을 이행할 의지가 있을 것이기 때문이다. 세 번째로, 멀리 떨어져 있으며, 자국에 국가이익이 있어 유사시 동맹공약을 이행할 의지가 있을 뿐 아니라, 이러한 동맹공약을 실행에 옮길 수 있는 강력한 군사투사력(power projection capability)을 소유한 나라이어야 한다.

현재 동맹파트너로서 위의 세 가지 조건을 가장 잘 만족시키는 나라는 미국이다.[9] 미국이야말로 한반도에서 멀리 떨어져 있으며, 한반도 주변에서 지켜야 하는 자국의 사활적 국익이 충분히 있으며,

신속하게 많은 군사력을 동원할 능력이 있는 나라이다. 대한민국이 중국, 러시아, 일본 등과 같은 인접국가들과의 잠재적 영토분쟁으로부터 자국을 보호하는 최선의 길은 인접국가가 아닌 미국과 같은 원거리에 있는 국가와 동맹관계를 맺는 것이다.

한 · 미상호방위조약이 1953년 10월 1일에 체결되고 1954년 11월 18일에 발효된 이래로 많게는 20만 명 이상의 미군이 한반도에 주둔한 적이 있으며, 2016년 현재 2만8천5백 명의 미군이 한반도에 주둔하고 있다.

미국은 한국과의 군사동맹관계를 통해 한반도에서의 전쟁억지력을 제공해 주고 그 대가로 한국으로부터 자율성의 일부를 확보했다. 한국은 외교정책 결정 시 미국의 영향력을 수용하기도 하고, 미군이 사용할 수 있도록 군사기지를 제공해 왔다. 이러한 한 · 미 관계는 약소국과 강대국 간의 '비대칭 동맹'이며, 약소국이 강대국으로부터 안보를 보장받는 대가로 약소국의 자율성을 강대국에 일부 제공하는 '자율성 · 안보교환' 형태의 동맹이다. 물론 한 · 미동맹은 서로 공통의 위협에 대항하기 위해 힘을 합치는 '균형동맹'의 성격도 띠고 있다. 한 · 미동맹 관계가 성립되면서부터 한국은 미국의 피보호국이었지만, 미국 역시 미군을 한반도에 전진배치함으로써 그 당시 소련과 중국과 같은 공산주의 세력이 확산되는 것을 막았다.

그러한 가운데 한 · 미동맹 관계는 한국이 미국의 피보호국에서 거의 대등한 동반자의 관계로 발전해 왔다. 9 · 11 테러사태가 발생한 이후에는 한 · 미동맹이 더욱 대등한 관계로 변했다. 사실 미국과 동맹관계에 있는 그 어떤 나라도 단지 피보호국으로만 머물고 있지는 않다. 이들은 어떤 형태로든 미국의 외교, 군사정책을 지원하는 중요한 역할을 하게 된 것이다. 미국이 초강대국이라고는 하지만 이제 더 이상 미국이 테러리즘, 대량살상무기 확산 등에 독자적으로 대처할 수 없는 시대가 되었다. 그럴수록 대한민국은 미국과의 동맹관계에 있어서 훨씬 더 빠른 속도로 대등한 관계, 대칭적 관계로 변하는 것이다. 한 · 미동맹이 비대칭적 관계에서 점진적으로 대칭적으로 변하는 것은 고무적이다. 다만 이로 인해 한 · 미동맹 간의 신뢰가 깨어져서는 안 된다.

한 · 미동맹의 신뢰강화가 필요해

많은 사람들이 노무현정부 당시 자주국방과 동북아균형자론 제기, 전시작전통제권 환수 문제 등으로 한 · 미 간 신뢰가 깨지고 있다고 우려를 표명한 바 있다. 박근혜정부하에서는 한 · 미동맹 관계가 그 어느 때보다 더 강화되었음에도 불구하고 미국, 일본 등지에서 한국의 '중국 경사론(傾斜論)'이 제기되기도 했다. 2015년 8월 중국 전승절 70주년 행사에 서방국가 정상으로는 유일하게 박대통령이 참석한 문제, 사드(THAAD) 미사일방어체계의 한반도 도입 문제와 중국 주도의 아시아인프라투자은행(AIIB) 참여 문제를 놓고 미 · 중 사이에서 오락가락한 한국정부의 입장 등으로 인해 한 · 미동맹의 신뢰가 심각하게 훼손되고 있다고 걱정하기도 했다. 문재인정부하에서는 유화적 대북정책 때문에 한 · 미동맹의 신뢰가 훼손되고 있다고 걱정하기도 했다. 북핵 폐기를 위해서 강력한 대북 경제재제 조치를 취한 트럼프정부가 남북교류 활성화를 위해 대북제재의 완화를 주장하는 문재인정부에 대해 신뢰를 잃고 있다고 걱정했다. 트럼프정부와 그 뒤를 이은 바이든정부의 남중국해 주변에서 항행의 자유, 홍콩, 신장 위구르지역 등에서 중국의 인권침해 등에 대한 미국의 입장, 더 나아가 미국의 인도 · 태평양 전략에 대한 문재인정부의 전략적 모호성(strategic ambiguity)에 입각한 미 · 중 사이 눈치외교 때문에 한 · 미동맹의 신뢰 훼손을 심각하게 걱정하기도 했다.

우리 국민 중에는 오래전부터 미국과의 동맹 자체를 별로 신뢰하지 못하는 이들도 있다. 그들은 1882년 조선이 미국과 '조 · 미수호통상조약'을 체결한 이래 1905년 미국이 '가쓰라 · 태프트'(Katsura · Taft) 밀약을 통해 조선을 일본에 팔아넘긴 적이 있었음을 기억한다. 1950년에는 미국이 '애치슨(Acheson) 라인'을 선언하여 한반도를 미국의 방위선으로부터 제외하는 바람에 북한 김일성정권이 남침을 하는 계기를 마련해 주었던 것도 기억한다. 1969년에는 닉슨(Richard Nixon) 대통령이 '괌(Guam) 독트린'을 선언해서 한반도의 안보를 불안하게 만들었고, 1976년에는 카터(Jimmy Carter) 대통령이 주한미군의 철수를 대통령 선거 공약으로 내세운 적이 있음을 기억한다. 미국을 신뢰하지 않는 이들은 2019년 트럼프 대통령이 '미국 우선주의'를 주창하며 한 · 미동맹, 미 · 일동맹, 나토(NATO) 등 미국과 동맹을 맺고 있는 국가들에 방위비 분담금의 대폭적 증액을 노골적으로 요구한 사실도 안다.

실제로 한 · 미동맹의 신뢰가 깨질 수 있는 세 가지 가능성을 들어보자. 첫째, 한 · 미동맹은 양국의 공동의 적이었던 북한 공산정권과 중국, 소련의 위협에 대항해서 탄생되었다. 1953년 한 · 미상호방위조약이 체결될 당시 한국정부는 권위주의 체제하에 있었고, 한국정부의 지도자는 '반공'과 경제개발에 역점을 두고 있었다. 그 당시 한반도가 북한에 의해 적화통일되는 것을 방지하고, 한국이 경제발전을 이루기 위해서는 미국으로부터 안전을 보장받는 것이 필요했다. 이러한 전쟁억지력을 제공받는 대가로 대한민국은 자주권의 일부를 미국에 넘겨주었다. 그러나 60여 년이 흐르는 과정에서 역대 정부가 표방한 이념과 대북정책, 그리고 한 · 중관계 및 한 · 러관계는 한 · 미동맹 체결 당시의 이승만정부와 판이하게 다른 경우가 허다했다. 예를 들어 김대중정부와 노무현정부의 대북정책, 박근혜정부의 한·중관계는 이승만정부의 대북정책, 한·중관계와 각각 판이하게 달랐다. 특히 문재인정부의 대북정책은 김대중정부, 노무현정부의 대북정책보다 훨씬 더 유화적이라는 평가가 지배적이다. 이와 같이 정권의 변화에 따른 공동의 적에 대한 시각의 변화는 동맹국 간의 신뢰를 무너뜨리는 데 결정적인 요인이 될 수 있다. 한국정부와 미국정부의 북한 비핵화에 대한 시각 및 정책의 차이, 그리고 미·중 사이에서 한국정부의 애매한 입장 표명에 대한 미국정부의 이해 또는 오해야말로 한·미동맹의 신뢰에 가장 위협적인 요인이 될 것이다.

둘째, 대한민국의 국력이 한·미동맹이 체결된 60여 년 전보다 상대적으로 훨씬 강해졌다. 이러한 경우 약소국 동맹파트너의 지도자는 선임 지도자가 강대국 동맹파트너와 체결한 동맹의 필요성을 절실히 느끼지 못할 수도 있고, 비대칭적 동맹관계를 대칭적으로 전환해야 한다고 믿을 수도 있다. 기존 동맹을 대칭적으로 전환하는 과정에서 양국은 서로 간의 신뢰에 금이 가는 행동을 할 수도 있다. 한국정부와 미국정부 간 향후 전시작전통제권 이양, 방위비분담 문제 등에 있어 견해 차이는 한·미동맹의 신뢰에 결정적 타격을 가하는 결과를 초래할 수도 있다.

셋째, 한·미동맹 관계가 국내정치적으로 이슈화될 경우 기존 동맹의 신뢰관계는 큰 타격을 입고 동맹의 수명은 단축될 가능성이 높아진다. 예를 들어 노무현정부의 핵심세력들인 386세대 출신들은 과거 권위주의 정권 당시의 정치 지도층에 비해 출신배경이 달랐다. 그들은 권위주의 정권에 맞서 민주화투쟁을 해 온 인사들로서 기존 한국사회의 기득권층과는 성장배경이나 표방하는 이념이 현격하게 달랐다. 이러한 이유로 인해 기존 한·미동맹 관계가 국내 정치세력들 간에 정치도구화될 가능성이 상존했다. 게다가 1992년 8월의 한 · 중 국교정상화 이후 중국에서 유학을 하고 중국에 친밀감을 느끼는 한국의 지식인들이 많이 배출되었다. 이들은 미국, 일본, 유럽 등 선진국에서 유학을 한 기존의 대다수 지식인들과 상당한 시각의 차이를 보이기도 했다.

물론 미국의 경우도 마찬가지이다. 한 · 미동맹에 관한 워싱턴 정가 주변의 분위기는 외교안보 이슈에 영향력을 행사하는 관료, 전문가, 여론주도층 등 출신배경, 이념성향에 다분히 영향을 받는다. 2002년 부시(George W. Bush) 미국정부 출범 이후 '네오콘'(Neo-Con)이라고 불리는 신보수주의자들이 외교안보 이슈를 거의 독점하다시피 했을 때, 북 · 미관계는 최악의 상태였다. 네오콘들은 한 · 미동맹 관계의 악화에도 적잖은 영향을 미쳤다. 트럼프정부 당시 소위 '트럼피즘'(Trumpism)에 근거한 미국 우선주의 및 보호무역주의로의 선회 역시 한 · 미 간 신뢰에 영향을 미쳤음에 틀림없다.

향후 한 · 미동맹 강화를 위한 방안은?

2008년 출범한 이명박정부는 부시정부, 오바마정부와 한 · 미동맹을 한층 더 강화했다. 한국정부와 미국정부는 북한정권의 한반도 적화통일 야욕이 아직 사라지지 않았음을 직시했다. 당시 북한 김정일정권은 이미 두 차례에 걸쳐 핵실험을 강행했고, 한 · 미 양국은 북한정권이 이제는 핵보유국 지위를 확보할 속셈임을 간파했다. 한 · 미 양국 정부는 북한정권의 핵공격 및 핵확산 위협에 대한 공동의 인식을 통해 신뢰관계를 다시 회복할 수 있었다. 양국 정부는 2008년 4월에 한 · 미동맹을 '21세기 전략동맹'으로 격상하는 데 합의하였고, 2009년 6월에는 '동맹미래비전'을 채택하여 공동의 가치와 신뢰를 바탕으로 동맹관계를 양자간 안보협력뿐 아니라 범세계적 차원에서 금융위기, 기후변화, 테러리즘, 핵확산방지, 해적퇴치 등에 관한 협력을 할 수 있도록 발전시켜 나갈 것을 합의했다.[10]

2013년 5월 박근혜 대통령과 오바마 대통령은 '한 · 미동맹 60주년 기념 공동선언'에서 동맹관계를 한반도를 넘어 동북아시아와 범세계적 문제까지 협력하는 글로벌 파트너십으로 발전시켜 나갈 것을 재확인했다. 또한 외교 · 국방장관(2+2) 회의의 정례화를 포함하여 동맹의 현대화와 연합방위태세 강화를 지속할 것에 합의했다.[11] 그러나 미국 우선주의를 표방하는 트럼프정부가 출범한 이후에는 문재인정부와 트럼프정부 간에는 대북 경제제재와 남북교류 속도, 주한미군 방위비 분담금 등에 관한 입장의 차이로 인해 한 · 미동맹에 균열이 생기기도 했다.

바이든정부는 출범하자마자 국제체제에서 미국의 리더십 회복이라는 기치하에 민주주의 동맹 강화에 심혈을 기울이기 시작했다. 개발도상국과 저개발국가의 도로, 항만과 같은 주요 인프라(Infra) 건설을 돕기 위한 '더 나은 세계 재건' 프로젝트 추진을 위한 동맹도 추진한다. 게다가 중국 공산당이 사실상 지배하는 화웨이(Huawei)와 같은 중국 기업들의 지적재산권 도용이나 주요 안보 관련 정보 절취를 사전에 차단하기 위해 선진자유민주국가들과의 디지털 및 하이테크 경제협력을 강화하는 '클린네트워크' 구축에도 관심을 보이고 있다. 인도 · 태평양지역에서는 4개국 협의체 쿼드를 가동하며 역내 항행의 자유, 인권보호 등 규칙에 근거한 지역질서 확립을 추구하고 있다. 바이든정부는 이러한 다자동맹에 한국이 동참하기를 바라는 눈치다. 그러나 한국정부는 이러한 바이든정부의 노력이 대중국 공동전선 구축의 일환으로 보여질 수 있다는 우려 때문에 걱정스럽다.

앞으로 어떤 성향의 정부가 출범하든지 간에 한국정부는 미국과의 신뢰관계를 유지하고 관리해 나가는 데 많은 투자를 해야 한다. 당장 김정은정권의 북핵 위협에 대비하기 위해서도 대한민국은 미국의 지속적인 확장억지의 제공을 필요로 한다. 한반도가 민주적이고 평화적으로 통일된 이후를 상정한다 하더라도 통일한국은 주변 강대국들의 잠재적 위협에 노출될 수 있다. 그러한 상황이 발생할 경우 통일한국이 미국의 도움을 더욱 필요로 할지도 모른다. 그렇기 때문에 한국정부는 한·미동맹 관계를 건설적으로 재정비하여 더욱 공고히 해 나가야 할 것이다. 특히 미·중 사이에서 선택해야 할 문제가 발생할 경우 전략적 모호성을 내세워 눈치외교를 할 것이 아니라 한국의 국익에 맞는 입장을 일관성 있게 표명해야 할 것이다. 적어도 군사·안보 문제에 있어서 한·미동맹은 어떤 경우에도 흔들리지 않는 철통같은 관계임을 주변국들이 피부로 느낄 수 있도록 행동으로 보여 주어야 할 것이다.

한·미동맹은 한·미연례안보협의회(SCM), 안보정책구상(SPI) 등을 정례적으로 개최해 왔다. 또한 북한의 남침에 대한 방어를 위한 대규모 모의군사동원훈련인 키리졸브(Key Resolve), 포얼이글(Foal Eagle) 한·미연합군사훈련, 컴퓨터화된 탁상훈련인 을지프리덤가디언(UFG) 연합군사훈련도 매년 정기적으로 실시해 왔다. 그러나 문재인정부와 트럼프정부 들어서 이러한 대규모 한·미연합군사훈련은 모두 잠정적으로 취소되었다. 향후 어떤 정부가 들어서든 간에 양국 정부는 철통같은 공조체제하에 정기적인 한·미연합군사훈련을 반드시 재개해야 할 것이다.

노무현정부 당시 한·미 양국 간에 2012년 4월 17일까지 전시작전통제권의 이양을 합의했지만, 이명박정부와 오바마정부는 2015년 12월 1일까지 이양을 연기하기로 결정했다. 박근혜정부가 들어서면서 전시작전통제권의 이양 여부는 '조건에 기초한 전시작전통제권 이양'에 합의하여 2020년대 중반에 가서 다시 검토하는 것으로 오바마정부와 재차 합의했다. 문재인정부는 전시작전통제권의 이양을 서두르고 있지만 미국정부와 입장을 조율하지 못하고 있는 실정이다. 전시작전통제권이 한국군으로 이양되고 한반도에서 전쟁억지의 핵심역할을 담당해 온 한·미연합군사령부가 해체될 것에 대비하여 국방개혁에 박차를 가하고 한·미연합군사령부를 대체할 수 있는 한·미미래연합사령부와 같은 잘 조율된 공조방안 역시 시급히 마련되어야 할 것이다.

한·미 양국은 서로 공감할 수 있는 미래지향적 한·미동맹의 공동 목적을 지속적으로 유지하는 데도 역점을 두어야 한다. 지역차원, 글로벌 차원에서 테러리즘이나 대량살상무기 확산과 같은 전통적 안보문제에 대처하기 위해서 한·미 양국은 서로를 필요로 한다. 자유민주주의와 시장경제, 인권침해, 코로나 19와 같은 전염병방지, 역내 평화유지, 마약밀매 및 사이버 해킹 등과 같은 국제범죄, 해상수송로 안보 등 포괄적 안보 문제에 효율적으로 대처하기 위해서도 한·미 양국은 서로를 필요로 한다. 그러므로 기존 한·미동맹체제를 한 차원 더 높은 수준으로 승화시키는 것이 양국의 국익에 도움이 되는 것은 명백하다.

한·미 자유무역협정(FTA) 역시 한·미동맹을 더욱 강화하는 데 결정적인 역할을 한다. 세계 15대 경제규모인 한국과 세계 최대의 경제대국인 미국이 체결한 FTA는 EU, 북미자유무역협정(NAFTA) 다음으로 GDP 14조 달러 규모의 세계 3대 경제권을 탄생시켰다.[12] 한·미 FTA는 한·미동맹에 상호 경제적 이해관계를 더해서 기존 한·미동맹 관계를 더욱 심화시키는 역할을 한다. 바이든행정부가 긍정적으로 고려하는 환태평양경제동반자협정(CPTPP)에도 적극 동참할 필요가 있다. 특히 4차산업혁명으로 인한 정보통신 및 첨단기술의 발전은 국제사회에서 범용될 수 있는 표준, 규범, 원칙 등을 필요로 한다. 한·미동맹은 군사동맹뿐 아니라 '하이테크' 협력파트너로 동맹으로 거듭나서 첨단기술 공급망을 함께 구축하고 차세대 반도체, 인공지능(AI), 양자컴퓨팅 등 기술 협력과 2차 전지 등 에너지 협력을 주도해 나가야 할 것이다.

한·미동맹이 신뢰에 바탕을 두고 재정립되기 위해서는 양국 지도층, 양국 국민 간의 상호 이해증진을 위한 노력도 있어야 한다. 한·미 양국에서 동시에 공공외교를 통해 한국 내 반미정서 및 미국 내 반한정서를 완화할 수 있는 대책을 강구해야 한다. 한국의 지정학적 딜레마로 인한 미·중 사이 전략적 모호성의 허(虛)와 실(實), 중국의 대(對)한국 경제보복에 대한 미국의 입장, 북핵 해법 및 향후 논의될 한반도 평화체제, 주한미군기지 이전, 전시작전통제권 이양 등 다양한 이슈와 관련해서도 자국의 입장이나 정책을 상대국 정부와 국민에게 정확히 알리고 이해시키는 노력이 필요할 것이다. 이러한 노력은 단시일 내에 진행될 것이 아니라 중·장기적으로 계속해서 추진되어야 할 것이다. 우리사회에 미국을 잘 이해하고 미국사회에 두터운 친분을 가진 '지미'(知美) 인맥을 양성하고 미국사회에도 마찬가지로 '지한'(知韓) 인맥을 꾸준히 구축해 나가는 것도 신뢰에 바탕을 둔 한·미동맹을 관리해 나가는 데 필수적일 것이다.

주

1 제4장의 내용은 김우상, "한 · 미동맹의 이론적 재고," 『한국과 국제정치』 제20권 1호(2004), pp.1-28을 재활용하여 재정리되었다.

2 한 · 미동맹과 더불어 한 · 중 경제 전략적 협력동반자 관계, 중추적 중견국과의 협력, 소다자간 중견국 지역안보협의체 등의 중요성에 관해서 김우상, 『중견국 책략 : 미 · 중 사이 한국의 스마트 외교』(서울 : 세창출판사, 2016), 제1부 제3장 참조.

3 The White House, *National Security Strategy of the United States of America*, December 2017; The White House, *United States Strategic Approach to the People's Republic of China*, May 2020.

4 The White House, "Fact Sheet: President Biden and G7 Leaders Launch Build Back Better World (B3W) Partnership," June 12, 2021.

5 Robert S. Ross, "The Geography of the Peace : East Asia in the Twenty-first Century," *International Security*, 23(1999), pp.81-118; Charles Kupchan, "After Pax Americana : Benign Power, Regional Integration, and the Sources of a Stable Multipolarity," *International Security*, 23(1998), pp.40-79.

6 김우상, "통일한국의 안보전략과 한미동맹," 육군사관학교 개교 70주년 기념 통일세미나 발표 논문, 2016년 9월 30일.

7 매일경제, 2018년 8월 15일.

8 Michael Partem, "The Buffer System in International Relations," *Journal of Conflict Resolution*, 27(1983), pp.3-26; Hans Morgenthau, *Politics Among Nations* (New York : Alfred A. Knopf, 1973), ch.11.

9 물론, 미국만이 한국의 영원한 최적 동맹파트너라는 말은 아니다. 예를 들어 21세기 중반에 상황이 바뀌어, 원거리에 있으면서 신속히 군사력을 동원할 능력이 있는 초강대국이고, 이에 따른 충분한 국익이 한반도에 있는 나라가 미국이 아니라 인도(혹은 X라는 나라)라면, 한국은 당연히 인도(혹은 X라는 나라)와 군사동맹 관계를 맺도록 노력해야 한다는 것이다.

10 '동맹미래비전'(Joint Vision for the Alliance of the Republic of Korea and the United States of America)에 관해 외교통상부, 『2010 외교백서』, pp.33-35.

11 연합뉴스, 2015년 10월 17일.

12 조선일보, 2007년 4월 3일.

제5장

민주평화와 한반도 안보

자유주의자들은 '민주평화론'을 주장한다. 민주주의국가들은 서로 간에 전쟁을 하지 않는다는 것이다. 하지만 민주국가가 비민주국가와 마찰이 있을 때는 민주국가는 무력사용을 망설이지 않는다고 주장한다. 또한 민주화과정에 있는 권위주의국가 역시 타국과 이해관계의 충돌이 있을 경우 무력을 사용해서 문제를 해결할 가능성이 높다고 주장한다.

주요 동아시아지역국가들 중 현재 자유민주주의 원칙을 도입하지 않고 있는 나라들로는 중국, 러시아, 북한을 들 수 있다. 냉전이 종식되었음에도 불구하고 동아시아지역은 분쟁의 소지가 가장 높은 지역으로 분류되고 있는데, 그 이유 중 하나가 바로 이러한 역내 주요 국가들이 자유민주주의 체제를 도입한 국가가 아니라는 데 있다. 민주평화론이 주장하는 것처럼 민주주의국가들은 서로 간에 전쟁을 하지 않는다. 러시아, 중국, 북한이 민주국가로 탈바꿈해야만 동아시아지역에서 진정한 평화와 번영을 기대해 볼 수 있다.

비민주적 규범 vs 민주적 규범

어떤 국가든 간에 국민은 전쟁을 싫어한다. 전쟁이 일어나면 참전해서 싸워야 하는 군인은 국민이다. 전쟁비용도 국민이 내는 세금으로 충당해야 한다. 전쟁으로 인한 국민의 부담 증대 때문에 국민이 정치적 권한을 보유하고 있다면 대개의 경우 전쟁에 반대할 것이다. 민주국가에서는 선거를 통해 국민이 정치적 권리를 행사할 수 있기 때문에 민주적 규범을 따르는 민주국가 지도자는 함부로 참전할 수 없다. 그러나 민주적 규범을 따르는 민주국가의 국민에 비해 비민주적 규범을 따르는 독재국가에서는 국민이 아무런 정치적 권한이 없다. 그래서 독재국가는 쉽게 호전적으로 변한다.[1]

칸트(Immanuel Kant)의 '항구적 평화'(perpetual peace)가 암시하는 바에 의하면 민주국가들 간에는 평화를 추구하는 민주적 규범에 따라 이해관계의 상충 시 평화적으로 외교협상을 통해서 문제를 해결한다. 그렇지만 만일 민주국가가 독재국가를 상대할 경우 민주국가는 독재국가처럼 비민주적 규범에 따라 무력을 사용하여 문제를 해결할 가능성이 높아진다.[2]

이는 북한정권과 미국 간에 이해관계의 상충이 있을 경우 미국이 북한정권에 대해 무력행사를 할 가능성이 있음을 암시한다. 북한정권이 미국이 설정해 놓은 레드라인(red line)을 넘을 경우, 즉 미국이 수용할 수 있는 한계를 넘어서 미국의 국익을 침해할 경우 미국은 북한정권에 대해 예방공격(preventive strike)이나 선제공격(preemptive strike)을 감행할 가능성이 높아진다.

패권국 미국이 대량살상무기 확산금지와 반테러리즘을 사활적 국가이익으로 간주하고 있는 상황에서 만일 북한정권이 대량살상무기를 계속 개발한다든지 핵무기나 미사일을 비밀리에 수출하다가 발각될 경우, 미국은 북한에 대해 언제든지 무력행사를 할 가능성이 다분히 있다. 특히 북한정권의 핵탄두 및 장거리미사일개발이 완성단계에 돌입하여 미국본토를 위협하는 수준에 도달할 경우 미국은 북한의 핵시설, 핵잠수함 건조시설 등에 대해 언제든지 예방공격을 감행할 수도 있다. 사실 북한정권이 제5차 핵실험을 감행했을 당시 오바마정부는 대북 예방공격을 신중히 검토했고, 김정은정권이 화성 14호 장거리미사일 시험발사에 성공하고 연이어 제6차 핵실험을 감행했을 당시에도 트럼프정부는 대북 예방공격을 심각하게 검토했다.[3]

북한정권이 남한에 대해 무력도발을 감행할 경우도 마찬가지이다. 대한민국 국민 대다수는 북한주민도 한 핏줄이어서 같은 민족이라고 생각한다. 게다가 인권과 인간의 생존권을 중시하기 때문에 불가피한 경우가 아니면 전쟁에 다시 연루되기를 원치 않는다. 1950년부터 3년간 한반도에서 전쟁을 치른 동족상잔의 비극적 경험으로 인해 혹시나 북한정권과 전쟁에 다시 연루될 것을 우려한다. 그래서 북한정권이 무력을 먼저 사용하지 않는 한 대한민국은 결코 북한정권에 대해 예방공격이나 선제공격을 감행할 가능성이 없다. 그러나 만일 북한정권이 남한을 침공할 경우에는 상황은 급변할 것이다. 한국 국민은 한 목소리로 한·미동맹군이 북한정권의 무력침공을 막고 북한 지도부에 대한 대량보복공격을 감행할 것을 주문할 것이다. 전면전을 치러서라도 북한주민의 인권을 무참히 짓밟고 남한을 핵무기로 위협하는 김정은정권을 붕괴시켜서 한반도 평화와 번영의 기틀을 다지려고 할 것이다.

비민주적 구조 vs 민주적 구조

민주주의국가와 독재국가는 정치체제, 정책결정 구조 등에서도 큰 차이가 난다. 민주주의국가와 독재정권 간에 분쟁이 발생할 경우 독재정권의 지도자는 전쟁선포와 관련된 결정을 민주국가의 지도자보다 훨씬 쉽게 내릴 수 있고, 전쟁준비도 아무런 절차에 구애받지 않고 재빨리 해낼 수 있다. 독재국가의 지도자는 주민들의 눈치를 볼 필요가 없기 때문에 청중비용이 거의 없다.[4] 그러나 민주국가에서는 전쟁준비를 위해 군대 동원령을 내리고 전쟁을 선포하는 데 있어서 그 절차가 독재국가에 비해 훨씬 까다롭다. 그래서 민주국가들 간에 분쟁이 발생했을 경우 설혹 전쟁준비를 한다고 하더라도 그 기간 동안에 외교협상을 통해 타협책을 도출해 낸다.

그러나 비민주정권을 상대하는 민주주의국가 지도자는 적대국의 선제공격의 가능성을 염두에 두어야 하기 때문에 전쟁준비를 서두르지 않을 수 없다. 그래서 준전시상태에서는 민주국가조차 정해진 절차를 밟지 않고 예외적으로 전쟁준비를 할 수 있다. 미국은 전쟁권한법(War Powers Act)에 의해 대통령이 직권으로 60일간 군대를 동원할 수 있고 최대한 30일간 더 연장할 수 있다. 대통령은 48시간 이내에 연방의회에 그 사실을 통보해야만 하고 동원하거나 파병한 군대를 최대한 90일 이내에 철수해야 한다. 만일 90일을 넘겨야 할 경우 전쟁 선포를 위한 적법 절차를 밟아야 한다. 즉 미국과 같은 민주국가도 위급상태에서는 비민주국가처럼 쉽게 군대를 동원할 수 있는 여지를 만들어 놓고 있다.

이와 같이 민주주의국가와 독재정권이 충돌할 경우 민주국가 역시 독재정권과 마찬가지로 신속하게 위기 상황에 대처하게 되고, 독재정권과는 전쟁도 불사하게 된다. 민주국가는 독재국가에 대해 선제공격을 감행하기도 하고, 독재정권이 선제공격을 가할 경우 반드시 보복공격을 감행함으로써 전쟁이 확산되기도 한다.[5]

핵무기를 개발하고 있는 북한정권에 대해 미국이 예방공격을 감행하기란 그리 쉽지 않은 것처럼 보인다. 당장 선제공격을 당할 수도 있는 급박한 위기 상황이 아닌 경우에 국제연합(UN)의 승인 없이 예방적 차원에서 먼저 잠재적 적대국에 군사적 타격을 가하는 것은 국제법에 위반된다고 주장하는 이들에 의한 국제적 여론의 악화 가능성도 고려해야 한다.

미국이 북한 독재정권에 대해 무력을 사용할 수 있는 상황은 대략 세 가지 경우이다. 먼저, 북한정권이 미국본토를 선제타격할 수 있는 핵무기 능력을 확보하기 일보 직전이라고 판단될 때 미국은 예방공격의 불법성 주장으로 인한 국제여론의 악화 가능성에도 불구하고 북핵 시설에 대한 예방공격 결정을 내릴 수 있다. 둘째, 북한이 핵선제공격 능력을 확보한 후 미국이나 미국이 확장억지를 제공하고 있는 동맹국에 대해 핵공격 위협을 할 경우 미국 지도자는 북한정권에 대해 선제공격 결정을 내릴 수 있을 것이다. 마지막으로, 북한정권이 미국본토나 미국의 동맹국에 선제공격을 감행했을 경우 미국 지도자는 북한정권에 대한 대량보복공격 명령을 틀림없이 내릴 것이다.

비민주국가와의 전쟁

이 외에도 민주평화론에 의하면 민주주의국가는 한번 전쟁에 참전하게 되면 무제한 전쟁을 치를 가능성이 높다. 민주국가의 지도자가 전쟁선포 결정을 내렸을 때는 반드시 전쟁에서 승리해야 한다. 전쟁에 관여한 지도자는 전쟁에서 승리하더라도 차기 선거에서 재선될 수 있을지 불투명한데 만일 전쟁에 패배할 경우에는 탄핵을 당하든지 다음 선거에서 패배하게 될 것은 확실하다. 그래서 민주국가 지도자는 이길 수 있다고 판단되는 전쟁에만 주로 참전하고, 승리하는 데 드는 비용이 아주 높다고 판단되는 경우는 어떻게 해서라도 협상을 통해 타협을 시도하는 경향이 있다.[6]

만일 미국이 북핵 위협에 대해 예방공격이나 선제타격을 가하는 데 드는 비용이 아주 높다고 판단할 경우 선불리 김정은정권에 대한 무력사용을 먼저 하지는 않을 것이다. 즉 미국의 예방공격이나 선제공격에 의한 확전으로 인해 주한미군, 미국본토 등에서 입는 피해가 감당하기 어려울 정도로 심각하다고 판단될 경우 미국은 어떤 형태로든 북한정권과 전쟁에 휘말려 들지 않으려고 할 것이다. 그러나 북한정권이 먼저 도발을 감행할 경우에는 무제한 전쟁에 돌입하여 틀림없이 북한정권을 괴멸시킬 때까지 전쟁을 치를 가능성이 아주 높아진다.

'지대추구'(rent seeking) 이론에 의하면 독재국가에서는 새로운 부(富)를 창출해 내는 경제행위도 없이 부정부패를 통해 국가경제에서 자신의 몫을 챙기는 지대추구 행위가 만연하다. 그러다 보니 정부의 수익을 축내고 국가경제에 큰 타격을 주게 되어 군사비로 지출할 수 있는 국가재원이 부족해지고 군인들의 사기도 저하되기 십상이다. 그래서 민주국가가 독재국가와 전쟁을 할 경우 민주국가가 승리할 가능성이 훨씬 높다는 것이다.[7]

북한에서는 이러한 지대추구 행위가 만연하다. 그래서 북한정권의 군사력은 어쩌면 과대평가되고 있을 수도 있다. 북한의 재래식 군사무기 체계는 낙후되어 있고 장기간 동안 전쟁을 수행할 군사비도 턱없이 부족할 것이 틀림없다. 그래서 현재 북한정권은 자멸할 것을 각오하지 않고는 1950년 6·25전쟁처럼 기습적으로 남침할 가능성이 없다. 심지어 미국의 대북 예방공격에 대한 보복행위로 남한을 공격하여 전면전을 일으킬 가능성도 거의 없다. 북한정권은 재래식 전력을 유지하는 데 비해 핵무기를 개발하는 것이 궁극적으로 군사비가 적게 든다고 판단하여 핵무기 개발에 박차를 가하게 되었지만, 자칫 잘못 판단하다가는 이로 인해 결국 자멸하게 될 가능성이 높다.

자유주의자들은 국가들 간의 이해관계의 마찰이 무력보다는 협상에 의해서 해결될 가능성이 높기 때문에 무역과 협상을 도모하는 제도적 장치는 체제안정을 증대시킨다고 주장한다. 신자유주의자들도 국가들 간 상호의존의 증대는 상호협력을 도모하기 때문에 원칙, 규범을 바탕으로 하는 국제레짐의 설립은 국가들 간의 협력을 증진시키고 체제안정을 도모한다고 주장한다. 북한정권이 검증 가능한 비핵화를 이행하고 개방의 길로 나아가야 이러한 자유주의자, 신자유주의자들이 제시하는 남북한 교류협력을 위시한 북한과 국제사회와 상호의존의 증대가 가능해진다. 북한정권이 진정한 비핵화를 결심해야만 상호 교류협력을 통한 남북한의 한반도 평화공존이 하루빨리 실현될 수 있을 것이다. 이를 위해 UN안전보장이사회 주도의 대북 경제제재 조치가 빈틈없이 추진되고, 한 · 미 공조 및 한 · 미 · 일 협력을 통한 북한 비핵화 대책을 지혜롭게 추진하는 것이 시급한 과제이다.

주

1 Michael W. Doyle, "Kant, Liberal Legacies, and Foreign Affairs," *Philosophy and Public Affairs*, 12(1983), pp.205-235.

2 칸트의 항구적 평화에 관해서 제2부 제6장 참조.

3 Bob Woodward, *Fear : Trump in the White House* (New York : Simon & Schuster, 2018).

4 청중비용에 관해서 제2부 제2장 참조.

5 Bruce Bueno de Mesquita and David Lalman, *War and Reason* (New Haven : Yale University Press, 1992), pp.158-164.

6 Bueno de Mesquita and Alastair Smith, *The Dictator's Handbook* (New York : Public Affairs, 2011), ch.9.

7 David Lake, "Powerful Pacifists : Democratic States and War," *American Political Science Review*, 86(1992), pp.24-36.

제2부

이 론

제1장

국제관계이론

국제정치현상을 이해하는 데, 특히 한반도 주변 국제관계를 이해하는 데 강대국들에 의해서 개발된 서구 선진국 중심의 국제관계 이론들이 왜 필요한지 의문이 생길 수 있다. 근대국가 개념이 형성된 1648년 이후부터 현재까지 보더라도 국제체제 내에서 일어나는 많은 주요 사건들이 강대국들의 이해관계와 강대국들의 논리에 의해서 결정되어 왔다. 약소국들의 행위나 논리는 주요 사건들의 처리 과정에서 중요시되지 않는 경우가 태반이었다. 동아시아지역체제에서도 마찬가지 상황이 일어났으며, 현재에도 그러한 상황이 일어나고 있다. 예를 들어 한반도통일 문제만 하더라도 남북한만의 문제로 간주되고 있지 않다. 주변 강대국들의 이해관계가 한반도통일 문제에 지대한 영향을 주고 있다. 20세기 후반까지만 하더라고 대한민국과 같은 약소국은 국제체제나 지역체제에서 국가생존을 확고히 하고 경제적으로 성장하기 위해서 강대국들의 논리와 행태를 파악하는 것이 급선무였다.

그러나 21세기의 대한민국은 명실상부한 중견국(middle power),

그중에서도 지역강대국의 면모를 지닌 '중추적(pivotal) 중견국'으로 성장했다. 이제 대한민국은 강대국들과 어깨를 나란히 하며 국가안보와 번영을 추구하기 위해서 나름대로의 국가전략을 마련해야 한다. 그래서 우리는 강대국의 논리도 잘 파악해야 할 필요가 있고, 그와 동시에 상대방이 어떤 나라든 간에 우리에게 귀를 기울이고 우리의 논리를 자신들의 논리에 반영하게끔 나름대로 영향을 미칠 수 있어야 한다.

"상대를 알고 나를 알면, 백 번 싸워 백 번 이긴다." 즉 "지피지기(知彼知己)면 백전백승(百戰百勝)"이라고 했다. 우리는 강대국들의 논리를 파악하고 강대국들에 의해 개발된 이론들을 연구하여 그 바탕 위에 '전략적 사고'(strategic thinking)를 전개할 수 있어야 한다. 그뿐 아니라 강대국들의 논리에 의해 구축된 강대국 주도의 국제체제 구조를 그대로 수용하지 않고 중견국과 약소국에게도 유리한 형태로 변화시키기 위해 창의적이고 진취적인 우리 나름대로의 논리도 개발해야 한다.[1]

국내정치현상을 설명하는 데 외국에서 개발된 이론을 그대로 한국적 상황에 적용시키는 것은 당연히 문제가 된다. 그러나 동아시아에서 일어나는 국제정치현상을 강대국들의 행태를 전혀 고려하지 않고 우리 나름대로의 논리로만 생각하고 파악한다면 이 또한 현실을 이해하는 데 전혀 도움이 되지 않을 것이다. 강대국들과의 상호작용과정에서 대한민국이 성공적으로 국가이익을 추구할 수 있는 전제조건은 대한민국이 강대국들의 국가이익, 외교전략 등 그들의 논리를 잘 파악하고 있어야 한다는 것이다.

강대국들에 의해서 개발된 국제관계이론들은 대부분이 현실주의, 신현실주의, 이상주의, 자유주의, 신자유주의, 구성주의, 전략적 시각 등을 바탕으로 하고 있다. 제1장에서는 현실주의, 신현실주의,

이상주의, 자유주의, 신자유주의, 구성주의, 관료주의 및 이익집단 시각에 대해서 간략히 소개하기로 한다.

1. 현실주의, 신현실주의

어떤 국제관계이론이든 간에 공통적으로 던지는 질문이 있다. 바로 "무정부상태(anarchy)하에서 어떻게 하면 국가들 간의 협력을 이끌어 낼 수 있을까"라는 질문이다.[2] 현실주의(realism), 신현실주의, 신자유주의(neo-liberalism) 세 가지 시각 모두 국제체제는 초국가적 권위체가 없는 무정부상태이고, 이러한 무정부상태의 특징은 주요 행위자들 간의 신뢰의 부재에 따른 불확실성을 전제로 한다. 그러나 이러한 공통된 전제에도 불구하고 각각의 시각은 협력을 이끌어 내는 전혀 다른 방안을 제시한다. 먼저 현실주의와 신현실주의 시각을 정리해 보자.

현실주의자들은 전쟁의 원인과 평화의 조건에 관한 문제를 가장 중요한 연구과제로 인식하고 있다. 현실주의 학자들은 제각기 약간의 차이는 있지만 대개 세 가지 정도의 국제정치현상에 관한 근본적 가정들을 설정한다. 먼저 국제체제에서 국가가 가장 중요한 역할을 하는 행위자라고 가정한다. 또한 1648년 웨스트팔리아조약(Treaty of Westphalia) 이후 국제체제에서 중요한 행위자로 인식되어 온 국가는 합리적이라고 가정한다. 여기서 합리성(rationality)이란 국가의 목표는 상대적 국력, 국가안보 등으로 정의될 수 있는 국가이익을 극대화하고자 하는 것임을 의미한다. 모겐소(Hans Morgenthau)는 "합리적 외교정책은 위험부담을 극소화하고 이익을 극대화하는 것이다"라고 지적한다.[3]

현실주의자들은 대부분의 국가들이 자국의 상대적 국력의 증대를 최대 목표로 하고 있다고 가정한다. 모겐소는 국제정치를 한마디로 "국력증대를 위한 투쟁"으로 묘사한다. 여기서 국가는 다른 목적들을 달성하기 위한 수단으로서의 국력 또는 국력 그 자체를 목적으로 추구한다. 상대적 국력은 국가 간 분쟁의 승패를 결정할 뿐만 아니라 국제체제 내에서 다른 행위자에 대한 영향력을 행사하는 수단이 되고, 국가안보 확립의 가장 중요한 수단도 된다. 그래서 상대적 국력의 증대 자체가 국가의 중대한 목표가 된다는 것이다. 이와 같이 국제체제 내에서 국가가 가장 중요한 행위자이며 국가는 합리적으로 행동하고 국력 극대화를 추구한다는 가정들을 바탕으로 하는 현실주의 시각에 의하면 국제체제는 자동적으로 무정부체제의 형태를 띠게 된다.

이러한 현실주의 시각은 카(E. H. Carr), 모겐소 등에 의해 발전되었지만, 그 유래는 춘추전국시대 중국의 손자(孫子), 고대 인도의 카우틸리아(Kautilya), 고대 그리스의 역사가 투키디데스(Thucydides) 등의 사상에서 찾아볼 수 있으며, 1648년의 웨스트팔리아조약(Treaty of Westphalia) 이후 근대국가체제가 성립되면서 마키아벨리(Niccolo Machiavelli), 홉스(Thomas Hobbes) 등의 저술에서도 엿볼 수 있다.

투키디데스는 2,500여 년 전에 저술한 『펠로폰네소스 전쟁』에서 펠로폰네소스 전쟁의 직접적 원인뿐 아니라 전쟁이 일어나는 일반적 원인에 대해서도 관심을 표명하였다. 그는 아테네와 스파르타 간의 전쟁의 주요 원인을 아테네와 스파르타 간의 세력전이(power transition) 과정에서 스파르타가 느꼈던 두려움으로 보았다. 아테네의 군사력이 스파르타에 비해서 급속도로 증대하는 데서 느끼는 스파르타의 두려움을 지칭하는 것이었다. 스파르타는 그리스 세계에서의 패권을 잃을까 봐 두려워하였고, 그래서 군사력을 강화하고 동맹관계를 형성하는 등 국력증대에 박차를 가했다. 그리고 아테네 역

시 스파르타와의 전쟁을 준비하기 위해 군사력을 보강하고 동맹관계를 재정비하였다고 서술하였다.[4]

마키아벨리에게는 국가생존이 가장 중요한 목적이었다. 그는 『군주론』에서 군주가 어떻게 세력을 얻고 유지하고 넓혀 나가는지에 대해 상세히 소개했다. 마키아벨리는 국가안보와 국가생존을 위해서는 수단과 방법을 가리지 않아야 하고, 평민들에게는 금지된 행위들도 군주에게는 국가안보를 위한 것으로 정당화될 수 있다고 주장하였다. 그는 현실을 '그 자체 그대로' 보았고, 당위성을 바탕으로 이해하려 하지 않았다. 군주는 역사와 현실정치에서 일어나는 사건들의 분석을 바탕으로 행동해야지 도덕적 원칙 등을 행위의 근거로 생각해서는 안 된다고 역설하였다.[5]

홉스 역시 『리바이어던』에서 사회가 형성되기 이전의 상태를 "자연상태" 또는 "전쟁상태," 즉 "만인의 만인에 대한 투쟁상태"로 보았다. 국제체제는 절대적 권위를 가진 군주와 같은 중앙집권적 권위자가 없기 때문에 무정부상태로 남아 있을 수밖에 없으며, 절대적 군주에 의한 패권국가 없이, 또는 국가들 간의 사회계약 없이는 국가들 간의 관계를 조정할 어떠한 것도 없다고 역설하였다.[6] 그 밖에도 『전쟁론』의 저자 클라우제비츠(Karl von Clausewitz), 『20년간의 위기』의 저자 카(E.H. Carr)에게서도 현실주의 시각을 엿볼 수 있다. 이러한 현실주의 시각을 세력균형이라는 개념을 통해 이론화한 대표적 학자로는 위에서 언급한 모겐소를 들 수 있겠다.

이 같은 현실주의 시각에 반해 신현실주의 제창자로 간주되는 월츠(Kenneth Waltz)는 그의 저서 『국제정치이론』에서 전쟁의 원인을 국제체제 내의 중요한 행동단위체인 국가들의 행위 속에서 찾아내려고 하지 않는다.[7] 월츠는 국제체제의 구조 속에서 전쟁의 원인을 규명하려고 한다. 현실주의자들처럼 체제 내 행위자인 국가들의 속성이나 국가들 간의 상호작용을 바탕으로 국제정치현상을 이해하려고 하기보다는 국제체제의 무정부적 구조의 특성에 의해서 이해하려고 한다. 즉 체제 내 국가들 간의 국력증대 투쟁이 국제정치의 결과를 좌우하는 것이 아니라 국제체제의 구조 그 자체가 국제정치 현상을 만들어 낸다고 주장한다. 그리고 국제체제의 구조적 특징은 체제 내 주요 행위자인 국가들 간의 국력분포나 체제 내 강대국들의 수(數)에 의해 결정된다고 설명한다. 예를 들어 양극체제하에서 일어나는 국제정치의 결과는 패권체제나 다극체제 시기와는 판이하게 다르다는 것이다.

월츠의 주장 역시 국가가 체제 내 가장 중요한 행위자이며 합리적으로 행동한다는 가정들에 근거한다는 점에서 현실주의와 유사하다. 그러나 국가들 간의 상대적 국력은 각 국가의 체제 내 위상을 결정하고, 그들 간의 국력분포가 체제 내 구조를 형성하며, 국제체제의 구조에 대한 분석 없이는 국가 간 전쟁의 원인을 설명할 수도 예측할 수도 없다고 강조하기 때문에 월츠를 신현실주의자 또는 구조적 현실주의자라고 부른다.

월츠의 시각이 모겐소와 같은 현실주의자와 뚜렷하게 차이가 나는 점이 또 하나 있다. 월츠는 국력 그 자체를 목적으로 여기지 않고 단지 수단으로 간주하기 때문에 국가의 힘이 너무 세거나 너무 약할 경우에는 국가의 위험부담이 높아진다고 주장한다. 국력의 지나친 쇠약은 적대국가로부터 침략의 원인이 될 수 있지만, 과도한 국력 역시 다른 국가들의 군비증대를 유도하여 국가 간 군비경쟁을 초래할 수도 있기 때문에 적당한 수준의 국력을 유지하는 것이 바람직하다는 것이다. 월츠와 같은 신현실주의자에게는 국가의 최대 과제는 국력증대가 아니라 국가안보의 확립이다. 즉 모겐소와 같은 현실주의자의 시각은 국력 극대화 가정에 바탕을 둔다. 그 반면 월츠와 같은 신현실주의자의 주장은 안보 극대화 가정에 근거를 두고 있고, 국력증대는 안보 극대화 목표를 달성하기 위한 수단으로 간주된다.

월츠 역시 안보 극대화를 추구하는 국가들이 경쟁하는 국제체제를 무정부상태라고 보고, 무정부적 국제질서 속에서 국가의 행동원칙은 필연적으로 자조(self-help)라고 강조한다.[8] 이러한 무정부상태하에서는 '안보딜레마'(security dilemma) 현상이 빈번하게 일어난다. A국가는 자국의 안보를 확고히 하기 위해서 국력을 증대시키고, 그 결과 경쟁국 B는 상대적 국력의 감소로 인해 불안감을 느낀다. 그래서 B국가 역시 자국의 안보를 확고히 하기 위해서 국력증대를 추구하게 되고, 이는 다시 A국으로 하여금 B국으로부터 위협을 느끼게 만든다. 결국 A국은 재차 국력증대를 추구하게 된다. 즉 A국의 국가안보를 확보하기 위한 자발적 노력은 그 의도와는 다르게 B국의 국가안보를 위협하는 행위로 인식되며, 이에 대해 B국이 A국의 국력증대에 대응해서 자국의 국력을 증대시키면 이는 다시 A국의 안보를 위협하는 요인으로 인식되는 것이다.

무정부상태하에서 국가들은 이와 같은 안보딜레마에 의해 헤어나올 수 없는 군비경쟁에 빠져들기 쉽다. 안보딜레마 개념은 현시점에서 현상유지를 원하는 두 국가 간에 일어나는 현상을 설명한다. 현시점에서 두 국가는 상호 간에 공격적이지는 않지만 상대방의 의도에 대한 불확실성 때문에 자국의 안보를 보장하기 위한 국력증대를 추구하고, 이러한 행동이 상대국에게 위협적으로 보여 결국 두 국가는 군비경쟁을 하게 되는 안보딜레마에 빠지게 된다는 것이다.

신현실주의자들에 의하면 안보 극대화의 논리와 직결되는 것이 바로 '상대적 이득'(relative gains)의 중요성이다.[9] 특정 강대국은 자국의 국력증대로 인해 불안해진 경쟁국이 자국의 국력증대를 견제하기 위해 동맹을 맺어서 자국이 달성한 국력증대보다 상대적으로 더 강력한 국력증대를 도모하는 상황이 발생하는 것을 원치 않는다. 차라리 특정 강대국은 자국의 국력증대 추구를 자제하여 경쟁국을 위협하지 않는 것이 더 유리하다고 판단할 것이다. 그래야 경쟁국이 자국에 대항하는 동맹세력을 규합하지 않을 것이기 때문이다.

상대적 이득의 개념을 산술적으로 설명해 보자. B국과 경쟁관계에 있는 강대국 A가 군비증강 정책 X를 추진할 경우 자국에 1,000만큼의 국력증대 기회가 있는 반면 경쟁국 B로 하여금 새로운 동맹을 체결할 빌미를 주어 B에 1,500만큼의 국력증대 기회를 제공함을 알고 있다고 하자. 이에 반해 A국이 군사훈련을 강화하는 Y정책을 추진할 경우 자국에게는 100정도밖에 안 되는 국력증대의 기회가 주어지지만 경쟁국 B는 아무런 대응을 하지 않아서 추가적인 국력증대 기회가 없다는 사실도 주지하고 있다고 하자. 이럴 경우 강대국 A는 경쟁국 B보다 상대적으로 더 국력을 증대시킬 수 있는 기회가 주어지는 Y정책을 X정책보다 더 선호한다는 것이다. 이것이 바로 국가는 상대적 이득을 추구한다는 신현실주의자들의 주장이다.[10]

월츠는 국제협력의 가능성이 다분히 제한적임을 암시하기도 한다. 국가는 국력분포의 형태로 결정되는 국제체제 구조 속에서 자국의 상대적 국력에 매우 민감할 뿐 아니라 자국의 생존과 복지가 타국에 의존하게 되는 것에 대한 취약함을 느낀다고 주장한다. 무정부상태하에서 느끼는 안보 불안감과 상대적 이득 추구는 국가들 간의 협력을 저해하는 요인이 되고, 국가들 간의 지나친 의존이나 상호의존은 그들 간의 분쟁가능성을 높이게 된다는 것이다.[11]

월츠에 의해 대표되는 이러한 신현실주의 주장은 "방어적 현실주의"라고도 불린다.[12] 월츠는 현재 세력균형 상태를 유지하는 데 필요한 국력을 확보하는 것이 국가의 핵심목표이지, 맹목적으로 끊임없이 국력을 증대하려고 하는 것이 아니라고 주장한다. 이러한 월츠의 주장에 의하면 국제체제 내에는 현상유지국가만이 존재할 수밖에 없다.

이에 반해 미어샤이머(John Mearsheimer)와 같은 신현실주의자는 "공격적 현실주의" 시각을 가지고 있다.[13] 미어샤이머에 의하면 강대국은 자국의 상대적 국력을 극대화하려고 한다. 또한 무정부적 국제체제하에서 자국의 안보를 확보하려는 의지 때문에 국가는 끝없는 국력투쟁을 전개하게 된다.[14]

여기서 안보 극대화 가정을 보면 미어샤이머의 주장은 월츠와 가깝다. 그러나 큰 차이점은 국력과 안보를 추구하는 데 있어서 끊임없이 만족할 줄 모르는 데 있다. 공격적 현실주의자는 국제체제 내에서 현상유지국가를 찾기란 쉽지 않다고 주장한다. 미어샤이머에 의하면 국가들은 경쟁국을 공략해서 자국의 국력을 증대시킬 기회를 호시탐탐 노리고 있다. 경쟁국을 공략해서 얻을 수 있는 이득이 손실보다 더 크다고 판단될 경우에는 언제든지 그런 기회를 활용한다는 것이다. 강대국의 지상목표는 바로 체제 내에서 패권국이 되는 것이기 때문이다.[15]

공격적 현실주의자는 체제 내 국가들을 모두 현상타파국가로 가정한다.[16] 강대국은 안보를 확고히 하기 위해 군비경쟁에만 몰두하는 것이 아니라 영토확장정책도 추진한다. 이것만 보더라도 공격적 현실주의자에게는 안보딜레마는 존재할 수 없고 단지 '안보경쟁'(security competition)만 있을 따름이다.[17]

2. 이상주의, 자유주의, 신자유주의

제1차 세계대전의 쓰라린 전쟁경험에 대한 강한 반발로 등장한 이상주의는 제1차 세계대전 이후 제2차 대전 이전의 기간에 국제정치현상을 설명하는 데 중요한 근거를 제공하였다. 이 시기의 국제관계연구의 대부분은 국제체제를 개혁하기 위한 처방책에 관한 것이거나 대량파괴적 세계대전에 대한 방지책에 관한 것이었다. 이상주의 시각은 당시 미국 대통령이던 윌슨(Woodrow Wilson)의 1918년 연두교서에서 잘 나타난다.[18]

이상주의 시각에 의하면 인간은 태어날 때부터 서로 협조하려는 성향이 있으며 이러한 인간들이 모여 사는 국가는 항상 평화를 추구하는 집단이라는 가정에서부터 출발한다. 이러한 평화적 이해관계의 조화는 국제체제 내의 완벽한 정치제도의 결여 때문에 위협을 받게 된다. 그래서 이상주의자들은 전쟁의 근본원인이 인간 본성 때문이 아니라 완벽하지 못한 정치제도 때문이라고 주장한다. 국제체제에서 일어나는 어떠한 문제도 집단적 노력에 의해서 해결될 수 있으며, 특히 국제질서를 어지럽히는 침략자가 나타날 때는 체제 내 모든 국가가 함께 대항할 것이라고 믿는다. 다시 말해 국제평화를 유지하는 데 있어서 집단안보체제(system of collective security)의 중요성을 강조한다.

이와 같이 이상주의자들은 평화를 옹호하며 자율적으로 행동하는 나라들이 안전할 수 있는 세계를 만들기 위한 제도적 장치를 마련하는 데 주력한다. 이들은 국제체제 내에 국제연맹과 같은 국제기구를 설립하려다 실패한 적도 있었다. 현재 국제연합(UN)이 바로 집단안보체제의 대표적인 예라고 하겠다.

불(Hedley Bull)에 의하면 국제체제는 여러 면으로 보아서 무정부상태이지만 그러한 무정부상태를 규제하는 사회적 요인들이 존재한다. 국제체제라는 하나의 사회는 국제법, 국가들 간의 국력의 균형유지, 국가들 간의 외교, 무력사용 등 몇 가지 방법에 의해 질서가 유지될 수 있다.[19]

무력사용에 관한 점은 바텔(Emmerich de Vattel)에게서도 찾아볼 수가 있다. 바텔은 한 국가가 다른 국가로부터 침략을 받았을 때는 무력사용에 의해서 자신을 지킬 권리가 있다고 함으로써 '방어전쟁'의 정당성을 제공하고, 정의가 다른 어떠한 방법으로도 구현되지 않을 때는 무력사용에 의해서 정의를 쟁취할 수 있다고 함으로써 '공격전쟁'의 정당성을 제공한다. 국제체제 내 한 침략국가가 다른 국가들의 이익과 인류공동의 이익을 침해할 때는 침략국가를 제외한 모든 국가들이 연방(confederacy)을 형성하여 그 침략국가를 무력으로 제재할 수 있다고 함으로써 집단안보 개념의 기초를 마련해 주기도 하였다.[20]

이상주의 시각은 이 밖에도 국제법의 창시자로 여겨지는 그로티우스(Hugo Grotius)나 칸트(Immanuel Kant)와 같은 철학자들의 사상에도 근거를 두고 있다. 때로는 이상주의와 자유주의를 같은 시각으로 설명하는 경우도 있지만 엄격하게 말하면 다르다. 자유주의 시각은 스미스(Adam Smith), 리카도(David Ricardo)와 같은 자유주의 경제이론가들의 주장에 근거한다. 자유주의자들은 국제체제 내 가장 중요한 행위자는 개인이나 기업이고, 이들은 시장경제체제에서 자신의 이윤 극대화를 추구한다고 전제한다. 이들은 자본주의 경제와 자유무역에 의한 국제시장경제가 국제체제 내 평화를 유지하는 중요한 원동력이라고 주장한다. 체제 내 행위자들은 이윤의 극대화를 추구할 수 있는 시장을 안정적으로 유지하는 것이 가장 중요하다고 믿기 때문에 전쟁과 같이 시장의 안정성에 영향을 줄 수 있는 사건들이 발생하는 것을 가장 꺼려 한다는 것이다.[21] 이와 같이 이상주의와 자유주의 시각의 체제안정과 평화유지에 관한 설명에는 다분히 차이가 있다.

1980년대부터 나타나기 시작한 신자유주의자 또는 신자유제도주의자들의 목소리는 미 · 소 간의 냉전종식 이후로 거세지기 시작하였다. 그들은 현실주의와 신현실주의에 대해서 비판을 가하고 이전보다는 더 엄격한 의미에서 이상주의, 자유주의적 대안이 필요하다고 강조한다. 그들은 현실주의, 신현실주의 시각으로는 냉전의 평화적 종식을 설명할 수 없고, 그러한 시각으로는 기후변화, 에이즈(AIDS)와 같은 전염병 확산, 지속가능한 발전, 자연재해, 인권, 테러리즘 문제와 같은 중요한 사안들을 내포하고 있는 국제정치현상들을 이해하고 해결해 나가는 데 도움이 되지 않는다고 주장한다.

신자유주의자들 역시 국제체제에서 국가가 가장 중요한 행위자이며 국제체제는 무정부적 특성을 지니고 있다고 가정한다. 그러나 국가만을 중시하는 현실주의와는 달리, 코헨(Robert Keohane), 나이(Joseph Nye)와 같은 학자들은 국가들의 행위뿐만 아니라 다국적기업과 같은 초국가적 경제행위체, 비정부기구(NGOs) 등의 행위에도 중점을 두고 국제정치를 이해해야 한다고 역설한다. 또한 체제 내 중요한 행위자들은 합리적이고, 이들은 제각기 부(富)의 극대화를 추구한다고 가정한다. 그러나 국제체제의 특성인 무정부상태에서도 국가들 간의 협력의 가능성은 충분히 있다고 주장한다. 부를 창출하기 위해 협력적 메커니즘을 추구하는 것이 유리하다고 판단하기 때문이다.

코헨, 나이와 같은 학자는 국가를 포함한 국제체제의 주요 행위자들 간의 '복합적 상호의존'(complex interdependence)은 국제체제 내에서 그들 간의 상호협력을 증대시킨다고 한다. 이러한 주장은 상호의존의 증대는 국가들 간의 분쟁을 야기할 가능성이 높다는 신현실주의자 월츠의 주장과는 정반대되는 것이다. 또한 신자유주의자들은 국제레짐이나 특정이슈에 관한 제도화된 체제 등이 국제협력을 도모한다고 주장한다.[22] 특정이슈에 관한 제도화된 체제의 예로서는 국제통화기금(IMF), 관세와 무역에 관한 일반협정(GATT), 세계무역기구(WTO) 등을 들 수 있겠다. GATT, WTO 등은 비차별 원칙, 상호주의(reciprocity) 원칙 등을 바탕으로 국가들 간의 무역행위의 기본원칙, 질서 등을 제공함으로써 상호 간의 협력을 도모한다고 설명한다.

상호의존론, 국제레짐이론 등은 국제정치경제 관련 문제를 설명하는 대표적 신자유주의 이론들이다.[23] 이들은 국력분포가 아니라 체제 내에 존재하는 규범, 레짐 등을 바탕으로 구성된 공유하는 이익의 분포가 바로 체제의 구조를 형성하고, 이러한 체제구조가 체제 내 중요한 행위자들의 행위에 영향을 미친다고 설명한다. 또한 국가들의 의도에 대한 잘못된 정보나 불확실성으로 인해 분쟁이 발생한다고 설명한다. 국제레짐을 포함한 국제제도는 국가들이 서로에 대한 다양한 정보를 공유하고 대화를 할 수 있는 장을 마련해 준다. 그래서 신자유주의자들은 국제제도의 중요성을 강조한다.

신자유주의자들에 의하면 국력은 대체하기 힘든 것이다. 각각의 행위자들이 영향력을 행사할 수 있는 힘이 이슈별로 다르기 때문에 한 이슈에 막강한 영향력을 행사하는 국가가 다른 이슈에서는 영향력을 별로 행사하지 못할 수도 있다는 것이다. 예를 들어 20세기 말 일본은 강력한 경제력을 바탕으로 미국의 국제무역, 국제경제와 관련된 정책결정에 영향을 미쳤지만 미국의 군사안보정책에는 별로 영향을 미치지 못했다. 즉 일본의 경제력은 경제분야에서 영향력을 행사하지만 군사이슈로 대체하기가 쉽지 않다는 것을 의미한다.

신자유주의자들은 체제 내 각각의 국제이슈별로 국제레짐, 규범 등이 형성되어 있고, 그로 인해 각 이슈별로 국제협력이 가능하다고 설명한다. 그래서 국가들은 두 가지 다른 영역에서 협력과 분쟁행위를 동시에 취할 수 있다는 것이다. 예를 들어 1990년에 이라크와 쿠웨이트는 국경분쟁으로 인해 걸프전쟁을 치렀다. 그러나 걸프전이 진행되던 그 당시에도 양국은 석유수출국기구(OPEC)에서 원유가격을 높이기 위해서 협력하기도 했다는 것이다.[24]

신자유주의자들은 체제 내 국가들이 '집단행동 문제'(collective action problem)를 극복하기 위해서 서로 협력하지 않을 수 없다고 설명한다. 집단행동 문제란 체제 내 행위자들이 집단적 결과를 도출해내는 데 적극적으로 동참할 인센티브가 없어서 결국 비효율적 결과를 초래하는 문제, 즉 '시장실패'(market failure)를 의미한다. 집단행동 문제 또는 시장실패는 두 가지 상황에서 발생한다. 첫째는 '공동소유의 비극'(tragedy of the commons)이라고 불리는 상황, 즉 다수의 사람들이 누구나 자유롭게 소비할 수 있는 공동자원을 잘 관리하지 않을 경우 무분별하게 고갈시킬 수 있는 상황에서 발생한다. 이러한 공동자원은 배분할 수는 있지만 배제할 수는 없는 것이기 때문에 이런 비극이 일어난다.

두 번째는 공공재 또는 집단재(collective goods) 문제다. 공공재는 배분할 수 없고 배제할 수도 없는 재화이기 때문에 공공재를 제공하는 데 드는 비용을 내지 않고 무임승차(free riding)하는 경우가 빈번하게 발생할 경우 시장실패가 발생한다는 것이다.[25] 체제 내 중요한 행위자들이 부의 극대화를 추구하는 과정에서 기회만 있으면 무임승차를 하거나 공동소유 자원을 고갈시키는 행위에 가담하는 경우가 발생하는데, 이러한 문제를 해결하기 위해서 서로가 협력하지 않을 수 없다는 것이다. 만일 협력하지 않으면 부의 극대화를 추구할 수 없기 때문이다.

신자유주의자들은 집단행동 문제를 극복하기 위한 두 가지 협력도모 방안을 제시한다. 첫째, 이들은 체제 내 패권국 존재의 필요성을 강조한다. 패권국이야말로 국제질서와 같은 공공재를 제공하는 데 다른 행위자들보다 훨씬 더 많은 부담을 한다. 패권국은 국제레짐, 국제기구 등과 같은 공공재를 제공하고 유지하는 데 주도적 역할을 하고, 무임승차를 하거나 국제질서를 지키지 않는 행위자를 찾아내서 처벌할 수 있는 힘과 권위도 가지고 있다고 설명한다. 그래서 무정부상태의 국제체제가 패권국의 존재로 인해 위계질서가 나름대로 형성되는 위계체제의 형태를 유지할 때, 체제 내 행위자들은 국제질서에 잘 따르면서 서로 협력하고 선의의 경쟁을 하여 모두가 함께 절대적 이득을 얻고 부의 극대화를 추구할 수 있다는 것이다.

패권안정론을 주장하는 신자유주의자들은 패권국이 존재할 경우 국제체제는 안정을 유지할 수 있지만, 문제는 실질적인 패권국이 등장하기란 쉽지 않다고 지적한다. 만일 공공재를 제공하던 패권국이 쇠퇴하여 패권국의 역할을 더 이상 수행하지 못하게 되면 어떻게 될 것인가? 코헨은 패권국이 쇠퇴하여 없어지는 경우에도 현존 국제질서는 안정적으로 유지될 수 있다고 주장한다. 패권국이 주도할 당시에 만들어졌던 국제질서에 적극 동참하면서 부를 축적했던 몇몇 강대국들이 현 체제에서의 기득권을 유지하기 위해서 서로 협력하여 현 체제의 유지를 위해 노력하기 때문이라는 것이다.[26]

둘째, 신자유주의자들은 "미래의 그림자"라는 개념으로 설명한다. 단기적으로는 서로 배신하는 것이 자신에게 유리할지 모르지만 장기적으로 협력하는 것이 자신의 이익을 축적하는 데 더 유리하다고 판단할 경우 체제 내 행위자들은 서로 협력하게 된다는 것이다. 게다가 무임승차하려는 행위자는 결국 적발되게 마련이고, 그렇게 적발된 경우 반드시 엄청난 처벌을 받게 된다는 사실을 모든 행위자들이 잘 이해하고 있을 경우 체제 내 행위자들 간의 협력가능성은 훨씬 더 높다는 것이다.[27]

3. 구성주의

1980년대부터 1990년대 중반까지 신현실주의자들과 신자유주의자들 간에 이론적 논쟁이 활발히 진행되었다면, 구성주의는 1990년대 중반부터 국제정치학계에서 신현실주의 시각과 대비되어 논의되기 시작했다. 웬트(Alexander Wendt)는 『국제정치의 사회학적 이론』에서 구성주의(constructivism) 또는 구조적 이상주의를 소개하였다.[28]

국제정치 현실의 사회구성적 측면에서 볼 때, 현실주의나 신현실주의는 국제정치 현실을 '있는 그대로' 본다. 국제정치 현실은 이미 주어진 상황이고 영속적인 것이다. 그러나 웬트는 현실이 역사적, "간주관적"(inter-subjective)으로 구성되었고, 계속 재구성된다고 설명한다. 국제정치는 행위자들이 간주관적으로 서로 공유하는 아이디어, 규범, 가치 등에 의해서 구성된다는 것이다.

신현실주의와 마찬가지로 구성주의 역시 국제체제 내에서 국가를 가장 중요한 행위자로 간주한다. 웬트에 의하면 국가는 태생적으로 국가생존, 자율성, 경제적 풍요, 자존심 등 다른 국가와 상호작용하기 전에 이미 근본적 이해관계를 가진 행위자다. 그러나 신현실주의자가 가장 중요하게 생각하는 국가의 특성인 주권을 구성주의자는 전혀 다른 시각으로 접근한다. 즉 주권은 주어진 것이 아니라 근대 국제관계의 사회적 구성물이라는 것이다. 특정국가의 정체성도 체제 내 다른 국가들과 상호교류를 하는 과정에서 변한다는 것이다.

웬트의 구성주의는 구조를 강조하는 점에서 신현실주의와 유사하다. 그러나 구성주의가 강조하는 국제체제의 구조는 국가 간 국력 분포나 강대국들의 수와 같은 물질적인 것이 아니라 체제 내 국가들이 간주관적으로 공유하는 아이디어와 같은 관념적(ideational) 구조다. 이러한 관념적 구조가 체제 내 가장 중요한 행위자인 국가들의 행위를 제약하고 그 정체성의 재구성에 영향을 미친다. 또한 국가들은 서로 상호작용을 거쳐 새로운 정체성을 형성해 나가고,[29] 이러한 국가들의 정체성 변화가 체제 내 관념적 구조형성에 영향을 미친다. 즉 국가와 국제체제 구조의 관계는 "상호 구성적"인 것이다. 국가와 구조가 서로 영향을 미치면서 재구성된다는 것이다.

현실주의, 신현실주의, 신자유주의와 마찬가지로 구성주의도 무정부상태의 국제체제를 상정한다. 그러나 무정부상태 역시 고정된 개념이 아니다. 신현실주의는 무정부상태를 자조(自助)체제로 전제하지만 구성주의는 무정부상태조차 국가들이 사회적 과정을 통해서 만들어 내는 것으로 간주한다. 웬트는 "무정부상태는 국가들이 만들기 나름이다"(anarchy is what states make of it)라고 설명한다.

웬트에 의하면, 행위자의 자아(self), 즉 자신의 정체성과 관심은 다른 행위자의 자신에 대한 외교적 행위(gesture)에 영향을 받는다. 이러한 외교적 행위를 통해서 행위자들은 상대방을 배려하고 평화적인 수단과 목적을 추구하는 관심과 정체성을 재구성해 나간다. 체제 내 국가들은 영구적 평화를 위해 필요한 이타심을 장시간에 걸쳐 확고히 하는 과정을 거치며 체제를 구성하는 간주관적인 문화를 변화시켜 나간다.

웬트는 역사상 세 가지 다른 관념적 문화가 있다고 설명한다. 17세기까지 국제관계를 지배했던 홉스적 문화에서는 상대방을 "적"으로 간주한다. 국가생존을 위해서 도처에 전쟁이 난무하는 약육강식의 세상을 상정한다. 1648년 웨스트팔리아조약 체결 이후의 근대국가체제는 로크적 문화가 지배했다. 로크적 무정부상태에서는 국가들은 서로를 "경쟁자"로 간주하고 무력을 사용하기도 하면서 각각의 이해관계를 추구하지만 아무리 약소국이라고 하더라도 생존권만은 보장되는 그런 체제를 상정한다. 최근 민주주의 국가들 간에 나타나기 시작한 칸트적 문화에서는 국가들은 서로를 "친구"로 간주한다. 각각의 문화에서는 행위규범이 국가들 간에 공유된다. 이러한 문화는 주어진 것이 아니라 역사적, 사회적 과정을 거치면서 홉스적 문화에서 로크적 문화로, 로크적 문화에서 칸트적 문화로 발전되어 나간다는 것이다.

이와 같이 웬트는 국가들이 외교를 통해서 자국과 상대방의 생각을 변화시킨다고 설명한다. 상대를 배려하는 행위들이 국가들 간에 공유하는 관념적 환경을 조성하게 되고, 이러한 관념적 구조는 국가들이 더 높은 수준에서 협력하는 것을 가능하게 만든다는 것이다. 웬트의 무정부상태에서는 전쟁이 전혀 일어나지 않을 수도 있는 것이다.

현실주의 또는 신현실주의 시각에서 안보딜레마가 발생하는 이유는 바로 무정부상태 국제체제의 불확실성 때문이다. 그러나 웬트는 국가의 겉 행동으로 속의 아이디어를 관찰할 수는 없지만 국가들이 서로의 의도를 충분히 파악하고 있다고 설명한다.[30]

4. 관료주의, 이익집단 시각

신현실주의, 신자유주의, 구성주의와 같은 구조적 시각은 국제체제 수준에서 국제관계를 분석하는 반면, 관료주의 시각, 이익집단 시각은 국가 내부차원에서 분석하는 시각이다. 관료주의, 이익집단 시각은 국제체제 전반에서 일어나는 국제관계현상을 이해하려는 시각이라기보다는 특정국가의 외교정책 결정과정을 분석하는 데 필요한 시각이다. 이러한 시각은 외교정책 결정과정을 이해하는 데 핵심요소로 조직내부의 경쟁과 부처 간 경쟁에 초점을 맞춘다.

관료주의, 이익집단 시각에 의하면 영향력을 행사하는 조직이나 부처 내부그룹의 이해관계에 따라 정책대안들이 형성되고 결정된다. 관료, 이익집단들이 각자의 이해관계의 극대화를 위해 정책을 결정하고 추진하려고 하기 때문에 국가가 추진하는 외교정책이 사실상 국가이익에 해가 될 수도 있다. 외교정책 결정에서 조직의 역할이나 부처 간 경쟁이 외교정책 결정에 영향을 미치고 그 결과가 국제관계로 나타난다.

예를 들어 미국의 국무성, 국방성, 해군성, 육군성 등은 각자 부처의 예산을 증대시키기 위해 경쟁하고, 여기에 방위산업체와 관련된 이익집단과 로비그룹, 군비축소를 주장하는 시민단체까지 가세해서 군사비지출 문제를 둘러싸고 경쟁을 벌인다. 그 결과 미국의 특정 연도의 군사비지출이 적정수준 이상으로 증대되기도 한다.

관료조직의 특징 중 하나는 바로 주인(principal)과 대리인(agent) 관계에서 발생하는 문제다. 지도자는 자신의 대리인이 충성스럽게 자신이 원하는 일을 추진해 나가 주기를 바란다. 물론 대리인은 지도자를 위해 정보를 수집하고 관심 이슈를 분석하여 보고서를 만들어 제출하기도 하지만 시간, 정보 등의 제약 때문에 대리인이 직권으로 많은 일을 처리하기도 한다. 이때 지도자는 대리인이 자신의 선호도에 따라 원하는 방향으로 일을 처리해 주기를 원하지만 대리인의 일처리를 항상 감시, 감독하기가 쉽지 않다.

국방부에서 군사무기 현대화를 추진하는 과정에서 이지스(Aegis) 군함을 건조하는 데 예산을 더 배정해야 할지, 공중급유기를 구입하는 데 예산을 배정해야 할지, 아니면 아파치 헬기나 최신 장갑차를 구입하는 데 예산을 배정해야 할지를 결정할 때 대통령은 사실 이러한 이슈에 대해 잘 모르거나 관심이 별로 없을 수도 있다. 그런 경우 신뢰하는 국가안보보좌관이나 국방부 장관이 보고하는 대로 대통령이 최종 결정을 내릴 가능성이 매우 높다. 주인이 대리인을 선정하는 데 이른바 "예스맨"이 가장 효율적이고 유능한 보좌관이라는 주장이 있는 반면, 지도자는 예스맨 집단을 피하고 다양한 정보를 지닌 다양한 보좌진을 활용해야 더 나은 정책결정을 할 수 있다는 주장도 있다.[31]

조직 간 경쟁으로 인해 발생하는 문제를 다루기 위한 방법 중 하나가 바로 표준이행절차(SOP)이다. 표준이행절차는 부처 내에서 일상적으로 발생하는 문제뿐 아니라 위기상황하에서 일을 처리하는 데 도움이 된다. 정책을 이행해야 하는 정책결정자나 관료들은 모든 경우마다 가장 좋은 대응방안을 찾기 위해서 계산을 할 수는 없기 때문에 유사한 사건별로 미리 대응하는 절차를 만들어 놓고 상황에 따라 정해진 절차에 따라 일을 처리하는 방식이다.

관료주의 시각에 의하면 이러한 표준이행절차는 계속적으로 발생하는 문제와 관련된 외교정책 결정 시 효율성을 증대시킨다. 그러나 전례 없는 위기상황을 맞게 되는 경우, 표준이행절차는 특이한 각각의 상황에 유연하게 대응할 수 있도록 만들어져 있지 않고, 모든 가능한 대안을 모색하지 않고 안일하게 한두 가지 중에서만 최종 대안을 선택하도록 되어 있기 때문에 비효율적 대응을 유발할 가능성이 높다.[32]

주

1 한국적 국제관계이론 개발의 중요성과 발전 가능성에 관해서 김우상, 『신한국 책략 III : 대한민국 중견국 외교』(서울 : 세창출판사, 2012), 제2부 제2장 참조.

2 Robert Axelrod and Robert O. Keohane, "Achieving Cooperation Under Anarchy : Strategies and Institutions," in Kenneth A. Oye(ed.), *Cooperation Under Anarchy* (Princeton : Princeton University Press, 1986); Kenneth A. Oye, "Explaining Cooperation Under Anarchy : Hypotheses and Strategies," in *ibid.* 참조.

3 Hans J. Morgenthau, *Politics Among Nations*, 5th ed. (New York : Alfred A. Knopf, 1973), pp.3-5 참조.

4 Thucydides, *The Peloponnesian War*, trans. by Rex Warner (Bungay : Penguin Books, 1954).

5 Niccolo Machiavelli, *The Prince*, trans. by N. H. Thomson (New York : P.F.Collier & Son, 1910).

6 Thomas Hobbes, *Leviathan* (Oxford : Clarendon Press, 1909).

7 Kenneth Waltz, *Theory of International Politics* (Reading : Addison Wesley, 1979).

8 *Ibid.*, p.111.

9 *Ibid.*; Joseph M. Grieco, "Anarchy and the Limits of Cooperation : A Realist Critique of the Newest Liberal Institutionalism," *International Organization,* 42(1988), pp.485-507; Duncan Snidal, "Relative Gains and the Pattern of International Cooperation," *American Political Science Review,* 85(1991), pp.701-726.

10 이러한 신현실주의자들의 주장에 반해, 신자유주의자들은 국가가 '절대적 이득'(absolute gains)을 추구한다고 주장한다. 위와 같은 상황에서 A국은 B국의 국력증대 기회에 상관없이 자국에게 100만큼의 국력증대 기회밖에 안 주는 Y정

책보다 10배나 더 되는 1,000만큼의 국력증대 기회를 주는 X정책을 더 선호한다는 것이다.

11 Waltz, *op. cit.*

12 월트(Stephen Walt), 저비스(Robert Jervis), 반 에브라(Stephen Van Evera)와 같은 방어적 현실주의자들에 의하면 다른 나라를 정복하는 것이 용이하던 때에는 전쟁이 빈번했지만, 방어가 공격보다 더 용이하게 된 이후부터는 영토확장의 인센티브는 줄어들고 국가들 간의 협력이 더 용이하게 되었다. 그리고 국가는 균형동맹을 맺거나 방어용 무기체계를 채택하여 국가생존의 목표를 추구한다. 월츠 역시 이러한 방어적 현실주의자들의 주장을 수용한다. Stephen M. Walt, "International Relations : One World, Many Theories," *Foreign Policy*, (1998), pp.29-46; Robert Jervis, "Cooperation under the Security Dilemma," *World Politics*, 30(1978), pp.167-214; Stephen Van Evera, *Causes of War : The Structure of Power and the Roots of War* (Ithaca : Cornell University Press, 1999); Stephen M. Walt, *The Origins of Alliances* (Ithaca : Cornell University Press, 1987).

13 John Mearsheimer, "Back to the Future : Instability in Europe after the Cold War," *International Security*, 15(1990), pp.5-57; John Mearsheimer, *The Tragedy of Great Power Politics* (New York : W.W. Norton, 2001).

14 이는 현실주의자 모겐소의 국가들 간의 끝없는 국력증대를 위한 투쟁이라는 가정과 일맥상통한다. 물론 모겐소가 국력을 향한 투쟁이 인간의 자연적 충동에서 나오는 것이라고 하는 데서는 미어샤이머와 차이가 있다.

15 *Ibid.*, p.21.

16 공격적 현실주의자인 스웰러(Randall Schweller) 역시 현상타파국가들로 구성된 국제체제를 상정한다. 다만 그의 주장이 미어샤이머와 다른 점은 이러한 국가들의 목적은 안보뿐 아니라 안보와 관련이 없는 목적도 있다는 것이다. 또한 스웰러는 현상유지국가와 현상타파국가의 차이점은 만족도 정도와 체제 내 위치라고 설명한다. Randall L. Schweller, "Bandwagoning for Profit : Bringing the Revisionist State Back In," *International Security*, 19(1994), pp.72-108. 사실 만족도 정도라는 것이 상수(constant)가 아니라 변수(variable)라고 생각한다면, 국가는 현상유지국가일 수도 있고 현상타파국가일 수도 있다는 것을 암시한다.

17 Glenn H. Snyder, "Mearsheimer's World — Offensive Realism and the Struggle for Security : A Review Essay," *International Security*, 27(2002), pp.149-173.

18 Woodrow Wilson, "Fourteen Points," Address to Congress, January 8, 1918, Phil Williams et al.(eds.), *Classical Readings of International Relations* (Belmont : Wadsworth, 1994)에서 인용.

19 Hedley Bull, *The Anarchical Society : A Study of World Politics* (London : Macmillan, 1977).

20 Emmerich de Vattel, *The Law of Nations* (1857), Williams, *op. cit.*에서 인용.

21 자유주의와 평화에 관한 더 자세한 설명은 제6장에서 하기로 한다. Michael Howard, *War in European History* (Oxford : Oxford University Press, 1976), ch.3; Geoffrey Blainey, *The Causes of War* (New York : Free Press, 1973), p.20 참조.

22 여기서 레짐(regime)이란 이해관계를 공유하는 국가들 간에 협조를 촉진하는 국제 법규, 원칙 등을 의미한다. Stephen D. Krasner(ed.), *International Regimes* (Ithaca : Cornell University Press, 1983).

23 *Ibid.*; Robert O. Keohane and Joseph S. Nye, *Power and Interdependence : World Politics in Transition* (Boston : Little Brown, 1977).

24 Bruce Bueno de Mesquita, *Principles of International Politics*, 3rd ed. (Washington, D. C. : CQ Press, 2006), p.136.

25 여기서 배분할 수 없다는(indivisible) 의미는 한 사람이 공공재(public goods)를 소비한다고 해서 다른 사람이 소비할 수 있는 공공재의 양이 줄어들지 않는 것을 의미한다. 한 사람이 대표적인 공공재인 국립공원을 산책한다고 해서 다른 사람들이 공원을 사용할 수 있는 양을 줄이는 것은 아니라는 것이다. 배제할 수 없다는(non-excludable) 의미는 특정인으로 하여금 공공재를 사용하지 못하게 할 수 없다는 것이다. 누구든지 국립공원을 산책할 수 있다는 것이다. 그래서 공동소유(commons)와 공공재는 성격이 다르다. 공동소유는 논두렁의 물과 같이 공동으로 소유하지만 한쪽 논에서 물을 빼어 가면 다른 논에서 사용할 물이 줄어든다. 그래서 물싸움이 날 수도 있다. 공공재는 국립공원과 같은 것이라서 다

수의 사람이 별 걱정 없이 동시에 소비할 수 있는 것이다. *Ibid.*, p.137.

26 Robert Gilpin, *The Political Economy of International Relations* (Princeton : Princeton University Press, 1987); Krasner, *op. cit.*; Robert O. Keohane, *After Hegemony : Cooperation and Discord in the World Political Economy* (Princeton : Princeton University Press, 1984).

27 Axelrod and Keohane, *op. cit.*; Oye, *op. cit.*

28 Alexander Wendt, *Social Theory of International Politics* (Cambridge : Cambridge University Press, 1999). 여기서는 웬트의 시각을 중심으로 구성주의를 설명하기로 한다.

29 구성주의자는 이타적(altruistic) 정체성을 지닌 주체 알터(Alter)와 이기적 정체성을 띤 에고(Ego)가 서로 상호작용 과정을 거치면 결국 에고가 알터화되어 간다고 설명한다.

30 코플랜드(Dale Copeland)는 웬트의 주장이 경험적으로 근거가 없으며 비일관적이라고 비판한다. 웬트가 강조하는 국가의 행위(gesture)가 속임수인지 진실인지를 관찰할 수 없다는 것이다. 그래서 '에고'가 '알터'와 상호작용을 통해서 정말 알터화되는 것인지 에고가 알터를 속이려고 알터로 변하는 척하는지 알 수 있는 방법이 없다는 것이다. Dale Copeland, "The Constructivist Challenge to Structural Realism : A Review Essay," *International Security*, 25(2000), pp.187-212.

31 전자는 Randall Calvert, "The Value of Biased Information : A Rational Choice Model of Political Advice," *Journal of Politics*, 47(1985), pp.530-555; 후자는 Alexander L. George, *Presidential Decisionmaking in Foreign Policy : The Effective Use of Information and Advice* (Boulder : Westview Press, 1980) 참조.

32 관료주의, 이익집단 시각은 Bueno de Mesquita, *op. cit.*, pp.158-172 참조.

전략적 시각과 선출인단이론

1. 전략적 시각

전략적 시각 또는 전략적 관점(strategic perspective)은 국제관계 현상과 각 국가들의 외교정책을 이해하는 데 필요한 논리 중 하나다. 앞 장에서 설명한 현실주의, 자유주의, 구성주의, 관료주의 및 이익집단 시각과 대비되는 논리로 부에노 데 메스키타(Bruce Bueno de Mesquita)를 중심으로 발전하고 있는 국제정치학적 관점이다.[1] 전략적 시각은 현실주의, 신현실주의, 구성주의 시각과는 상당한 차이가 있다. 무엇보다도 이러한 시각들은 국제체제 내에서 국가가 가장 중요한 역할을 하는 행위자라고 가정하는 반면, 전략적 시각은 각 국가의 지도자가 가장 중요한 행위자이며 국내정치와 외교정책 및 국제관계는 상호 연계되어 있다고 가정한다.

신현실주의 시각은 국제체제의 구조가 국제정치에 영향을 미친다고 보는 반면, 전략적 시각은 지도자의 개인적 선택의 중요성을 강조한다. 관료주의 및 이익집단 시각은 국가 내부에서 일어나는 외교정책 결정과정 그 자체에 초점을 맞추는 반면, 전략적 시각은 국가 내부에서 일어나는 지도자의 외교정책 결정과 연계된 국제정치에 초점을 맞춘다.

전략적 시각에 의하면 국제정치는 국가들이 외교정책을 이행하는 과정에서 발생하는 국제적 상호작용(international interaction)의 결과이다. 이때 각국 지도자들은 상대국의 대응이나 국제관계의 파장뿐 아니라 국내정치적 경쟁자들의 예상되는 대응도 철저히 고려하여 자신의 국내정치적 이해관계도 극대화할 수 있도록 감안하여 외교정책을 결정한다. 지도자는 자신이 고려해야 하는 상대방이 누구든 몇이든 간에 그들이 자신의 선택에 대한 대응으로 취하게 될 행동이나 대안을 미리 예상하고 고려한 후 최종적으로 자신에게 가장 유리한 결과를 제공할 것으로 판단되는 대안을 선택한다. 그 상대방은 상대국이나 상대국의 지도자, 국내정치에서 야당 지도자, 여당 내부의 경쟁자, 이익집단 등 모두가 될 수 있다. 그래서 국제정치, 외교정책, 국내정치를 각각 분리해서 분석할 수 없다는 시각이다.

부에노 데 메스키타는 국제정치를 이해하는 데 필수적인 세 가지 원칙을 제시한다. 먼저, 국가 지도자의 외교정책 결정은 정권유지라는 지도자 자신의 개인적인 이해관계에 의해 주도된다. 지도자의 사적 이익과 국가이익이라는 공적 이익이 일치할 때도 있지만 그렇지 못할 경우도 있다. 이럴 경우 지도자는 외교정책 결정과정에서조차 자신의 정권유지, 다가오는 중간선거나 재선에서의 승리, 단임제의 경우 레임덕 상황 회피, 후계자 및 여당의 정권재창출 등과 같은 개인적 이익을 더 앞세운다는 것이다.

둘째, 국제정치와 국내정치가 서로 연관되어 있어 국제적 상호작용이 계속 일어난다는 것이다. 중 · 장기적 국가이익을 추구하는 외교정책으로 인해 단기적으로 정권교체와 같은 위협을 느낄 때, 지도자는 그러한 중·장기적 정책을 포기할 가능성이 높다는 것이다. 이와 같이 국가들 간의 국력분포와 같은 국제체제의 구조적인 요인뿐 아니라 국내정치적 요인도 국제정치에 영향을 미치는 중요한 변수로 작용한다는 것이다. 이러한 점은 신현실주의 시각과는 큰 차이가 있다.

셋째, 국가들 간의 관계, 지도자들 간의 관계는 전략적 계산에 바탕을 두고 있다. 국가 지도자는 자신이 결정하는 외교정책이 국제관계에서 영향력을 행사하고 국익을 증대할 수 있도록 철저히 손익계산을 따진다. 국가이익뿐만 아니라, 선택하려는 정책대안이 국내정치과정에서 지도자 자신의 개인적 이익에 얼마나 더 많은 기대효용을 주는지도 조심스럽게 계산하여 결정한다는 것이다. 이러한 세 가지 원칙을 염두에 두고 국제관계현상을 분석할 경우 가장 정확하게 그 현상을 설명하고 예측할 수 있다는 것이 바로 전략적 시각이다.

전략적 시각에 의하면 국내정치의 구조가 매우 중요하다. 대통령제인지, 내각책임제인지, 소선거구제를 채택하는지, 대선거구제를 채택하는지 등의 국내정치의 제도적 장치에 따라 지도자, 정치엘리트, 일반대중과의 관계가 정립되고 정부의 정책유형이 결정된다는 것이다. 부에노 데 메스키타는 이러한 주장을 '선출인단이론'(selectorate theory)에서 잘 보여 준다. 이러한 주장은 국제체제 내에서 국가가 가장 중요한 행위자, 즉 가장 중요한 하나의 행동 단위체(unitary actor)라고 가정하여 국내정치적 요인을 국제정치현상의 분석에 활용하는 데 등한시하는 현실주의, 신현실주의와는 분명한 차이가 있다. 전략적 시각은 외교정책 역시 국내정치와 연계되어 있어서 국가 지도자가 외교정책을 결정할 때 국내정치적 변수를 고려하지 않을 수 없다는 가정에서 출발한다.

2. 양면게임이론

선출인단이론을 소개하기 전에 먼저 퍼트남(Robert Putnam)의 '양면게임'(Two-Level Game)이론을 알아보자.[2] 퍼트남의 양면게임이론 역시 전략적 시각에 근거한 이론이다. 퍼트남은 국제적 협상을 국내정치와 국제정치를 연계시켜서 설명하고자 한다. 퍼트남은 양면게임을 활용한 '비준이론'(theory of ratification)에서 국제협상이 진행될 때 그 협상은 국제적 차원과 국내적 차원에서 동시에 진행된다고 설명한다. 국제적 차원에서는 국가 간의 합의를 도출하기 위한 각국 협상대표단 간의 흥정이 진행된다. 국내적 차원에서는 국내정치적 행위자들이 양국 협상대표단 간에 도출된 잠정합의안에 대한 국회의 비준 여부를 놓고 흥정하는 게임이 진행된다.

예를 들어 양국 간에 자유무역협정(FTA)을 체결하기 위한 협상이 진행될 경우, 국제적 차원에서는 양국 협상대표단과 양국 국내 정책결정자들이 주요 행위자들이다. 각국 협상대표단은 자국의 정책결정자의 지시에 따라 타국과의 협상에 임한다. 국내적 차원에서 이와 관련된 국내정치적 이익집단은 다양하다. X국이 Y국에서 농산물을 주로 수입하는 반면 X국은 Y국에 자동차 및 자동차 부품을 주로 수출한다고 가정할 때, 국내적 차원에서는 정책결정자, 농업 및 산업관련 부처, 여당과 야당, 농민과 재벌기업, 노조 등 다양한 이해관계를 가진 행위자들이 양국 협상대표단 간의 잠정합의안에 대해 찬성과 반대의 입장을 표명한다.

퍼트남은 이러한 국제협상게임을 이해하기 위해서 '윈셋'(win-set) 개념을 제시한다. 윈셋이란 주어진 상황 속에서 양국이 각각 국내적 차원에서 국회의 비준을 얻어 낼 수 있는 잠정합의안의 집합을 의미한다. 〈그림 2-1〉에서 Xi, Yi는 각각 X국과 Y국의 국내적 차원의 행위자들이 가장 선호하는 합의안을 의미한다. Xj, Yj는 각각 X국과 Y국이 국내적 합의를 위해 최대한으로 양보할 수 있는 정책범위, 즉 수용가능한 것으로 예상하는 잠정합의안의 마지노(Maginot)선을 의미한다. 여기서 Xi~Xj, Yi~Yj는 각각 양국의 윈셋이다. 각각 X국과 Y국이 양국간 협상 잠정합의안을 수용하는 데 있어서 국내적으로 상대국에 양보할 수 있는 합의안 범위를 의미한다. 잠정합의안이 Xi~Xj 범위 내에 있으면 X국은 이러한 잠정합의안을 국내에서 성공적으로 비준할 수 있다는 것이다. 만일 잠정합의안이 Xi~Xj 범위 밖에 있으면 X국에서는 이러한 합의안이 국회에서 비준될 수 없다.

각국의 윈셋은 국제협상이 진행되기 전부터 국내적 차원에서 논의되어 결정되기도 하고, 국제협상이 진행되는 동안에 국내적으로 계속 논의되거나 이미 정해진 윈셋이 변하기도 한다. 대개의 경우 각국 협상대표단은 국내에서 잠정적으로 정해진 윈셋의 범위 내에서 상대국 협상대표단과 자국에 유리한 방향으로 흥정을 진행한다. 이때 양국의 윈셋이 서로 교차하는 부분이 있어야만 잠정합의안이 도출될 수 있다. 즉 Yj~Xj가 존재해야만 그 범위 내 어느 지점에서 잠정합의안이 도출될 수 있다는 것이다.

〈그림 2-1〉 퍼트남의 윈셋

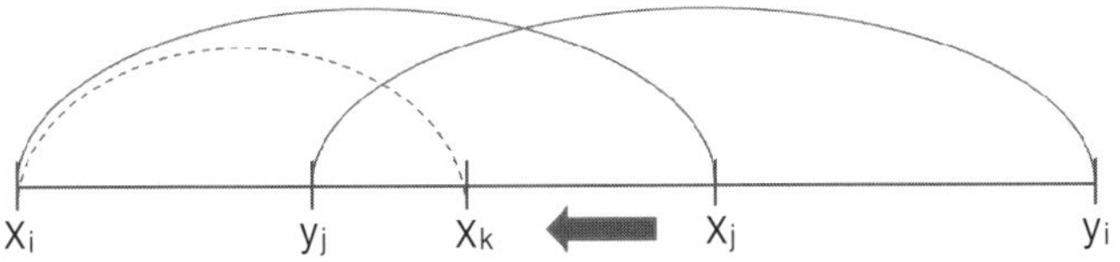

여기서 각국의 윈셋의 크기는 국내정치상황, 비준절차와 같은

정치제도, 그리고 협상단의 협상전략에 의해 결정된다. 농민, 자동차 및 자동차 부품을 수출하는 재벌기업의 입장, 농산물과 관련이 있는 정부 부처, 자동차 생산 및 수출과 관련이 있는 부처의 이해관계, 정부와 여당, 야당, 지역구 국회의원의 다가오는 선거와 관련된 정치적 이해관계 등 얽혀 있는 문제가 복잡하고 서로 상충되면 될수록 윈셋의 크기는 작아진다. 국회에서의 비준절차가 까다로울 경우 역시 윈셋의 크기가 작아진다. 협상단의 협상의제 선점, 분위기 조성 등 협상의 기술, 협상단의 규모 및 단장의 계급 등도 역시 윈셋의 크기에 영향을 미친다. 실무급 협상에 비해 고위급 협상의 경우 양국의 윈셋이 커진다.

윈셋의 크기가 클수록 국회에서 비준절차를 성공적으로 통과할 가능성이 높아진다. 그리고 자국의 윈셋이 상대방에게 크게 보일수록 협상에서 상대방에게 협상테이블에서 양보해야 할 가능성이 높아진다. 양국의 윈셋의 범위가 모두 좁을 경우 협상이 타결되지 않을 가능성이 높다. 하지만 X국의 윈셋의 범위가 좁다고 해서 X국에 항상 불리한 것은 아니다. 이는 X국의 협상력을 증대시킬 수 있다. 만일 Y국 협상대표단이 X국의 윈셋의 범위가 아주 좁다는 것을 알 경우, 양국 간 합의안 도출이 Y국에 중요하면 할수록 Y국은 국제협상과정에서 양국의 윈셋이 교차하는 범위 내에서 X국에 더 많은 양보를 할 가능성이 높아진다. Y국은 국제협상이 시작된 상황에서 양국 간 윈셋의 교집합이 Yj~Xj인 것으로 이해했는데 협상진행과정 중에 X국의 국내정치상황에 의해 교집합이 Yj~Xk로 변한 것을 알게 되었을 경우, 양국 간 잠정합의안이 Yj~Xk 범위 내에서 도출될 가능성이 높아진다. 즉 X국에 유리한 합의안이 도출될 가능성이 높아진다는 것이다.

CNN, BBC 방송 등을 통해서 전 세계에 방영된 X국의 농산물과 자동차 관련 FTA에 대한 격렬한 반대시위 현장의 영상 보도로 인해 X국 협상대표단은 Y국 협상대표단에게 자국의 윈셋이 Xi~Xj에서 Xi~Xk로 조정되었음을 쉽게 설득할 수 있다. X국으로서는 윈셋이 작아지면 잠정합의안을 도출해 낼 가능성이 낮아지는 반면, 만일 국제협상이 타결되어 양국 간 잠정합의안이 도출될 경우 국제협상으로 얻는 이익은 훨씬 더 커질 수 있다. 각국 지도자는 상대국과의 협상에서 합의안을 성공적으로 도출해 내기를 원할 뿐 아니라, 잠정합의안이 국내 비준을 통과할 수 있기를 바란다. 따라서 국가지도자는 국제적 차원과 국내적 차원의 문제를 동시에 고려하여 정책을 결정하고 추진하게 된다는 것이다. 퍼트남의 양면게임이론은 현실주의, 신현실주의 시각과는 차이가 있는 전략적 시각에 근거하고 있음을 알 수 있다.

3. 선출인단이론

부에노 데 메스키타는 『국제정치의 원칙』, 『독재자의 핸드북』 등에서 선출인단이론을 제시한다.[3] 국가 지도자는 '선출인단'(selectorate) 중에서 자신을 따르는 지지자 연합을 구성한다. 선출인단은 국가 지도자를 선출하는 과정에서 최소한 명목상으로 투표권 등을 통해 영향력을 발휘할 수 있고 '승자연합'(winning coalition)의 구성원이 될 수 있는 자격을 갖춘 구성원을 지칭한다. 이러한 선출인단은 언제든지 바뀔 수 있는 '명목적 선출인단,' 영향력이 꽤 있는 '실질적 선출인단,' 그리고 정권을 쟁취하거나 유지하는 데 꼭 필요한 핵심세력인 '승자연합'의 세 가지 유형으로 구성되어 있다.

중국정치의 예를 들자면 전국인민대표회의 의원 약 3천 명과 중국공산당 당원 약 2천 명 정도를 명목적 선출인단으로 간주할 수 있을 것이다. 그중 전국인민대표회의 상무위원회 150여 명, 중국공산당 중앙위원회 중앙위원 및 후보위원 약 350여 명 정도를 실질적 선출인단으로 간주할 수 있다. 중국공산당 중앙정치국 상무위원 7명을 포함한 중앙정치국 위원 25명, 그 외에 중앙군사위, 국무원, 중앙인민정치협상회의, 전국인민대표회의 등에서 요직을 차지하고 있는 핵심멤버 중에서 몇 십 명 내외의 핵심인사를 승자연합으로 간주할 수 있을 것이다.

이에 반해 한국과 같은 민주주의 국가에서는 명목적 선출인단은 투표권을 가진 모든 유권자 또는 투표권을 가진 모든 유권자 및 차기 선거에서 투표권을 갖게 될 16, 17세 이상의 청소년을 의미한다. 실질적 선출인단은 이들 명목적 선출인단 중 투표에 참여하는 유권자를 의미한다. 승자연합은 실질적 선출인단 중 특정 후보자가 선거에서 승리하기 위해서 반드시 필요한 수의 유권자를 지칭한다.

예를 들어 총 유권자의 수가 3천7백만 명 정도인데 일반적인 투표률이 75% 정도라고 가정하면 실제로 투표에 참여하는 수는 2천8백만 명 정도가 된다. 대선에서 가장 많이 득표한 후보자가 대통령에 당선이 되는 선거제도일 경우 2천8백만 명 중에서 대략 1천만 명에서 1천4백만 명의 유권자의 지지를 얻게 되면 대통령에 당선될 가능성이 높다. 대개의 경우 후보자가 세 명 이상 출마하다 보면 유권자의 표가 분산되고 과반수인 50% 이상의 지지를 받지 않더라도 당선이 가능하다. 따라서 이러한 선거제도에 의존하는 민주국가의 승자연합은 약 1천만 명이나 되는 유권자 전체라고 간주할 수 있을 것이다. 하지만 대부분의 민주국가 지도자는 자신의 당선을 위해 선거전략, 선거공약을 짜는 데 직·간접적으로 참여하고, 자신을 지지하는 유권자 모임을 각 지역마다 결성하는 데 주도하고, 헌신적으로 선거유세에 참여하는 자신의 선거 캠프(camp)의 멤버를 핵심 지지세력, 즉 승자연합의 일원 중 핵심세력으로 간주할 것이다.

지도자는 이러한 선출인단 중에서 많은 사람들이 자신이 권력을 쟁취하거나 선거에서 승리하는 데 적극적으로 지지하도록 이들에게 혜택을 제공한다. 지도자는 자신의 국내정치적 경쟁자들이 선출인단에게 제시하는 혜택보다 더 많은 혜택을 제공하거나 보장함으로써 지지자들의 충성을 확보하려고 한다. 국가 지도자는 사유재나 공공재(public goods)의 제공을 통해서 지지자들의 충성을 얻는다. 승자연합이 몇 백 명 정도밖에 되지 않는 독재국가나 권위주의 국가에서는 주로 사유재의 제공을 통해서 지지자의 충성을 확보한다. 그 반면 승자연합이 천만 명씩이나 되는 민주주의 국가에서는 모든 승자연합 멤버에게 사유재를 제공할 수 있는 상황이 될 수 없기 때문에 공공재의 제공을 통해서 지지자의 충성을 확보하려고 한다.

독재국가의 지도자가 충성스런 지지자에게 제공하는 사유재로는 다이아몬드 광산, 유전 등의 개발과 관련된 이권 등 국책사업과 관련된 이권의 제공, 지하경제의 허용, 면책특권, 심지어는 자신을 따르는 승자연합에게 정기적으로 지급하는 현금을 들 수 있다. 이에 반해 공공재는 승자연합의 일원이든 아니든 상관없이 모두 혜택을 볼 수 있는 정부의 복지정책, 교육정책, 국방정책 등 정책과 프로그램을 통해 모든 국민에게 제공되는 것을 말한다.

선출인단이론은 다섯 가지 '정치적 생존'(political survival)의 규칙에 근거한다. 첫째, 승자연합의 크기가 작을수록 정권을 유지하기가 쉽다. 정권을 쟁취하거나 유지하는 데 꼭 필요한 지지세력의 수가 적은 독재국가나 권위주의국가일수록 정권을 유지하기가 더 쉽다는 것이다.

둘째, 승자연합의 크기는 가급적 작게 유지하되 명목선출인단이나 실질선출인단은 가급적 규모가 큰 형태로 유지하는 것이 유리하다. 명목선출인단의 규모를 크게 유지하여 지도자가 명목선출인단에 포함된 자신을 실질선출인단으로 발탁해 주기를 바라며 지도자에게 충성할 수 있도록 하기 위해서이다. 또한 실질선출인단에 포함된 인사라도 언제든지 퇴출될 수 있음을 체감하도록 해서 퇴출되지 않도록 충성을 다하는 분위기를 조성하기 위해서이다. 승자연합에 비해서 실질선출인단의 규모가 크면 클수록, 실질선출인단 멤버는 승자연합의 일원이 되기 위해서 충성경쟁을 하게 되고, 지도자는 작은 규모의 사유재를 실질선출인단에 제공하면서도 그들의 충성심을 높게 유지할 수 있다. 게다가 승자연합의 규모가 작으면 작을수록 자신이 승자연합에 제공해야 하는 사유재의 규모가 작아지고, 승자연합에 속하는 개개인에게 제공될 수 있는 사유재의 몫이 커질 수 있기 때문에 이들의 충성심을 높게 유지하는 데도 유리하다.

셋째, 지도자는 가능한 한 세금을 많이 거둘수록 정권을 성공적으로 유지하기 쉽다. 단지 너무 많은 세금을 거두어서 민중봉기나 혁명이 일어나거나 아예 노동의 동기부여가 되지 않는 상황이 발생하지 않도록 조심만 하면 된다는 것이다. 국가 지도자가 가용할 수 있는 재원이 충분해야만 이러한 재원을 승자연합에 충분히 제공하여 그들의 지지를 확보하기가 수월하기 때문이다. 넷째, 승자연합의 일원에게는 충분히 보상을 할 필요가 있다. 그래서 이들이 자신보다 더 많은 혜택을 줄지도 모르는 다른 지도자를 찾아 나서지 않도록 해야 한다는 것이다. 다섯째, 승자연합에게 제공되는 혜택의 일부를 일반주민에게 제공해서는 안 된다는 것이다. 그럴 경우 승자연합에 골고루 분배되는 몫이 작아질 수 있기 때문이다.

선출인단이론은 이러한 다섯 가지 규칙을 바탕으로 몇 가지 가설을 제시한다. 첫 번째 가설은 승자연합의 규모가 클수록 지도자는 사유재를 제공하지 않고 공공재를 제공하기 시작한다는 것이다. 군주제, 독재국가, 권위주의국가는 승자연합의 규모가 민주국가에 비해 틀림없이 작다. 그래서 군주제나 독재국가일수록 사유재가 더 많이 제공되고, 민주국가일수록 공공재가 주로 제공되는 것을 보면 첫 번째 가설은 설득력이 있다.

두 번째 가설은 승자연합의 규모가 작을수록 집권자가 주요 정책의 실패에도 불구하고 정권을 유지하기가 훨씬 수월하다는 것이다. 민주국가의 지도자가 참전 결정을 내린 후 전쟁에서 패배할 경우 그 지도자는 다음 선거에서 퇴출되거나 그 이전에 탄핵을 당할 수도 있다. 그러나 독재자는 전쟁을 일으킨 후 그 전쟁에서 패배하더라도 얼마든지 정권을 유지할 수 있다. 존슨(Lyndon Johnson) 미국 대통령이 베트남 전쟁에서 패배하고 난 후 퇴출된 사례나 이라크의 사담 후세인(Saddam Hussein)이 쿠웨이트와의 전쟁에서 퇴패하고도 정권을 유지한 예는 이러한 가설을 지지하는 사례라고 하겠다.

이 가설은 '청중비용'(audience cost)과도 관계가 있다.[4] 다음 섹션에서 더 자세히 설명하겠지만 청중비용은 민주주의국가 지도자가 대외적으로 천명한 위협적인 발언을 실제로 실천하지 않을 경우 자신을 지지하는 유권자들로부터 외면당해서 자신에게 정치적으로 발생되는 비용을 말한다. 민주국가 지도자가 경쟁국에 대한 조건부 전쟁선포와 같은 위협적인 발언을 한 뒤 경쟁국이 그 조건을 수용하지 않음에도 불구하고 전쟁을 실제로 감행하지 않을 경우 국내정치적 청중비용 때문에 그 지도자는 탄핵을 당하든지 차기 선거에서 재선에 실패하는 경우가 발생한다. 그러나 군주국가나 독재국가 지도자는 이러한 청중비용을 걱정할 필요가 없다는 것이다.

세 번째 가설은 승자연합의 규모가 작을수록 부정부패가 만연하고 정치적 '지대추구'(rent seeking) 현상이 두드러진다는 것이다.[5] 승자연합의 규모가 작을수록 군주제, 독재국가의 유형일 가능성이 높고, 집권자는 자신의 재량권이 커진다. 재량권이 클수록 그 지도자는 주민에게 세금을 부과하고, 다이아몬드 광산이나 유전 등의 채굴권을 접수하고, 강대국으로부터 경제원조를 제공받는 등의 경로를 통해 정부 수익을 창출하여 그 수익을 자신의 정권유지를 위해 사적으로 활용할 가능성이 높아진다. 그러한 정권일수록 부정부패가 만연할 가능성이 높고, 지도자에게 충성스런 소수의 승자연합이 정치적 지대추구 행위를 할 가능성이 높아진다.

지대추구는 새로운 부(富)를 창출해 내는 아무런 경제행위도 없이 기존의 부에서 자신의 몫을 증대시키는 행위이기 때문에 국가의 경제적 효용성을 낮추고 자원의 적절한 배분을 방해하고 정부 수익을 갉아먹고 소득 불평등을 조성하여 국가경제에 치명적인 타격을 주는 행위이다. 독재자는 국민에게 책임을 질 필요가 없기 때문에 소수의 충성맹세자들의 부정부패를 눈감아 주고 지대추구 행위를 허용해서라도 자신의 정권을 유지하려고 하는 것이다.

네 번째 가설은 지도자는 기회가 있을 때마다 승자연합의 규모는 가급적 작게 만들려고 하고 선출인단의 규모는 가능한 한 크게 만들려고 한다는 것이다. 독재자라면 당연히 많은 사유재를 제공하지 않고도 선출인단 일원 간에 충성경쟁을 일으킬 수 있는 방안을 강구하고자 할 것이다. 명목선출인단이나 실질선출인단의 규모가 크면 클수록 승자연합의 일원으로 발탁될 확률이 낮아지고 그래서 이들의 충성경쟁은 더욱 치열해지기 마련이다.

부에노 데 메스키타와 스미스(Alastair Smith)는 『독재자의 핸드북』에서 선출인단이론의 핵심은 바로 정치적 생존의 논리라고 강조한다. 국가 지도자이든 국제올림픽위원회(IOC) 회장이든 재벌기업의 CEO이든 간에 이들은 정치적 생존의 논리에 의거해서 권력을 쟁취하고 그 쟁취한 권력을 유지하기를 원한다. 게다가 이들은 재정적

지출에 대한 재량권을 가능한 한 독점할 수 있기를 원한다. 이들은 자신의 독점적 재량권을 활용하여 좋은 일을 하려는 의도도 있을 수 있겠지만, 무엇보다도 먼저 권력을 쟁취하고 유지하기 위한 승자연합을 구성하고 승자연합에 속하는 지지자들의 충성심을 확보하는 데 매진한다. 승자연합의 일원이 혹시나 변심하여 자신의 잠재적 경쟁자들에게 충성맹세를 하지 못하게 누구보다도 먼저 승자연합의 일원에게 최대한의 정치적 보상을 제공한다. 그러다 보니 일반대중에 대한 혜택은 물론 자신에게 대한 보상조차 뒤로 미루게 된다.

부에노 데 메스키타와 스미스는 정권의 수명에 대해서도 언급한다. 독재자는 평균적으로 정권을 오랫동안 유지하는 편이지만, 정권 초창기에 살아남기가 쉽지 않다. 정권쟁취 이후 6개월 정도는 정권을 유지하기가 민주국가의 지도자보다 두 배 이상 힘들다고 지적한다. 그러나 독재자가 정권 초기 몇 달에서 1년 6개월가량을 정권 유지에 성공할 경우 그 독재자가 오랫동안 군림할 가능성이 아주 높아진다. 정권 초창기에는 통치자금줄을 완전히 확보하지 못한 상태이기 때문에 자신을 지지한 승자연합에 대한 충분한 보상을 하기가 어렵다. 또한 정권을 공고히 하기 위해 어떤 세력들을 우대해야 하는지 정권의 인수에 동참하는 세력들 중 어떤 세력들을 숙청해야 하는지 확실치 않을 수도 있다. 그러나 이러한 정권 초창기의 난제를 성공적으로 해결할 경우 독재자의 정치적 생존 가능성은 아주 높아진다. 이에 반해 민주국가의 지도자는 정권 초창기에는 정권인수과정이 순조로이 진행되고 인기도 아주 높은 경향이 있다. 그러나 독재자가 10년 이상 집권하는 확률이 11%인 데 비해, 민주국가 지도자가 10년 이상 집권할 확률은 겨우 4% 정도라고 지적한다.[6]

정권을 쟁취한 후 집권 안정기에 들어서자마자 현명한 지도자는 자신이 집권하는 데 공을 세운 승자연합의 일원들을 교체하는 작업을 시작한다. 정권 쟁취기에 함께 동고동락했던 인사들을 대부분 새로운 지지세력으로 교체할 가능성이 높다. 명목선출인단이나 실질선출인단에 속하는 인물들 중 새로운 인사들을 발탁하여 승자연합에 합류시킬 경우 지도자는 이들에게 초창기 승자연합의 지지자들에게 제공한 만큼 최대한의 보상을 하지 않더라도 충성맹세를 쉽게 얻어 낼 수 있기 때문이다. 안정적인 집권기에 돌입한 지도자는 뛰어난 보좌관이나 특출한 제2인자, 제3인자들과 함께하기보다는 충성스런 보좌관, 충성스런 제2인자, 제3인자를 곁에 두기를 원한다. 그러다 보니 정권쟁취를 위해 함께 투쟁하거나 목숨을 걸었던 충성스런 동지들은 집권 안정기에 들어서면서 대부분 토사구팽(兎死狗烹) 당하는 경우가 종종 발생한다고 지적한다. 정권쟁취를 위해 필요할 때 활용하고 난 뒤, 그 목적을 달성하고 나서 더 이상 쓸모가 없어지면 헌신짝 버리듯 한다는 것이다. 특히 어떤 지도자든 간에 자신의 주변에 뛰어난 제2인자를 두지 않는 경향이 있다. 지도자는 제2인자를 항상 잠재적 경쟁자로 간주하기 때문에 어느 시점에서 숙청해 버리는 경우가 허다하다.[7]

체 게바라(Che Guevara)는 쿠바의 지도자 카스트로(Fidel Castro)의 가장 절친한 혁명동지였고 제2인자였지만 카스트로는 1959년 혁명에 성공한 이후 1965년에 그에게 새로운 임무를 맡겨서 볼리비아로 쫓아낸다. 1959년 1월 혁명성공 직후 카스트로는 21명의 장관을 임명했지만 오직 9명만이 1959년 말에도 장관직을 유지했다. 겨우 살아남은 9명 중 4명은 1960년에 쫓겨났다. 쫓겨난 이들은 국외로 추방당하기도 했고 처형당하기도 했다. 물론 빈자리는 충성심에 불타는 새로운 지지자들로 채워졌다. 이라크의 사담 후세인은 자신을 보좌하는 제2인자로 타리크 아지즈(Tariq Aziz)를 곁에 두었는데, 기독교도인 아지즈는 이슬람국가인 이라크에서 절대로 제1인자가 될

수 없다는 것을 후세인은 알고 있었던 것이다.[8]

군주국가나 심지어 북한과 같은 독재국가에서는 권력의 부자세습이 일어나기도 한다. 나이가 많거나 병들어서 권좌에서 내려와야 하는 집권자가 자신의 아들을 새로운 지도자로 내세울 경우 기존의 승자연합의 일원은 자신들의 기득권을 그대로 유지할 수 있는 절호의 기회를 살리기 위해 부자세습과정을 적극적으로 지지한다. 집권을 위한 잠재적 경쟁자들이 기존의 승자연합에 속하는 인사들을 뇌물로 유인하기도 하지만 이들이 자신이 집권하는 데 필요한 승자연합을 성공적으로 구성하는 것은 거의 불가능하다. 기존의 승자연합의 일원은 자신이 충성스럽게 모시던 지도자나 그의 아들이 아닌 새로운 지도자가 집권할 경우 새 집권자가 자신에게 약속했던 보상을 해 줄 것인지도 불확실하고 자신이 얻게 될 보상액이 전임자가 자신에게 베풀었던 액수보다 더 클 것이라는 보장도 없다는 것을 잘 알고 있다. 심지어 새로운 집권자가 자신을 토사구팽할 수도 있다고 생각한다. 그러다 보니 기존의 승자연합의 일원으로 누려온 혜택을 안정적으로 유지하며 부자세습에 충성을 다하는 것이 자신의 기득권을 유지하는 가장 좋은 방안이라고 생각하게 된다. 그래서 독재국가에서 종종 부자세습이 일어난다는 것이다.[9]

부에노 데 메스키타와 스미스는 승자연합의 규모가 아주 큰 민주국가들 간에는 전쟁이 일어날 가능성이 거의 없다고 주장한다. 이는 제2부 제6장에서 소개하는 민주평화론과 같은 주장이다. 그러나 승자연합의 규모가 큰 민주국가가 승자연합의 규모가 작은 민주국가를 침공하는 경우는 때때로 발생한다고 지적한다. 예를 들어 1965년에 존슨 미국 대통령은 민주적 선거를 통해 집권한 도미니카공화국의 보쉬(Juan Bosch) 정부를 침공했다. 민주국가의 지도자는 성공적인 정책을 수행해야만 한다. 자신이 추진한 정책이 실패할 경우 재선될 가능성이 거의 없기 때문이다. 그래서 민주국가의 집권자는 이길 수 있다고 판단되는 전쟁에만 참전한다. 미국과 소련이 경쟁하던 냉전 시기에 미국과 북대서양조약기구(NATO)의 동맹국들은 소련과 대립한 여러 번의 분쟁 위기에서 매번 협상을 통해 타협안을 이끌어 냈다. 승자연합의 규모가 큰 민주국가들은 전쟁에서의 승리를 거의 확신하지 않으면 전쟁을 선포할 가능성이 아주 낮기 때문이다.[10]

4. 청중비용

피어론(James Fearon)은 국제적 분쟁이 발생한 상황에서 민주국가 지도자가 군사동원령을 내리거나 준전시상태를 선포하는 등의 위협적인 선언이나 행동을 경쟁국을 상대로 할 경우 그 지도자는 국내정치적 청중비용(audience cost) 때문에 실제로 그 선언이나 행동을 중도에 철회할 가능성이 독재국가 지도자에 비해 훨씬 낮다고 주장한다.[11]

민주국가 지도자가 군사적 위기 상황에서 경쟁국에 대해 무력사용과 같은 위협적 선언을 할 경우 군사적 행동을 실제로 이행하게 될 가능성이 독재국가 지도자에 비해 훨씬 높다는 것이다. 여기서 청중비용은 민주국가 지도자가 경쟁국에 대해 군사적 위협을 가하며 위기상황을 고조시키다가 어느 시점에 가서 입장을 바꿔 위협을 철회할 때 자국의 유권자들로부터 받게 될 정치적 비용을 의미한다. 이러한 청중비용은 민주국가 지도자에게는 큰 부담이 되지만 독재국가 지도자에게는 별 의미가 없다는 것이다.

민주국가 지도자는 국민이 위기상황에서의 자신의 지도력을 감시하고 있기 때문에 자신이 위협적인 선언을 할 경우 위기상황이 진행되는 어느 시점에서 경쟁국과 타협을 하거나 경쟁국에 조금의 양보를 통해서 전쟁의 발발을 피할 수 있는 기회를 포착하지 못할 것을 종종 두려워한다고 지적한다. 그 이유는 청중비용 때문이다. 국가들 간의 군사적 위기상황은 양국 국민들에게 노출되며 국민은 이 기회에 자국 지도자의 외교안보 리더십을 목격하게 된다. 따라서 위기상황이 더욱 고조될수록 청중비용은 더 커진다. 즉 군사적 위기의 초기에 지도자가 원래 입장을 철회하고 위기를 해소하기 위해 노력할 경우의 청중비용은 군사적 위기상황이 극도로 고조된 상태에서 위협을 철회하고 위기를 평화적으로 해결하려고 할 때의 청중비용보다 훨씬 낮다.

피어론은 청중비용을 주시할 경우 위기상황이 어떻게 고조될지 또는 해소될지를 예측할 수 있다고 주장한다. 민주국가와 독재국가 사이에 위기상황이 발생하고 민주국가가 더 강한 입장을 취하며 위기를 고조시킬 때 양국 지도자의 국내정치적 비용을 감안할 경우 위기가 전쟁으로 확전되든지 아니면 독재국가가 타협안을 먼저 제시하며 양보할 가능성이 높아진다고 예측한다. 그 반면 양국 간 위기상황이 발생한 이후에 독재국가가 더 위협적으로 위기를 고조시킬 경우 이는 단지 독재자의 허풍(bluff)으로 끝날 수도 있다. 만일 민주국가 역시 강하게 대응할 경우 전쟁으로 확전되든지 아니면 독재자가 위협을 철회하고 타협안을 제시하며 양보할 가능성이 있다. 독재자는 위기가 고조된 어느 시점에서 자신의 입장을 바꾸더라도 국내정치적 비용이 민주국가 지도자에 비해 그리 높지 않기 때문이다.

이와 같이 양국 간 위기상황이 발생할 경우 국내정치적 청중비용의 크기를 분석하면 어느 쪽이 먼저 타협안을 제시할지, 또는 위기상황이 전쟁으로 확전될지 아니면 협상으로 막을 내리게 될지를 예측하는 데 도움이 된다. 민주국가가 군사동원령을 내릴 경우 이러한 군사행동은 믿을 만한 행동인 데 반해, 독재국가가 군사동원령을 내릴 경우 이러한 군사행동은 단지 허풍일 가능성이 높다. 이 경우 독재자는 외교적으로 치욕을 당하겠지만 국내정치적 청중비용은 그리 높지 않아서 정권을 유지하는 데는 별 문제가 없는 경우가 허다하다는 것이다.

1962년 10월에 미국과 소련 간에 발생한 '쿠바 미사일위기' 당시에 케네디(John F. Kennedy) 미국 대통령은 흐루시초프(Nikita Khrushchev) 소련 공산당 서기장을 상대로 핵전쟁의 위협을 불사했다. 청중비용을 이론적 근거로 그 당시 상황을 설명해 보자.[12] 사실 쿠바 미사일위기가 발생하기 18개월 전 케네디 정부가 감행했던 쿠바의 피그스만(Bay of Pigs) 침공은 완전한 실패였다. 케네디 대통령은 그해 6월에 흐루시초프 서기장과 오스트리아 비엔나에서 정상회담을 개최했다. 흐루시초프 서기장은 비엔나 정상회담에서 케네디 대통령이 나약한 지도자라고 판단하게 되었다. 정상회담 후에 케네디 대통령은 "흐루시초프가 나를 곤경에 빠트렸다 … 내 생애 최악의 날이다"라고 언급할 정도로 흐루시초프에게 나약하게 보였다는 것이다. 이에 반해 흐루시초프는 "아주 만족한 정상회담이었다 … 케네디 대통령은 국제문제를 평화적으로 해결하려고 하고 소련과 분쟁에 연루되고 싶어하지 않는다"라고 언급했다고 한다. 비엔나 정상회담에서 흐루시초프 서기장은 케네디 대통령을 "이리저리 데리고 노는 격"이 된 것이다. 그러다 보니 흐루시초프는 쿠바에 소련의 미사일 기지를 건설해도 미국이 강경한 입장을 취하지 않을 것이라는 확신을 하게 되었다.

1962년 10월 미국은 소련이 쿠바에 미사일 기지를 건설 중에 있다는 사실을 알게 되었고, 케네디 대통령은 대(對) 국민 텔레비전(TV) 담화를 통해 소련이 쿠바의 미사일 기지를 완전히 폐쇄하고 소련군이 쿠바에서 모두 철수할 것을 요구했다. 그리고 소련의 미사일 추가배치를 막기 위해서 쿠바 해상봉쇄(naval blockade)를 선언하고 소련의 배(ship)들이 봉쇄 라인(line)을 침범할 경우 격침시킬 것이라고 단언했다. 비엔나 정상회담에서 흐루시초프 서기장에게 본인이 나약하게 보였을 수도 있음을 파악한 케네디 대통령이 미국 국민에게 자신의 대소련 강경입장을 천명함으로써 스스로 자신의 청중비용을 최고조에 달하게 만들었다. 다음 날 흐루시초프 역시 미군 함정이 소련의 배를 봉쇄하려고 할 경우 미군 함정을 격침시킬 것이라고 위협했다. 미 · 소 간의 해상충돌은 핵전쟁으로 확전될 것이 뻔한 상황이었다. 결국 소련의 배들이 해상봉쇄 라인을 넘지 않고 멈췄으며 미 · 소 간의 쿠바 미사일위기는 해소되기 시작했다.

만일 케네디 대통령이 공개적으로 소련에 위협적인 선언을 하고 위기를 조성한 후에 어느 시점에서 스스로 자신의 강경입장을 철회했었다면 그는 막대한 국내정치적 대가, 즉 청중비용을 부담해야 했을 것이다. 케네디 대통령은 자신이 나약하다는 평판을 전 세계에 각인시키고 미국에게 외교적 치욕을 안기게 되었을 뿐 아니라 국내 유권자들로부터 버림을 당해서 당시 3주 후에 있었던 중간선거에서 민주당은 대패했을 것이다. 케네디 대통령의 친동생인 로버트 케네디 당시 법무장관은 『13일간의 위기』에서 케네디 대통령이 강경한 입장을 행동에 옮기지 않았더라면 아마도 탄핵을 당했을 것이라고 회고했다. 이와 같이 케네디 대통령은 자신이 공개적으로 강경한 입장을 선언함으로써 자신의 청중비용을 높여 놓았기 때문에 소련과의 핵전쟁을 불사하고라도 자신의 선언을 중도에 철회하지 않고 끝까지 행동으로 밀고 나갈 태세를 보일 수밖에 없었다.

흐루시초프 서기장은 자신보다는 케네디 대통령이 청중비용에 더 민감할 것이라는 것을 알고 있었을 것이다. 더구나 흐루시초프는 국내정치적으로 중간선거에 직면한 케네디 대통령의 핵전쟁 불사위협을 '믿을 만한'(credible) 위협으로 간파했을 것이다. 케네디 대통령의 청중비용은 흐루시초프가 굴복하지 않는다면 양국 간에 핵전쟁을 치러야 할 가능성이 아주 높아진다는 무언의 신호를 보내는 것과 같은 효과를 발휘했다. 이는 결국 양국 간의 핵전쟁가능성을 낮추는 데 결정적인 역할을 했다고 할 수 있다.

피어론은 국내정치적 고려의 대상으로 유권자들만 고려하는 반면, 슐츠(Kenneth Schultz)는 유권자들 이외에 국내정치적 경쟁자들을 포함한다. 국내정치적 경쟁자들은 차기 선거에서 유리한 고지를 점령하기 위해 국가 지도자가 추진하려는 외교정책이 실패할 가능성이 높다고 판단할 경우 그 정책에 반기를 든다. 그 대신 이들은 유권자들에게 대안을 제시하여 득표활동을 한다. 그 반면 현 정부의 외교정책이 성공할 가능성이 높다고 판단될 경우 야당 지도자들은 현 정권의 정책을 지지하고 나서는 경향이 있다. 성공한 정책을 옹호한 정치인들은 유권자들로부터 지지를 받게 되고 반대한 정치인들은 인기가 떨어진다는 사실을 잘 알고 있다. 그래서 현 정부의 정책이 성공할 가능성이 높다고 판단될 경우 야당 정치인들은 정부와 여당이 얻게 될 유권자들의 지지를 최소화하기 위해 정부의 외교정책을 초당적으로 지지하게 된다고 설명한다.[13]

슐츠는 민주국가에서 야당 정치인들이 현 정부의 정책을 초당적으로 지지할 경우 경쟁국에 대해서 두 가지 효과를 발휘한다고 주장한다. 먼저, 민주주의 지도자는 청중비용과 더불어 야당의 예상되는 비난과 압력 때문에 자신의 강경한 입장을 중도에 철회할 가능성이 낮아진다. 따라서 국내정치적 불화로 인해 민주국가 지도자가 강경한 입장을 중도에 포기할 수도 있을 것이라는 생각을 경쟁국이 아예 할 수 없게 만드는 확증 효과(confirmatory effect)가 있다는 것이다. 게다가 집권정부는 야당의 반대에 부딪힐 가능성이 아주 높다고 판단되는 위협적 대외정책은 신중하게 판단하여 애초에 추진하지 않을 가능성이 높은 경향이 있고, 그래서 위협적인 외교정책은 대부분 초당적이라고 주장한다. 즉 위기상황하에서 성공이 예상되는 안보정책만 주로 이행하게 된다는 것이다. 그러다 보니 국내정치적 경쟁이 치열한 민주국가가 상대국에 대해 군사적 위협을 제기하는 빈도를 낮추는 억제효과(restraining effect)를 발휘하기도 한다고 지적한다.

그 반면 청중비용과 관련된 주장을 지지하는 역사상 실제로 발생했던 군사위기 사례들을 찾기가 그리 쉽지 않다고 주장하는 학자도 있다. 다운즈와 제히저(Alexander Downes and Todd Sechser)는 청중비용과 관련된 주장을 경험적으로 연구하는 데 활용된 '국가 간 군사분쟁'(Militarized Interstate Disputes) 데이터(data)와 '국제위기행태'(International Crises Behavior) 데이터는 청중비용 연구에 적합하지 못하기 때문에 더 세밀하게 경험적 연구를 할 경우 청중비용과 관련된 주장을 검증하기 어렵다고 지적한다.[14] 이러한 청중비용과 관련된 데이터의 적합성을 극복하기 위해 트라흐텐버그(Marc Trachtenberg)는 사례연구(case study) 결과를 제시한다. 19세기 중반부터 최근까지 발생한 군사위기 사례 중 12가지를 선정해서 사례연구를 한 결과, 쿠바 미사일위기 사례에서 청중비용만이 미 · 소 양국 간의 핵전쟁가능성을 낮추는 데 결정적인 역할을 했다고만 할 수 없다고 주장한다. 당시 케네디 대통령은 청중비용을 미리 예상하고 텔레비전(TV) 담화를 한 것이 아니라, 국민에게 위기상황을 설명하고 자신의 정책에 대한 지지를 호소하기 위해서 TV연설을 했을 것이라고 지적한다. 게다가 케네디 대통령이 전략공군지휘부(Strategic Air Command)에 경계경보를 발령한 것과 흐루시초프 서기장에게 비밀협상을 통해 터키(Turkey)에 배치된 주피터(Jupiter) 미사일을 철수할 것을 약속한 사실도 미 · 소 간 핵전쟁 일촉즉발 상황이었던 쿠바 미사일위기 상황에

서 소련이 먼저 한발 물러서도록 하는 데 영향을 미쳤을 것이라고 서술한다.[15]

웍스(Jessica Weeks)는 청중비용이 민주국가에서만 발생하는 것이 아니라 비민주국가에서도 발생한다고 주장한다. 비민주국가에서도 권위주의 지도자나 독재자를 지지하는 엘리트 그룹이 적으나마 존재하며, 이들은 자신들의 이해관계에 심각한 위협을 주는 사안에 관해서는 서로 협조하여 위기상황에서의 지도자의 실책에 대해 처벌하기도 한다고 지적한다. 또한 이러한 가능성을 상대국에서도 관찰할 수 있기 때문에 권위주의 국가나 독재국가에서도 청중비용의 효과가 나타나기도 한다는 것이다. 하지만 웍스는 예외가 있다고 언급한다. 독재자 자신을 지지하는 엘리트들이 서로 협조하여 자신의 권위에 도전하는 것을 미연에 방지하는 수단을 보유한 지도자, 예를 들어 이라크의 사담 후세인(Saddam Hussein), 북한의 김정일과 같은 독재자에게는 청중비용이 없다고 주장하기도 한다.[16]

포터와 바움(Philip Potter and Matthew Baum)은 청중비용이 민주국가에만 적용되고 비민주국가에는 적용되지 않는 것이 아니라 특정 국가의 국내정치제도의 차이에 따라 청중비용의 적용 가능성이 정해진다고 주장한다. 다시 말해 지도자가 청중의 선호에 반하는 정책을 추진하면서 이를 숨기려고 할 경우 야당 정치인들이 내부 고발(whistle-blowing)할 수 있는 자유로운 미디어 환경이 조성되어 있는 정치제도인지, 그리고 국민이 이러한 야당의 고발과 같은 정보에 쉽게 접근할 수 있는 정치제도인지에 따라 청중비용의 적용 가능성을 가늠해 볼 수 있다고 지적한다.[17]

주

1 전략적 시각의 대표적인 국제관계이론 교과서로 Bruce Bueno de Mesquita, *Principles of International Politics,* 5th ed. (Los Angeles : CQ Press, 2014); 김우상 · 김재한 · 황태희 외 공역, 『세계정치론』(서울 : 카오스북, 2015).

2 Robert Putnam, "Diplomacy and Domestic Politics : The Logic of Two-level Games," *International Organization*, 42(1988), pp.427-460.

3 Bruce Bueno de Mesquita, *op. cit.*; Bruce Bueno de Mesquita and Alastair Smith, *The Dictator's Handbook* (New York : Public Affairs, 2011).

4 청중비용에 관해서 James Fearon, "Domestic Political Audiences and the Escalation of International Disputes," *American Political Science Review*, 88 (1994), pp.577-591 참조.

5 지대추구 이론에 관해서 David Lake, "Powerful Pacifists : Democratic States and War," *American Political Science Review*, 86(1992), pp.24-36.

6 Bueno de Mesquita and Smith, *op. cit.*, ch.3.

7 *Ibid.*, ch.1.

8 *Ibid.*, ch.1, ch.3.

9 *Ibid.*, ch.2.

10 *Ibid.*, ch.9.

11 Fearon, *op. cit.*

12 김우상 · 김재한 · 황태희 외, *op. cit.*, 제6장 참조.

13 Kenneth Schultz, "Domestic Opposition and Signaling in International Crises," *American Political Science Review*, 92(1998), pp.829-844; Kenneth Schultz, *Democracy and Coercive Diplomacy* (Cambridge : Cambridge University Press, 2001).

14 Alexander B. Downes and Todd S. Sechser, "The Illusion of Democratic Credibility," *International Organization*, 66(2012), pp.457-489.

15 Marc Trachtenberg, "Audience Costs : An Historical Analysis," *Security Studies*, 21(2012), pp.3-42.

16 Jessica L. Weeks, "Autocratic Audience Costs : Regime Type and Signaling Resolve," *International Organization*, 62(2008), pp.35-64.

17 Philip P.K. Potter and Matthew A. Baum, "Looking for Audience Costs in all the Wrong Places : Electoral Institutions, Media Access, and Democratic Constraint," *Journal of Politics*, 76(2014), pp.167-181.

게임이론

1. 죄수의 딜레마 게임

전략적 사고(strategic thinking)란 한 행위자가 주어진 상황하에서 자신에게 가장 유리한 선택을 하려고 할 때, 그 상황을 상대방과 상호작용하는 게임으로 간주하여 판단하는 것을 의미한다. 자신이 대적하는 상대가 하나든 여럿이든 간에 그들이 자신의 선택에 대한 대응으로 취하게 될 것으로 예상되는 행동이나 대안을 미리 고려한 후 최종적으로 자신에게 가장 유리한 결과를 가져올 것으로 판단되는 대안을 선택하는 것이다.

전략적 사고에 근거하여 행위자들의 대안 선택이나 정책결정을 가장 잘 설명하고 예측할 수 있는 분석틀 중 하나가 바로 게임이론이다.[1] 게임이론을 소개할 때 가장 빈번하게 사용되는 것으로 죄수의 딜레마(Prisoners' Dilemma : PD) 게임을 꼽을 수 있다. 죄수의 딜레마 게임을 간단히 소개해 보자. 마약밀매 지하조직단이 살인사건에 가담했다. 이들 중 단지 하수인에 불과했던 두 사람은 며칠 후 길거리에서 마약을 팔다가 잠복경찰관에게 체포되었다. 마약밀매 조직을 일망타진하기 위한 경찰은 이들 두 마약밀매범에게 자신들의 협조 여하에 따라 발생할 수 있는 세 가지 상황에 대해 다음과 같이 설명한다.

첫째, 두 사람 중 어느 한 사람이 밀매조직 전체를 검거할 수 있도록 살인사건 전모를 밝히는 데 협조하고 증언을 해 주면 그 사람을 석방하고 새로운 신분을 가지고 여생을 잘 살아갈 수 있도록 해 주겠다고 약속한다. 이에 반해 자신이 속한 특정 밀매조직이 살인사건과 연루된 것을 계속 부인하는 다른 한 죄수는 그 살인사건의 죄를 모두 뒤집어쓰고 사형을 당하게 되어 있음을 알려 준다. 둘째, 두 죄수가 모두 경찰에 협조하여 증언대에 설 경우 두 죄수는 정상참작이라는 명목하에 사형에서 장기징역으로 감해질 것임을 알려 준다. 셋째, 두 죄수가 끝까지 경찰에 협조하지 않을 경우에는 경찰의 증거부족으로 인해 자신들은 마약밀매에만 해당되는 정도의 단기징역에 처해질 것임을 암시한다.

〈그림 3-1〉은 위에서 묘사한 죄수의 딜레마 게임을 나타낸다. A와 B는 두 죄수를 나타내고, 이들은 각각 서로 협력하여 조직원들 간에는 절대 서로를 배반하지 않는다는 '범죄조직의 맹세'를 지킬 것인지, 아니면 자신의 조직원을 배반할 것인지 두 가지 중 하나를 선택해야 하는 상황에 처해 있다. 만일 B는 협력하는데 A가 배반을 하면 A는 석방(DC)되고 B는 사형(CD)을 당하게 된다. 만일 A와 B가 모두 협력하게 되면 A와 B 모두 단기징역(CC)을 살게 된다. 만일 A와 B가 모두 배반하면 둘 다 장기징역(DD)을 살게 되고, B는 배반하는데 A가 협력하면 A는 사형을 당하고 B는 석방된다. 여기서 A는 단기징역(CC)보다는 석방(DC)을, 장기징역(DD)보다는 단기징역(CC)을, 사형(CD)보다는 장기징역(DD)의 결과를 더 선호한다. 즉, A의

〈그림 3-1〉 죄수의 딜레마 게임

		B	
		협력(C)	배반(D)
A	협력(C)	CC, CC	CD, DC
	배반(D)	DC, CD	DD, DD

선호도 : DC > CC > DD > CD

선호도는 DC 〉 CC 〉 DD 〉 CD이다. 위의 게임은 대칭적 게임이기 때문에 B의 선호도도 마찬가지라고 생각하면 된다.

이러한 상황에 놓인 두 죄수는 서로에 대한 신뢰나 확신이 있다면 서로 협력할 수도 있다. 그러나 한편으로는 한쪽이 상대방의 협력을 확신한다면 자신은 배반함으로써 최선의 결과(DC)를 얻게 될 수도 있다는 사실에 고민한다. 그러다가 만일 둘 다 배반하게 되면 두 번째로 나쁜 결과인 DD를 초래할 수도 있기 때문에 불안을 느낀다. 두 죄수는 체포된 이후부터 한 번도 서로 마주칠 기회가 없었고, 서로 다른 방에 감금되어 있었기 때문에 이 문제에 대해 서로 상의할 수 없는 처지에 있었다. 그러다 보니 두 죄수는 협력해야 할지 배반해야 할지를 쉽게 결정하지 못하고 딜레마에 빠져 있는 것이다.

죄수의 딜레마 게임에서 두 죄수는 어떠한 선택을 할 것이며, 그 결과는 무엇인지가 궁금하다. 게임이론에서는 균형점을 통하여 그 결과를 예측할 수 있다. 여기서 소개하고자 하는 균형점이라는 개념은 비협조(non-cooperative) 게임에서 가장 기초적인 균형점 개념으로 '내시 균형'(Nash equilibrium)이라고 한다. 균형은 주어진 게임 상황에서 상대방이 선택을 하였을 때, 자기 혼자만이 선택을 바꾸어 더 선호하는 결과를 얻을 수 없는 상태를 말한다.

다시 말해 두 행위자가 각각 선택을 하여 자신들이 얻게 될 보상(payoff) 결과를 알게 되었을 때, 자신들의 선택을 다시 바꾸더라도 현재보다 더 나은 보상결과를 기대할 수 없는 상태, 그래서 두 행위자 모두 이미 결정한 선택을 바꾸려는 의도가 전혀 없는 상태를 말한다. 죄수의 딜레마 게임에서는 이러한 균형점이 한 군데 있다.[2] 두 죄수 모두 배반(D)이라는 선택을 하였을 때 두 죄수는 모두 장기징역(DD)이라는 결과를 얻게 된다. 이와 같이 죄수의 딜레마 게임을 한 번 할 때, 두 죄수 모두 배반하는 경우가 바로 균형점이다.

두 죄수가 모두 배반하는 경우가 정말 균형상태인지 한 번 따져보자. 죄수 A는 죄수 B가 배반(D)을 선택하였다는 사실을 알았을 때, 배반(D)이라는 선택에서 협력(C)이라는 선택으로 바꿀 경우 자신은 최악의 보상인 CD를 얻게 된다. A의 경우 DD를 CD보다는 더 선호하기 때문에 설령 B가 배반(D)을 선택한 사실을 알더라도 자신의 선택을 다른 것으로 바꿀 의도가 전혀 없다. 죄수 B의 경우도 마찬가지이다. 설령 A가 배반(D)을 택했다는 것을 안다고 하더라도 자신이 취한 선택을 배반(D)에서 협력(C)으로 바꿀 의사가 전혀 없다. 두 죄수 A나 B가 일단 배반(D)이라는 선택을 한 상태에서는 상대방이 어떤 선택을 했는지 알게 되더라도 자신의 선택을 바꿀 의사가 전혀 없음을 알 수 있다. 이러한 상태가 바로 균형상태이다.

(DD, DD)가 죄수의 딜레마 게임에서 유일한 균형점이다. 예를 들어 A와 B 둘 다 협력하는 경우는 균형점이 아니다. 이 경우는 A와 B 둘 다 CC를 얻게 된다. 그러나 만일 A의 경우 B가 협력(C)이라는 선택을 하였다는 사실을 알게 되었고 자신에게만 선택을 다시 한 번

더 할 기회가 주어진다면 A는 협력(C)에서 배반(D)으로 자신의 선택을 바꾸려고 할 것이다. 왜냐하면 현재는 CC를 얻게 되지만 배반(D)으로 선택을 바꿀 경우 자신이 제일 선호하는 DC를 얻을 수 있기 때문이다. B의 경우도 마찬가지이다. 만일 A가 협력(C)을 선택한 사실을 안다면 B 또한 협력(C)에서 배반(D)으로 선택을 바꿀 의사가 있다. B 역시 CC보다는 DC를 선호하기 때문이다. 즉 A와 B가 모두 협력하는 경우는 균형상태가 아닌 것이다. 죄수의 딜레마 게임에서는 이와 같은 균형점이라는 개념에 의거하여 두 죄수가 서로를 배반할 것임을 예측할 수 있다.

죄수의 딜레마 게임에는 '우위전략'(dominant strategy)이 있다. 우위전략이라 함은 상대 행위자가 어떠한 선택을 하든지 상관없이 자신이 취할 수 있는 유리한 선택이 존재하는 경우에 그 유리한 선택을 취하는 전략이다. 죄수의 딜레마 게임에서는 A와 B 두 죄수 모두 상대방이 어떤 선택을 하든지 상관없이 자신에게 유리한 선택이 존재한다. A의 경우 만일 B가 협력(C)을 선택한 사실을 안다면 자신은 배반(D)을 선택할 것이다. 자신은 CC보다 DC를 더 선호하기 때문이다. 만일 B가 배반(D)을 선택한 사실을 안다고 하더라도 A는 배반(D)을 선택할 것이다. 자신은 CD보다는 DD를 더 선호하기 때문이다. 즉 B가 협력(C)을 선택하든 배반(D)을 선택하든 상관없이 A는 배반(D)을 선택하는 것이 더 유리하다. 그래서 A의 우위전략은 배반(D)을 선택하는 것이다. B의 경우도 마찬가지로 A가 어떤 선택을 하든 상관없이 배반(D)하는 것이 더 유리하다. 어떤 게임이든 간에 두 행위자 모두 우위전략이 있어서 그 전략을 취할 경우 그 상태는 균형상태가 된다. 그 반대로 균형상태라고 해서 반드시 우위전략을 취한 경우는 아니다. 죄수의 딜레마 게임에서는 두 죄수 모두에게 우위전략이 존재하고, 우위전략을 취한 경우가 균형상태이다.

죄수의 딜레마 게임을 반복해서 되풀이할 경우에는 균형점이 달라질 수 있다. 엑슬로드(Robert Axelrod)는 두 행위자가 죄수의 딜레마 게임을 반복적으로 할 때, 첫 회에서 상호간에 협력을 선택하고, 그 다음 회부터는 '팃-포-탯'(tit-for-tat) 전략을 사용하되 한두 번 정도는 상대방이 배반하더라도 용서하고 협력으로 대응하면 반복적인 게임이 끝났을 때 종합적으로 최선의 결과를 얻을 수 있다고 주장한다. 팃-포-탯 전략은 상대방이 바로 직전에 자신에게 취한 행위와 똑같이 대응하는 전략이다. 상대방이 바로 직전의 게임에서 협력하였으면 자신도 이번 게임에서 협력하고, 상대방이 지난번 게임에서 배반하였으면 자신은 이번 게임에서 배반행위로 대응하는 '눈에는 눈, 이에는 이'의 전략이다.

다운스, 로크, 시버슨(George Downs, David Rocke and Randolph Siverson)은 '불완전정보'(incomplete information)하에서 죄수의 딜레마 게임을 여러 차례 진행할 경우에는 '수정된 팃-포-탯' 전략이 가장 좋은 전략이라고 주장한다. 수정된 팃-포-탯 전략은 게임의 첫 회에서는 서로 협력하고, 그 다음 회부터는 상대방의 바로 직전 행위에 똑같이 대응하되 만일 상대방이 바로 직전에 배반하였을 경우 배반으로 대응하는 확률을 1/2로 한다는 것이다. 상대가 배반하였더라도 반 정도는 배반으로 대응하고 반 정도는 협력으로 대응한다는 것이다. 현재로서는 배반이 더 유리하지만 미래의 지속적인 관계를 위해서 협력할 수도 있다는 것이다.[3]

이와 같이 〈그림 3-1〉의 죄수의 딜레마 게임에서 두 행위자 A와 B가 한 번의 게임만 하는 것이 아니라 같은 게임을 다수 반복해야 할 경우, (DD, DD)는 더 이상 지속적으로 균형점이 되지 않을 수도 있다. 게임을 반복해서 한다고 하더라도 균형점이 (DD, DD)에서 왼쪽 (DC, CD)로 옮겨가서 오랫동안 머물거나 위쪽 (CD, DC)로 옮겨가서 오랫동안 유지될 가능성은 없다. 〈그림 3-1〉에서 (DD, DD)의 왼쪽으로 옮겨가서 유지되는 것에는 B가 반대할 것이고, 위쪽으로 옮겨가서 오랫동안 지속될 가능성에 대해서는 A가 반대할 것이기 때문이다. 그러나 균형점이 (DD, DD)에서 (CC, CC)로 옮겨가서 계속 유지되는 것에 대해서는 두 행위자 모두 반대할 이유가 없다.

A와 B 모두 DD보다는 CC를 선호하기 때문에 두 행위자가 동시에 DD보다 나은 CC의 보상을 얻을 수 있게 된다면 이는 '파레토 최적'의 조건을 만족시키는 결과다. 그래서 A와 B는 이미 선택한 배반(D)전략을 협력(C)전략으로 바꿀 의도가 생기는 것이다. 죄수의 딜레마 게임을 계속해서 반복할 경우, (CC, CC)가 오랫동안 유지되는 균형점이 될 가능성이 높다는 의미다. 특히 A와 B가 직접 대화를 할 수 있어서 자신의 의도를 상대에게 전달할 수 있다거나, 직접 대화는 못한다고 하더라도 자신이 직전 게임에서 선택한 전략으로 상대방에게 자신의 협력 의도를 전달하려고 시도하여 상대방이 이러한 의도를 간파하게 할 경우 두 행위자는 서로 협력을 도출해 내고 이러한 협력 상황은 계속 유지될 가능성이 높은 것이다.

다음으로 '미니맥스'(minimax) 전략은 최소한 최악의 상황을 벗어나기 위한 전략이라고 할 수 있다. 죄수의 딜레마 게임의 경우 A가 협력(C)을 택했을 때 A에게 일어날 수 있는 최악의 상황은 CC와 CD 중 CD를 얻게 되는 것이다. A가 배반(D)을 했을 때 A에게 일어날 수 있는 최악의 상황은 DC와 DD 중 DD를 얻게 되는 경우이다. 이러한 두 최악의 상황들 중 CD를 얻게 되는 경우보다는 DD를 얻게 되는 경우를 더 선호한다. 그래서 미니맥스 전략에 의하면 A는 배반(D)을 선택한다. 죄수의 딜레마 게임은 대칭게임이기 때문에, 즉 A와 B가 처한 상황이 동일하기 때문에 B의 미니맥스 전략도 A와 마찬가지로 배반(D)을 선택하는 것이다.

2. 비겁자 게임

비겁자 게임은 치킨 게임(chicken game)이라고도 불린다. 〈그림 3-2〉가 비겁자 게임을 나타낸다. 비겁자 게임을 간단히 소개하면 다음과 같다. 같은 대학에 다니는 두 학생 A와 B가 새벽에 인적이 드문 길에서 서로를 향해 차를 몰고 돌진하는 게임을 하기로 했다. 인적이 드문 큰길에 A와 B를 따르는 친구들이 모여 이 게임을 지켜보고 있다. A와 B는 서로를 향해 정면으로 계속 차를 몰고 오든지 아니면 오른쪽으로 차의 핸들을 돌려 직진해 오는 상대방의 차를 피할 수 있다. 둘 다 직진하여 충돌하면 두 사람 모두 죽게 된다(DD). 한 사람이 직진하는 반면, 다른 한쪽이 핸들을 먼저 돌려서 피하면 둘 다 살게 되지만 직진한 사람은 친구들의 영웅이 되고(DC), 핸들을 먼저 돌려 피한 사람은 비겁자라고 놀림을 받게 된다(CD). 두 사람이

〈그림 3-2〉 비겁자 게임

		B	
		피함(C)	직진함(D)
A	피함(C)	CC, CC	CD, DC
	직진함(D)	DC, CD	DD, DD

선호도 : DC > CC > CD > DD

동시에 핸들을 돌려 서로를 피할 경우에는 두 사람 모두 영웅 대접은 받지 못하지만 그렇다고 비겁자라는 놀림을 받지는 않는다(CC). 친구들이 이렇게 위험한 게임에 참가한 두 사람의 용기를 인정할 것이기 때문이다. 이 게임에서 두 사람의 선호도는 DC 〉CC 〉CD 〉DD가 된다. 여기서 비겁자 게임과 죄수의 딜레마 게임은 선호도의 차이 이외에는 흡사하다. 죄수의 딜레마 게임에서는 CD보다 DD를 더 선호하는 반면, 비겁자 게임에서는 DD보다 CD를 더 선호한다.

비겁자 게임에서 균형점은 한 사람이 직진하는 반면, 다른 한 사람은 피하는 경우이다. 이 게임에서는 균형점이 두 개가 있다.[4] A가 직진하고 B가 피하는 경우와 B가 직진하고 A가 피하는 경우이다. 위의 두 결과 중 어떤 상황이 일어날 것인지를 예측하는 데는 A와 B의 이전의 행위, 이전에 추구해 오던 정책이나 전략, 여태까지 쌓아 온 자신들의 평판 등이 중요한 정보가 될 수 있다.

서로 마주 보고 차를 달리는 게임을 하기 위해서 차를 타러 주차장으로 걸어가면서 A는 B가 들을 수 있는 목소리로 다음과 같은 내용에 관해 중얼거린다고 하자. "A 자신은 공부에 취미가 없어 제적을 당할 상황에 놓여 있고, 게다가 결혼을 약속했던 애인마저 자신을 떠나버렸기에 몇 달 전에 자살을 기도했지만 겨우 살아났다. 이제 자신의 처지는 더 이상 나아질 것이 없다. 오늘같이 멋지게 자살할 수 있는 날만을 기다려 왔다"는 등의 넋두리로 B에게 간접적으로 위협을 한다고 하자. 부유한 가정에서 자란 우등생이고 결혼할 애인과 함께 대학 졸업 후 유학갈 준비까지 거의 마친 단계에 있는 B라면 A의 위협은 단지 허풍이 아니라 믿을 만한 위협으로 들릴 수 있다.

A 또한 B가 부유한 가정에서 자란 우등생이고 유학갈 준비까지 거의 마친 사실을 알고 있다고 하자. 이러한 경우 비겁자 게임에서의 결과는 두 가지 균형점 중 A가 직진하고 B가 핸들을 돌리는 경우

가 될 것임을 쉽게 예측할 수 있다. 다시 말해 비겁자 게임의 경우 두 행위자에 관한 사전 정보를 서로가 얼마나 가지고 있으며, 그러한 정보가 얼마나 믿을 만한 정보인지에 따라 두 행위자 중 한쪽에 유리한 결과를 유도할 수 있다. A가 예전부터 잘나가는 '짱'이라고 소문나 있고, B는 예전부터 허풍쟁이라는 별명을 가지고 있다는 사실을 서로가 잘 알고 있는 상황이라면 비겁자 게임의 결과는 쉽게 예측될 수 있다.

3. 전개형 게임

위의 비겁자 게임은 두 행위자가 동시에 선택을 해야 하는 '동시(simultaneous) 게임'이다. 그러나 실제 협상과정에서는 두 행위자의 선택이 순차적으로 일어난다고 볼 수도 있다. 남한과 북한 간의 협상의 경우 북한이 자신의 선택을 결정한 후 남한이 이에 대응하여 선택을 한다든지, 남한이 먼저 선택한 후 북한이 대응한다고 볼 수도 있다. 이러한 상황을 '순차적(sequential) 게임'으로 나타낼 수 있다. 순차적 게임을 '전개형(extensive-form) 게임'이라고도 한다.

여기서는 한국, 미국, 일본 등이 북한에 대응하는 핵사찰 게임의 예를 들어보기로 하자. 이러한 게임에서는 두 행위자 간의 인식의 차이가 게임의 결과에 중요한 영향을 미칠 수 있다. 1993년부터 시작된 제1차 북핵위기가 1994년 10월 미국과 북한 간의 '제네바 합의'를 통해 해소될 기미를 잠시나마 보였던 때까지 북한 핵사찰을 둘러싼 협상상황을 두 개의 전개형 게임을 통하여 분석해 보기로 한다. 첫 번째 전개형 게임에서는 두 행위자가 '완전정보'하에서 게임을 하는 것으로 가정한다. 두 행위자가 서로에 관한 모든 정보를 공유한다는 것이다. 완전정보하에서는 게임의 결과를 좌우할 수도 있는 두 행위자 간의 인식의 차이가 존재하지 않는 경우이다. 두 번째 게임에서는 불완전정보하에서 전개형 게임을 하는 경우를 소개하고자 한다. 불완전정보하의 게임에서는 인식의 차이가 매우 중요하다.

먼저 완전정보하의 전개형 게임을 보자. 이 게임에서는 북한이 하나의 행위자이고, 한국과 미국, 중국을 포함한 국제사회가 또 하나의 다른 행위자라고 가정한다. 이들 두 행위자—북한과 국제사회—간의 핵사찰 게임에는 여러 가지 형태의 전개형 게임이 있을 수 있다. 예를 들어 국제사회가 먼저 선택을 하고 난 뒤, 북한이 선택을 하고, 두 행위자 간의 이러한 순차적 선택이 여러 차례 계속되는 게임을 생각해 볼 수 있다. 이와 유사한 여러 가지 게임들 중 제일 간단한 전개형 게임 하나를 아래와 같이 가정해 보기로 한다. 〈그림 3-3〉은 이러한 간단한 전개형 게임을 나타낸다.

〈그림 3-3〉 완전정보하의 전개형 게임

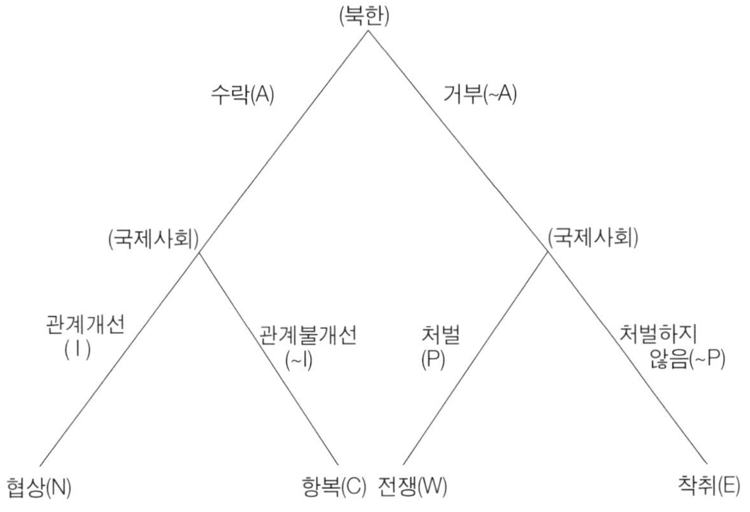

이 게임은 국제사회가 북한에 영변 핵시설에 대한 특별사찰을 수락할 것을 요구하면서 시작된다. 북한은 국제사회의 이러한 요구를 수락하든지(accept, A), 아니면 이러한 요구를 거부하든지(~A) 두 가지 선택 중 하나를 택할 수 있다. 북한이 선택을 하면, 국제사회는 북한의 선택에 대해 각각 두 가지 방법으로 대응할 수 있다고 가정한다. 즉, 북한이 핵사찰을 수락한 경우, 국제사회는 북한의 협조적 행위에 대한 보상으로서 북한과 관계개선을 하든지(improve, I) 아니면 관계개선을 하지 않든지(~I) 두 가지 경우 중 하나를 택할 수 있다고 하자. 만일 국제사회가 관계개선을 하면 이 게임의 결과는 성공적 협상(negotiation, N)이 되고, 관계개선을 하지 않을 경우 북한이 항복(capitulation, C)하는 결과를 초래하게 된다.

이에 반해 북한이 국제사회의 요구를 수락하지 않을 경우(~A) 국제사회는 북한에 대해 제재를 가함으로써 처벌하거나(punish, P) 북한에 대해 아무런 제재도 가하지 않을(~P) 수 있다. 만일 북한에 대해 제재를 가하면 그 결과는 전쟁(war, W)과 같은 상황을 초래하게 되고, 만일 국제사회가 아무런 제재를 가하지 않으면 북한이 이 게임에서 국제사회를 상대로 원하는 것을 얻어 내는—다른 표현으로 착취하는(exploit, E)—결과를 초래한다고 가정한다. 이러한 핵사찰 게임 상황이 〈그림 3-3〉에 잘 나타나 있다.

핵사찰 게임을 분석하기 위해서는 먼저 두 행위자—북한정권과 국제사회—의 네 가지 결과들에 대한 선호도를 알아야 한다. 북한정권이 네 가지 결과들 중 어떠한 결과를 가장 선호하는지 생각해 보자. 북한은 항복(C)보다는 착취(E)를 당연히 더 선호할 것이다. 두 번째, 북한이 항복(C)보다는 협상(N)을 더 선호한다고 볼 수 있다. 북한이 만일 핵사찰을 수용하는 경우에는 반드시 관계개선이라는 보상을 받게 되는 결과를 그러한 보상을 받지 못하는 결과보다 더 선호할 것임이 틀림없다. 세 번째, 북한은 전쟁(W)보다는 착취(E)를 더 선호한다. 국제사회의 핵사찰 요구를 거부하고도 국제사회로부터 아무런 제재도 받지 않는 결과를 당연히 선호할 것이기 때문이다.

또한 항복(C)과 전쟁(W) 간의 비교는 간단하다. 북한의 지도자가 강경파라면 당연히 항복(C)이라는 결과보다는 전쟁(W)을 더 선호할 것이다. 다음 협상(N)과 착취(E) 간의 비교를 해 보자. 북한 지도자가 온건파가 아니라 강경파라면 협상(N)보다는 착취(E)를 선호한다고 가정할 수 있겠다. 강경파는 핵사찰을 수용하는 대가로 관계개선의 보장을 받는 것보다는 국제사회로부터의 아무런 제재 없이 핵사찰을 회피할 수 있는 결과를 더 선호한다고 가정한다.

그러나 협상(N)과 전쟁(W) 간의 비교는 그리 간단하지가 않다. 북한 지도자가 강경파라고 하더라도 두 결과를 쉽게 비교하기 어렵다. 더 구체적으로 강경파를 초강경파(strong hawkish)와 준강경파(weak hawkish)의 두 가지 형태로 구분하여 생각해 보자. 만일 이들이 초강경파인 경우는 전쟁(W)의 결과를 협상(N)보다 더 선호한다. 전쟁을 불사하고라도 핵사찰을 거부할 의지가 있는 행위자들이라고 가정한다. 그러나 준강경파인 경우는 협상보다는 착취를 선호하지만 전쟁보다는 협상을 더 선호하는 행위자라고 가정한다. 북한정권의 지도자가 만일 강경파가 아닌 온건파라고 가정한다면 북한은 착취보다 협상을 더 선호할 것이다. 그러나 북한정권의 지도자들이 온건파라고 가정하는 것은 비현실적이기 때문에 여기서는 고려하지 않기로 한다.[5] 위의 네 가지 결과들에 대한 북한정권의 선호도를 정리해 보면 〈표 3-1〉과 같다.

〈표 3-1〉 북한정권 지도자의 선호도

초강경파 : 착취(E) > 전쟁(W) > 협상(N) > 항복(C)
준강경파 : 착취(E) > 협상(N) > 전쟁(W) > 항복(C)

다음으로, 위의 핵사찰 게임의 네 가지 가능한 결과들 중 국제사회가 어떠한 결과를 가장 선호하는지 생각해 보자. 국제사회는 강경, 중도, 온건, 세 가지 입장으로 나누어서 생각해 볼 수 있다. 국제사회는 협상(N)이나 항복(C)의 결과를 전쟁(W)이나 착취(E)의 결과보다 더 선호한다고 가정한다. 국제사회는 북한이 핵사찰을 수용하기를 가장 원한다고 가정한다. 그러나 협상(N)과 항복(C)의 결과를 비교하는 경우는 입장에 따라 선호도가 다를 수 있다. 국제사회가 택할 수 있는 가장 강한 입장은 북한이 핵사찰을 수락하더라도 관계개선을 해 주지 않는 것이다. 다시 말해 국제사회의 입장이 강경대응인 경우, 협상(N)의 결과보다 항복(C)의 결과를 더 선호한다는 것이다. 또한 강경 입장의 경우는 착취(E)보다도 전쟁(W)의 결과를 더 선호한다고 가정한다. 북한이 핵사찰을 수용하지 않을 경우 반드시 제재를 가한다는 강경한 입장을 말한다.

그에 반해 만일 중도적인 입장을 취할 경우는 항복(C)보다는 협상(N)의 결과를, 착취(E)보다는 전쟁(W)의 결과를 더 선호한다고 가정한다. 북한이 핵사찰을 수락할 때는 관계개선을 시도하고, 북한이 핵사찰을 수용하지 않을 때는 반드시 제재를 가한다는 입장이다. 국제사회가 온건한 입장을 취할 경우는 항복(C)보다는 협상(N)의 결과를 더 선호하지만, 전쟁(W)보다는 착취(E)당하는 결과를 더 선호한다고 가정한다. 온건한 입장이란 착취당하는 한이 있더라도 북한과의 전쟁만은 피해야 한다는 입장이라고 할 수 있겠다. 위의 국제사회의 선호도를 정리하면 〈표 3-2〉와 같다.

〈표 3-2〉 국제사회 선호도

강경 입장 : 항복(C) > 협상(N) > 전쟁(W) > 착취(E)
중도 입장 : 협상(N) > 항복(C) > 전쟁(W) > 착취(E)
온건 입장 : 협상(N) > 항복(C) > 착취(E) > 전쟁(W)

이 핵사찰 게임에는 두 가지 유형의 북한정권 지도자와 세 가지 입장의 국제사회를 가정하고 있기 때문에, 유형이 다른 북한정권과 입장이 다른 국제사회 간에 여섯 번의 게임을 상정해 볼 수 있다.

먼저 초강경파 북한정권과 강경 입장의 국제사회 간의 게임을 분석해 보기로 한다. 이와 같은 전개형 게임에서 균형점을 찾는 방법으로 젤텐(Reinhardt Selten)의 '부분게임완벽(subgame perfect) 내시 균형'이라는 개념을 사용하기로 한다.[6] 이 개념은 전략적 사고를 바탕으로 '역진귀납법'을 사용한다. 이러한 개념에 의하면 먼저 북한이 핵사찰을 수락해야 할 것인지 거부해야 할 것인지를 결정할 때, 북한정권은 자신이 선택을 할 경우 국제사회가 어떻게 대응할 것인지를 먼저 예상해 본 후 자신의 선택을 결정한다는 것이다. 북한이 핵사찰을 수락할 경우(A), 국제사회는 협상(N)과 항복(C)의 결과 중에서 선택을 해야 한다는 사실을 북한은 충분히 고려한다. 이러한 상황에서는 강경 입장을 고수하는 국제사회가 협상(N)보다는 항복(C)의 결과를 더 선호하기 때문에 관계개선을 하지 않는 선택(~I)을 할 것이라고 북한은 예상한다. 이러한 경우 북한정권은 항복(C)의 결과가 초래된다는 것을 안다. 이 게임은 완전정보하의 게임이기 때문에 북한이 국제사회의 선호도에 대해서도 다 파악하고 있다고 가정하는 것이다.

그러나 북한이 핵사찰을 거부하는 경우(~A)에는 국제사회는 처벌을 가하든지(P) 아니면 처벌하지 않든지(~P) 두 가지 대안 중 하나를 선택해야 되는데 강경 입장의 국제사회는 착취(E)보다는 전쟁(W)을 더 선호하기 때문에 자신에 대한 처벌을 강행할 것임을 북한정권은 예상한다. 이러한 경우 전쟁(W)의 결과가 초래된다는 것을 북한은 알고 있다. 종합해 보면 북한정권은 핵사찰을 수락할 경우 항복(C)의 결과를, 핵사찰을 수락하지 않을 경우 전쟁(W)의 결과를 예상한다. 초강경파에 의해 주도되는 북한정권으로서는 당연히 항복(C)보다는 전쟁(W)을 선호한다. 그래서 초강경파 북한정권은 핵사찰을 거부하는 결정을 내리게 된다. 이에 대응하여 강경 입장의 국제사회는 북한정권이 예상한 대로 처벌(P)의 선택을 하게 되고, 결국 이 게임은 전쟁(W)이라는 결과를 초래하게 된다.

준강경파인 북한정권과 중도 입장을 고수하는 국제사회 간의 게임의 결과는 어떠한지 위의 첫 번째 게임과 같은 방법으로 분석해 보자. 북한은 자신의 선택을 결정하기 전에 국제사회가 어떻게 대응할 것인지를 먼저 고려한다. 만일 북한이 핵사찰을 수락할 경우(A), 국제사회가 협상(N)과 항복(C)의 결과 중에서 선택을 해야 한다는 사실을 북한은 잘 안다. 이러한 상황에서는 중도 입장을 고수하는 국제사회가 협상(N)을 항복(C)의 결과보다 더 선호하기 때문에 관계개선을 할 것이라고 북한이 판단한다. 이러한 경우 북한은 협상(N)의 결과가 초래된다는 것을 안다.

그러나 북한이 핵사찰을 거부하는 경우(~A)에는 국제사회는 처벌을 가하든지(P) 아니면 처벌하지 않든지(~P) 두 가지 대안 중 하나를 선택해야 되는데 중도 입장의 국제사회는 착취(E)보다는 전쟁(W)을 더 선호하기 때문에 자신에 대한 처벌을 강행할 것임을 북한정권은 예상한다. 이러한 경우, 전쟁(W)의 결과가 초래된다는 것을 북한 정권은 알고 있다.

종합해 보면 북한정권은 핵사찰을 수락할 경우 협상(N)의 결과를, 핵사찰을 수락하지 않을 경우 전쟁(W)의 결과를 예상한다. 준강경파 북한으로서는 협상(N)의 결과를 전쟁(W)보다 더 선호한다. 그래서 준강경파 북한은 핵사찰을 수락하는 결정을 내리게 된다. 이에 대응하여 중도 입장의 국제사회는 북한정권이 예상한 대로 관계개선(I)의 선택을 하게 되고, 그 결과는 협상(N)이 된다. 〈표 3-3〉은 완전정보하의 전개형 게임의 결과를 나타낸다.

〈표 3-3〉 완전정보하의 전개형 게임의 결과

국제사회 입장 / 북한정권 유형	강 경	중 도	온 건
초 강 경 파	전쟁(W)	전쟁(W)	착취(E)
준 강 경 파	전쟁(W)	협상(N)	착취(E)

여섯 가지의 게임의 결과에서 볼 때 북한정권의 유형이 초강경파인 경우는 국제사회가 어떠한 입장을 고수하든지 간에 북한이 핵사찰을 수용할 가능성이 전혀 없음을 보여 준다. 북한정권의 유형이 초강경파일 경우 예상되는 결과는 전쟁(W)과 착취(E) 두 가지 중 하나이다. 그러나 북한정권의 지도자 유형이 준강경파인 경우에는 국제사회가 중도 입장을 고수하면 협상(N)의 결과를 얻을 수 있다. 북한이 핵사찰을 수용하고 국제사회는 북한과의 관계개선을 해 나가는 결과를 얻을 수 있다. 현재 북한 지도자들이 초강경파가 아닌 준강경파에 의해 주도되고 있는 상황이라면 국제사회는 중도적인 입장을

고수해야만 북한 핵문제를 풀어 나갈 수 있음을 암시하는 결과이다.

다음으로, 불완전정보하의 전개형 게임을 고려해 보자. 두 행위자 간의 인식의 차이는 핵사찰 게임 상황을 불확실하게 만들어 더욱 복잡해진다. 만일 북한정권이 어떤 유형인지, 국제사회가 어떤 입장을 고수하고 있는지 등에 대해서 서로 확실한 정보가 없을 때, 또는 국제사회가 중도 입장을 고수한다고 공표하더라도 북한정권이 이를 믿지 못하는 상황일 때, 이러한 불확실성은 핵사찰 게임의 결과에 커다란 영향을 미칠 수도 있다.[7]

위의 완전정보하의 전개형 게임을 북한과 국제사회가 각각 자신은 어떤 유형인지 알지만 상대의 유형에 대해서는 정확히 모르는 상황의 불완전정보하의 전개형 게임으로 변형시켰을 때의 결과를 간략히 소개해 보면 다음과 같다.

만일 북한정권의 유형이 초강경파라면 국제사회의 입장이 어떠하든 간에, 또는 북한이 국제사회의 입장에 대해 어떻게 파악하든 간에 결과는 전쟁(W)이나 착취(E) 둘 중 하나이다. 그러나 북한정권의 유형이 준강경파일 경우 국제사회의 입장에 대한 그들의 인식이 아주 중요하다. 준강경파 북한정권이 국제사회가 중도적인 입장을 고수하고 있다고 믿는 정도가 높아지면 높아질수록 그들이 핵사찰을 수용할 가능성도 높아진다. 국제사회가 실제로 중도 입장을 고수하고 있는지 아니면 온건 입장을 고수하고 있는지는 결과에 별로 중요한 영향을 미치지 못한다는 것이다. 중요한 것은 북한이 국제사회의 입장에 대해 어떻게 인식하고 있는가 하는 것이다. 이러한 결과를 놓고 볼 때 협상(N)의 결과를 성공적으로 유도하기 위해서는 국제사회가 중도 입장을 택하는 것도 중요하겠지만 국제사회가 중도 입장을 고수하고 있다는 사실을 북한정권이 정확히 인식하게 만드는 것도 매우 중요하다는 것이다.

위의 전개형 게임에서는 한국, 미국, 중국, 일본, 러시아 등을 국제사회라는 하나의 행위자로 가정하였다. 사실 이러한 가정은 비현실적이다. 국력, 국가의 이해관계, 정책목표 등 여러 가지 면에서 서로 다른 행위자들을 하나의 행위자로 간주하기에는 무리가 따른다. 물론 국제사회라는 행위자 대신에 한국 또는 미국이 북한과 대치하는 게임으로 바꾸어 놓고 생각해 볼 수도 있겠다.

어쨌든 위의 게임의 결과는 당시 김정일정권의 유형이 준강경파일 때 국제사회가 중도적 입장을 취하면 협상성공이라는 결과를 도출해 낼 수 있음을 보여 준다. 1994년 10월의 제네바 합의는 북한이 핵시설을 동결하고 핵확산금지조약(NPT)에 복귀할 경우 미국이 주도하여 2003년까지 2,000메가와트 규모의 경수로를 북한에 제공하는 것과 경수로 완공 시까지 매년 50만 톤의 중유를 공급하는 것 등의 내용을 담고 있었다.

미국, 한국, 일본은 경수로 건설을 위해 한반도에너지개발기구(KEDO)를 설립하여 경수로를 짓기 시작하였지만 2002년 북한정권이 고농축 우라늄 핵개발을 시인하면서 제2차 북핵위기가 발생했다. 미국은 중유지원을 중단했고, 북한은 NPT 탈퇴와 함께 핵시설을 재가동하기 시작했다. 이로써 1994년 제네바 합의는 완전히 파기되었다.

1 Bruce Bueno de Mesquita, *Principles of International Politics*, 5th ed. (Los Angeles : CQ Press, 2014), pp.31-33; Avinash K. Dixit and Barry J. Nalebuff, *Thinking Strategically* (New York : W.W. Norton & Company, 1991).

2 여기서는 순수전략(pure strategy) 내시 균형만을 고려하고, 혼합전략(mixed strategy) 균형은 고려하지 않기로 한다.

3 Robert Axelrod, *The Evolution of Cooperation* (New York : Basic Books, 1984); George W. Downs, David M. Rocke, and Randolph M. Siverson, "Arms Race and Cooperation," *World Politics*, 38(1985), pp.118-146.

4 여기서도 순수전략 내시균형만을 고려한다.

5 북한정권을 초강경파, 준강경파, 준온건파, 초온건파의 네 가지 유형으로 나누어서 분석한 전개형 게임은 Woosang Kim, "Perception and Strategic Thinking in a Diplomatic Bargaining Process," *Sejong Review*, 3(1995), pp.147-160 참조.

6 Reinhardt Selten, "Reexamination of the Perfectness Concept for Equilibrium Points in Extensive Games," *International Journal of Game Theory*, 4(1975), pp.25-55; 김우상 · 김재한 · 황태희 외, 『세계정치론』(서울 : 카오스북, 2015), 제4장 참조.

7 인식(perception)의 차이가 분쟁의 확산에 미치는 영향을 게임이론으로 분석한 논문으로 Woosang Kim and Bruce Bueno de Mesquita, "How Perceptions Influence the Risk of War," *International Studies Quarterly*, 39(1995), pp.51-65; Woosang Kim, "The Diplomatic Triangle of South Korea, China, and Taiwan," *Issues and Studies*, 32(1996), pp.24-39; W. Kim, *op. cit.*(1995); Woosang Kim, "In Dealing With A Hawkish Rival : Game Theoretic and Empirical Analyses of the Korean Peninsula Case," *Korean Journal of Defense Analysis*, 14(2002), pp.29-50 참조.

제4장

전쟁억지이론과 핵확산이론

1. 핵무기 경쟁과 핵전략의 변천

핵무기는 미국에 의해서 처음으로 사용되었다. 트루먼(Harry S. Truman) 미국 대통령은 1945년 8월 6일 아침 8시 15분경 일본 히로시마에 원자탄을 투하할 것을 명령했다. 나가사키에도 마찬가지로 핵공격을 할 것을 명령했다. 원자탄의 피해를 본 일본은 곧이어 항복을 했고 제2차 세계대전이 종결되었다. 물론 대한민국도 해방을 맞이하였다. 그 이후 여러 차례 위기는 있었지만 핵무기는 아직 사용되지 않고 있다. 1962년 쿠바 미사일위기 때 미 · 소 간에 핵전쟁이 일어날 뻔했지만 미국 케네디(John F. Kennedy) 대통령이 소련 흐루시초프(Nikita Khrushchev) 공산당 서기장을 상대로 위기를 잘 해결해 냈다.

현재 미국, 러시아와 함께 중국, 프랑스, 영국은 5대 핵무기 보유국이다. 인도, 파키스탄, 이스라엘도 사실상(de facto) 핵무기 보유국이다. 북한은 2016년 9월 제5차 핵실험 성공, 2017년 7월 화성 14

호 대륙간탄도미사일 발사시험 성공 및 9월 제6차 핵실험 성공 이후 미국본토를 타격할 수 있는 핵무기를 보유한 사실상 핵무기 보유국으로 자처하고 있다. 일본은 현재 핵무기를 보유하고 있지는 않지만 필요할 때 언제든지 다량의 핵무기를 만들 수 있는 능력이 있는 것으로 평가되고 있다. 여기서는 먼저 미·소 간의 핵무기 개발 경쟁이 미국의 핵전략 변화에 어떠한 영향을 미쳤는지 간략히 정리해 보기로 한다. 또한 강대국들의 핵무기의 사용 가능성, 유용성, 핵무기의 확산 문제 등도 생각해 보기로 한다.

미·소 간의 핵무기 경쟁은 1945년부터 1949년까지 미국의 핵 독점 기간, 1949년부터 1950년대 말까지 미국의 핵우위 기간, 그 이후부터 현재까지의 미·소 핵평형 기간으로 나누어 볼 수 있다. 핵시대의 서막은 1939년에 미국이 전쟁을 승리로 이끌 수 있는 강력한 무기개발을 위해 계획한 '맨해튼 프로젝트'를 준비할 때부터 열리기 시작했다. 원자탄이 제2차 대전 말에 개발되어 히로시마와 나가사키에서 대량파괴 위력이 증명된 이후부터 핵무기는 외교적 홍정의 수단으로, 또한 전쟁방지 수단으로 사용되기 시작하였다.

미국은 핵무기 독점 기간에 강압정책이라는 새로운 군사·외교 전략을 채택하게 되었다. 한 국가가 경쟁국가에 비해 군사적 우위를 누리고 있을 경우, 그 국가는 군사력 특히 핵능력의 우위를 외교적 홍정 수단으로 이용할 수 있다는 것이다. 강압정책은 이와 같이 핵무기로 위협하여 상대국가로 하여금 자국의 정책을 수용하고 따르도록 강요하는 정책이었다. 이러한 정책은 미국이 소련에 비해 핵무기에서 독점적이던 시기뿐만 아니라 절대적 우위에 있던 시기에 미국의 전략적 독트린으로 사용되었다.[1] 트루먼 대통령은 핵무기를 사용하여 상대국에 대량파괴의 피해를 주겠다고 위협할 경우 상대가 어떤 국가이건 간에 미국의 외교정책을 수용하고 미국의 요구에 순

순히 굴복할 것이라고 믿었다.

강압정책은 소련이 핵능력을 보유하기 시작한 1949년 이후에도 계속 미국의 핵전략으로 유지되었다. 미·소 간의 냉전이 시작된 이후에도 트루먼의 '위협을 통한 승리' 전략은 아이젠하워(Dwight D. Eisenhower) 대통령과 덜레스(John Foster Dulles) 국무장관에 의해서 계속 사용되었다. 이들은 석권(roll-back)정책, 벼랑끝전술, 대량보복 전략이라는 새로운 개념을 바탕으로 강압정책을 유지해 나갔다.[2]

석권정책은 단지 공산주의 세력의 확산을 막기 위한 것이 아니라 공산주의 세력이 우세한 지역들을 차례로 해방시킴으로써 철의 장막을 걷어 올린다는 정책이었다. 1947년 미국 외교관 케난(George F. Kennan)에 의해서 봉쇄정책이 주창된 이래로, 아이젠하워와 덜레스는 핵무기의 절대적 우위를 바탕으로 더 적극적 의미에서 대소련 봉쇄정책을 수행해 나갈 의지를 보였던 것이다.

벼랑끝전술은 미국이 소련을 막다른 골목으로 몰아넣고는 핵무기로 위협하여 소련으로 하여금 미국의 요구를 무조건 수용하게 만든다는 정책이었다.[3] 이러한 정책을 효과적으로 추진하기 위해서는 소련에게 믿을 만한 핵전멸 위협을 가해야 했다. 핵전멸 위협이 믿을 만한 위협임을 보여 주기 위한 전략으로 미국은 대량보복을 택했다. '새로운 모습'(New Look)이라는 이름하에 아이젠하워는 비군사지역 공격(countervalue) 핵전략을 중심으로 하는 핵무기 개발에 박차를 가하였다.[4]

대량보복 전략은 바로 산업 중심지와 인구 밀집지역에 대한 핵공격으로 소련에 대해 대량파괴의 피해를 주겠다는 전략이었다.[5] 아이젠하워와 덜레스는 석권정책, 벼랑끝전술, 대량보복 전략을 바탕으로 소련에 대해 직접적 핵전멸 위협을 가하여 외교적 흥정을 자국에 유리하게 이끄는 강압정책을 추진했다.

1950년 말부터 미 · 소 간의 핵경쟁 상황은 바뀌기 시작했다. 1957년에 소련은 인류 역사상 처음으로 인공위성 스푸트니크(Sputnik)를 궤도에 진입시키는 데 성공하였고, 대륙간탄도미사일(ICBM)을 개발하였다. 전반적인 핵경쟁에서는 아직 미국이 우위를 점하고 있었지만, 미국은 이제 더 이상 핵무기를 바탕으로 대소련 강압정책을 사용할 수 없게 되었다.

케네디 대통령은 핵무기가 전쟁억지(deterrence)의 목적으로밖에 사용될 수 없음을 알고 전략적 변화를 시도하였다. 전쟁억지는 적대국이 자국에 대해 선제공격을 감행할 때 얻는 이익보다 손실이 훨씬 더 클 것이라는 것을 보여 줌으로써 상대국의 선제공격을 억지하는 전략이다. 이러한 전쟁억지를 성공적으로 이행하기 위해서는 제2차 공격능력(the second strike capability)이 필수적이다. 제2차 공격능력은 적의 핵선제공격을 받은 이후에 적에 대해 핵보복공격을 하여 엄청난 피해를 줄 수 있는 핵능력을 말한다. 케네디 행정부의 전략적 전쟁억지정책은 제2차 핵공격능력을 보유함으로써 얻을 수 있는 '확증파괴'(assured destruction) 원칙을 바탕으로 하는 것이었다. 확증파괴는 핵능력의 우위를 점하고 있을 때 가능한 대량보복과는 다른 전략인 것이다.

1966년 이후부터 현재까지는 미 · 소, 미 · 러 간의 핵평형 기간이라고 볼 수 있다.[6] 케네디 행정부와 그 뒤를 이은 존슨(Lyndon B. Johnson) 행정부는 아직 미국의 핵능력이 소련보다 약간 우세하다고 판단하여, '상호확증파괴'(mutual assured destruction : MAD) 원칙을 바탕으로 전쟁억지 정책을 추진하였다. 닉슨(Richard M. Nixon) 행정부는 소련의 핵능력이 미국과 대등함을 인식하여 한편으로는 핵무기 개발에 계속 박차를 가하는 반면, 다른 한편으로는 소련과의 군비통제협상을 통하여 미 · 소 양국이 모두 제2차 공격능력을 보유하여

MAD를 확고히 할 수 있도록 하는 데 노력하였다.

1972년의 전략무기제한협정(SALT)이 MAD를 확고히 하기 위한 미 · 소 간의 군비통제협상의 첫 번째 결실이었다. SALT협정을 요격미사일제한협정(ABM Treaty)이라고도 부른다. 즉, 발사된 핵무기를 대기권 밖이나 대기권 내에서 요격할 수 있는 미사일의 개발을 제한함으로써 미 · 소 양국 모두 확실한 제2차 공격능력을 확보할 수 있도록 하기 위한 협상이었다. 그리고 이 기간에는 군사지역공격(counterforce) 핵전략이 채택되었다. 1962년에 맥나마라(Robert S. McNamara) 미국 국방장관이 제의한 이래로 1980년 초 카터(Jimmy Carter) 행정부까지 군사지역공격 핵전략이 기본적으로 유지되었다.

미 · 소 간의 핵평형 시기에 사용되었던 또 하나의 중요한 핵전략 개념은 '유연대응'(flexible response)이다. 유연대응 전략은 1962년경부터 논의되기 시작하여 1967년에 북대서양조약기구(NATO)의 군사위원회에서 대(對)소련 핵전략으로 정식 채택되었다. 여기서 유연대응 전략은 소련이 재래식 무기로 NATO 회원국을 공격할 경우에 NATO는 핵무기로 소련의 침략에 대응할 수 있다는 전략을 말한다. 다시 말해 핵능력이 있는 적대국이 재래식 무기로 공격을 한다고 하더라도 상황에 따라서는 핵무기로 대응할 수 있다는 전략이다.

미국은 1980년대 초에 와서 '선제불사용'(no-first-use) 정책을 미국과 NATO의 핵전략으로 채택할 것을 고려하였으나 NATO 회원국들, 특히 서독의 반대에 부딪혀 유연대응 정책을 계속 유지하였다. 선제불사용 정책은 소련과 같은 핵보유국이 미국이나 미국의 동맹인 NATO 회원국들에게 재래식 무기로 공격을 감행한다고 하더라도 소련이 먼저 핵무기를 사용하지 않는 한 미국도 핵무기를 사용하지 않는다는 정책이다.[7]

1983년 레이건(Ronald W. Reagan) 대통령은 새로운 방어전략을 추가하였다. 레이건은 막대한 예산을 배정하여 "별들의 전쟁"(Star Wars)이라는 '전략방어구상'(SDI), 즉 전략핵 미사일에 대한 방어체제를 구축하려 하였다. 이러한 계획은 1990년 초 부시(George Bush) 행정부로 이어져 '제한적 전략핵공격 전면방어'(GPALS) 계획으로 수정되었다. 그 뒤를 이은 클린턴(Bill Clinton) 행정부는 GPALS 계획을 축소한 '탄도미사일방어'(BMD) 체제를 추진하였다.[8]

소련은 고르바초프(Mikhail S. Gorbachev)가 집권한 이후부터 미국과 군축협상에 적극적으로 참여하기 시작하였다. 1987년의 중거리핵전력협정(INF Treaty), 1991년의 전략무기감축협정(START) 등이 대표적인 미 · 러 간의 군축협상이었고, 1993년의 START II에서 부시 대통령과 옐친(Boris N. Yeltsin) 대통령은 2003년까지 핵탄두의 숫자를 각각 약 3,500개 정도로 줄이고, 다탄두장착 미사일은 모두 없애기로 합의했다. 이는 서로 간에 제2차 공격능력을 보유하는 데 필수적인 핵능력 외에는 모두 없애자는 것이었다.[9]

그러나 9 · 11 테러사태 이후 부시(George W. Bush) 행정부는 대량살상무기 확산에 대응하기 위한 새로운 핵전략을 제시했다. 1990년대 중반 미국은 지역 패권국가의 등장 가능성을 미연에 방지하는 것, 대량살상무기 확산을 저지하는 것, 국제사회에서 지속적인 자유무역 행위를 할 수 있는 환경을 유지하는 것을 사활적 국가이익으로 간주하였다.[10] 2001년 9 · 11 테러사태가 발생한 이후 미국은 사활적 국가이익으로 테러리즘의 척결과 미국본토의 안전보장을 추가하였다.[11] 특히 미국은 2002년 1월 미국 국방성이 작성하여 의회에 제출한 핵태세검토보고서(Nuclear Posture Review : NPR)에서 새로운 안보전략 구상을 밝혔다.

냉전시대에 미국은 소련에 의한 명백한 핵전쟁 위협에 대응하는 핵전쟁억지 전력유지를 군사정책의 근간으로 하였다. 대륙간탄도미사일, 잠수함발사탄도미사일(SLBM), 장거리 폭격기의 세 가지 투발수단을 기초로 하는 강력한 핵보복 능력을 유지하는 '특정위협 대응전략'이 그 핵심이었다. 그러나 21세기에는 확정하기 어려운 다양한 불법적 위협에 대응해야 한다는 취지하에 특정위협에 대비한 전략이 아닌 '능력대비 접근'으로 전략을 전환하였다. 세계 도처에 산재한 12개의 핵무기 개발국, 28개의 미사일 보유국, 13개의 생물학무기 보유국, 그리고 16개의 화학무기 보유국이 모두 잠재적 공격국이기 때문에 모든 가능한 공격 형태에 대응할 수 있는 다양한 능력을 갖추는 데 중점을 두는 능력대비 전략을 준비한다는 것이었다.

이러한 새로운 핵전략은 과거 핵억지 전략과 뚜렷한 차이가 있다. 첫째, MAD에 의한 핵전쟁억지 정책을 포기한다는 것이다. MAD상황을 더 확고히 하기 위해서 체결하였던 ABM협정을 2001년 12월에 부시 행정부가 일방적으로 파기하고, '미사일방어'(Missile Defense : MD)체제 개발을 서두르기 시작한 것이다.[12] 이와 더불어 불필요한 핵탄두는 일방적으로 감축하기로 결정하고 2012년까지 1,700개 내지 2,200개로 감축하기로 했다. 둘째, 핵전쟁억지가 아니라 불량국가의 위협적 대량살상무기를 사전에 없애는 데 주력한다는 것이다. 대량살상무기를 포기하도록 설득할 수 없다면 상대가 도전하지 않더라도 선제공격으로 파괴할 것이라는 것이다. 셋째, 대응수단에 제한을 두지 않는다는 것이다. 핵선제사용 자제라는 과거의 정책을 포기하고, 핵 및 비핵공격능력, 신뢰할 만한 방어체계, 유연대응체제를 새로운 '세 가지 중점능력'으로 개발한다는 것이다.

2002년 9월에 발표된 국가안보전략보고서(NSSUS)에서 테러리즘과 대량살상무기의 위협을 제거하는 것을 국가안보 정책의 최우선 목표로 설정하였다. 반테러전쟁의 지속적 수행 의지를 표명하였을 뿐 아니라 핵전쟁억지 정책에서 선제공격 정책으로 변화를 시도하였다. 핵무기 사용 또는 핵선제공격 요건을 완화하여 필요시 단독 행동 및 선제공격을 감행할 의지를 표명한 것이다.[13]

2009년 1월에 오바마(Barak Obama) 미국 대통령이 취임하면서 미국의 핵정책에 변화가 있을 것으로 예상되었지만 사실상 크게 변한 것은 없었다. 오바마 대통령은 그해 4월 체코 프라하에서 행한 '핵무기 없는 세상' 연설에서 미국이 핵위협이 없는 세상을 만드는 데 주도적인 역할을 수행해야 할 도덕적 의무가 있음을 강조했다. 2010년 4월에 발표된 핵태세검토보고서(NPR)에는 오바마 대통령의 핵위협 축소 어젠다가 반영되었다. 이 보고서는 미국의 핵정책이 핵확산과 핵테러를 방지하는 데 있으며, 각 지역에서의 전쟁억지력 강화와 동맹국에 대한 핵우산 제공의 재보장에 있음을 언급한다. 이와 더불어 미국의 국가안보전략에서 핵무기가 차지하는 역할이 축소되어야 함과 핵무기 보유의 안전성과 효율성도 강조하였다.

2010년 4월 오바마 대통령과 메드베데프(Dmitry Medvedev) 러시아 대통령은 체코 프라하에서 '전략무기감축협정'(New START)에 서명했다. 이 협정은 2011년 2월에 발효되었으며, 두 강대국은 향후 7년 이내에 각각 핵탄두를 합계 2,250기로 감축하고 대륙간탄도미사일(ICBM), 잠수함발사탄도미사일(SLBM), 핵무기탑재 폭격기 등 발사체를 합계 800기 이하로 감축하는 데 합의했다. 하지만 전문가들은 미・러 간의 New START가 핵무기의 숫자를 충분히 감축하기로 한 것도 아니고, 발사준비 경보체계를 안전한 단계로 낮추기로 합의한 것도 아니라고 지적한다. 또한 미국이 선제불사용정책을 선언해야 한다고 지적한다. 그러나 오바마정부는 미국의 핵우산하에 있는 동맹국들에 대한 확장억지(extended deterrence) 제공의 신뢰성 문제로 인해 동맹국들의 자체적 핵무기개발을 부추길 수도 있다는 이유, 미국이 생화학무기의 비축을 폐기하고 화학무기도 폐기하고 있는 과정에서 잠재적 적대국의 생화학무기에 대한 전쟁억지력을 확보한다는 이유 등으로 선제불사용 원칙을 수용하지 않았다.[14]

오바마정부는 핵테러 방지와 핵무기 보유의 안전성 등에 관한 논의를 위해 2010년 4월에 제1차 핵안보정상회의(Nuclear Security Summit)를 워싱턴 D.C.에서 개최하였고, 한국을 포함한 47개국 수반과 유럽연합(EU), 국제연합(UN), 국제원자력기구(IAEA)의 수장이 회의에 참석하였다. 제2차 핵안보정상회의는 2012년 4월에 서울에서 개최되었고, 2016년 제4차 회의가 개최된 바 있다. 오바마 대통령은 2017년 1월 퇴임하기 직전까지 포괄적 핵실험금지조약(CTBT)의 의회 비준을 추진했지만 공화당의 반대로 인해 비준에 성공하지는 못했다.

2017년 12월에 발표된 미국 국가안보전략보고서와 2018년 2월에 발표된 핵태세검토보고서에 의하면 트럼프(Donald Trump)행정부는 출범 직후 대량살상무기의 위협으로부터 미국본토를 보호하는 정책들을 우선순위로 지정한다. 이를 위해 미국은 미사일방어체제의 개발과 배치에 박차를 가하고, 생화학무기를 포함한 대량살상무기를 탐지하고 제거하는 데 우선순위를 둔다. 특히 테러집단의 대량살상무기 확보를 저지하는 데 역점을 둔다. 또한 트럼프정부는 개발한 지 30년 이상 지나서 낙후된 대륙간탄도미사일, 잠수함발사탄도미사일, 장거리 폭격기의 세 가지 투발수단을 재정비하는 데 막대한 예산을 투입하기로 결정하고, 핵전력의 재정비를 통해 전쟁억지력을 재확인하고 동맹국에 대한 확장억지를 보장하는 데 역점을 두기로 한다. 특히 소형 핵무기 개발을 확대하여 재래식 전투에서 소형 핵무기의 사용을 가능하게 하고 있다. 게다가 러시아가 중거리핵전력협정을 위반하며 신형 핵무기 개발을 추구해 온 것에 대해 적극적으로 대응할 것을 천명한다.[15] 이에 따라 2018년 10월 트럼프 대통령은 러시아와의 중거리핵전력협정을 파기할 것을 천명했다. 미국의 미사일방어체제 개발과 배치, 중거리핵전력협정의 파기 등은 핵강대국 간의 핵군비경쟁을 부추기는 결과를 초래하고 핵확산방지에 부정적인 영향을 미치게 될지도 모른다는 우려를 낳고 있다.

2. 전쟁억지이론과 미사일방어체제

미 · 소, 미 · 러 간의 핵경쟁과 핵전략의 변천에서 보았듯이, 양국 간의 핵능력이 평형을 이루었던 시기에는 핵전쟁억지 전략이 양국의 중심 핵전략이었다. 서로가 상대국에 대해서 제2차 공격능력이 있음을 과시하여 만일 한쪽이 선제공격을 할 경우 다른 쪽이 반드시 보복하여 양쪽 모두 '상호확증파괴'(MAD)상황에 빠지게 됨을 주지하게 하였다.

전쟁억지이론에 의하면 전쟁억지는 공포의 균형(balance of terror)을 통해서 이루어지고, 공포의 균형의 핵심에는 바로 쌍방 모두 제2차 공격능력의 확보와 이로 인한 MAD가 있다. 여기서 공포의 균형이란 양국 간 세력균형을 의미하는 것도 아니고 핵무기 능력의 균형을 의미하는 것도 아니다. 단지 두려움(fear)의 균형을 의미하는 것이다.[16] 이와 같이 전쟁억지가 성공적으로 이루어지기 위해서는 MAD상황으로 만들 수 있는 '믿을 만한'(credible) 위협이 필수적인 것이다.[17] 그러나 세력전이이론가인 오르갠스키(A.F.K. Organski)는 공포의 균형이 반드시 상대국으로 하여금 핵무기의 사용을 억제하게 만들 수 있는 것은 아니라고 주장한다. 특히 상대국이 기존의 패권국에 도전할 의도가 있는 급부상하는 불만족국가일 경우에 더욱 그러하다는 것이다.[18] 세력전이이론가들은 기존의 패권국이 미사일방어체제를 바탕으로 불만족한 도전국에 비해 핵무기 능력에서 우

위를 점할 때만이 핵전쟁억지가 안정적으로 유지될 수 있다고 주장한다.[19]

오르갠스키는 약소국이 핵무기를 보유하게 된다고 해서 핵강대국과 동등한 입장에 서게 된다고 보지 않는다. 비록 약소국이 핵무기를 개발해서 보유하게 된다고 하더라도 핵무기 이외에 상대방을 설득하거나 보상, 또는 제재를 가할 수 있는 군사력을 보유하지 못한다고 지적한다. 약소국으로서는 다량의 핵탄두의 지하 저장고(silo) 보유, 대륙간탄도미사일, 잠수함발사탄도미사일, 핵잠수함 등의 개발 및 보유, 핵기술의 최신 업그레이드 유지 등에 드는 천문학적 군사비를 감당하기 어렵다. 그래서 약소국은 핵강대국과의 핵경쟁에서 제2차 공격능력을 확보하기가 쉽지 않고, 도리어 핵강대국의 선제공격 위험에 노출되기 십상이라고 지적한다.[20]

전쟁억지상황은 반드시 핵보유국들 당사자들 간에만 일어나는 상황은 아니다. 핵무기를 보유하지 않은 국가들 간에도 전쟁억지상황이 일어날 수 있고, 핵보유국이 자신의 동맹국인 비핵국을 잠재적 침략자로부터 보호하는 과정에서 일어날 수도 있다. 다시 말해 재래식 전쟁억지상황도 핵전쟁억지와 같은 논리로 설명될 수 있다. 하워드(Michael Howard)는 전쟁억지를 다음과 같이 정의한다. 자국의 군사적 보복위협을 동원하여, 적대국에게 정치적 분쟁을 해결하기 위해서 무력을 사용할 경우 얻는 이익보다도 손실이 더 클 것이라는 사실을 설득시키는 정책이다.[21]

전쟁억지는 〈표 4-1〉과 같이 크게 네 가지 유형으로 나누어 볼 수 있다. 먼저 공격을 감행하려는 침략국이 실제로 선제공격의 위협을 하고 있는 긴박한 상황인지, 아니면 침략국의 위협이 잠재적인 것인지에 따라 전쟁억지 상황을 분류할 수 있다. 또한 침략국의 위협이 자국에 대한 직접적인 위협인지, 아니면 제3국, 즉 자국의 동맹이나 피보호국에 대한 위협인지에 따라 전쟁억지를 분류할 수도 있다. 1962년의 쿠바 미사일위기는 미 · 소 간의 직접적이고 긴박한 전쟁억지(direct-immediate deterrence), 즉 '긴박한 억지'로 분류할 수 있겠고, 미 · 소 양국 간에 별다른 급박한 위기감이 없던 상황은 직접적이고 일반적 전쟁억지(direct-general deterrence), 즉 '일반적 억지'로 분류할 수 있겠다.

〈표 4-1〉 전쟁억지 유형

		침략국의 위협	
		실제 위협	잠재적 위협
공격의 대상	자국	긴박한 억지	일반적 억지
	제3국	긴박한 확장억지	일반적 확장억지

출처 : Huth(1988)

미국이 일본에 핵우산(nuclear umbrella)을 제공하여 러시아, 중국, 북한 등으로부터 일본을 보호하고 있는 상황이나 미국이 북한을 포함한 주변국들의 군사적 위협으로부터 한국을 보호하고 있는 상황을 확장적이고 일반적인 전쟁억지(extended-general deterrence), 즉 '일반적 확장억지'로 분류할 수 있고, 북한이 한국에 대해 무력침공 위협을 가하는 급박한 상황에서 미국이 한 · 미 안보공약의 재확인을 통해 한국을 적극 지원하고 북한에 보복의 위협을 가하는 경우를 확장적이고 긴박한 전쟁억지(extended-immediate deterrence)상황, 즉 '긴박한 확장억지'로 분류할 수 있다.[22]

2017년 7월 화성 14호 대륙간탄도미사일 시험발사 및 제6차 핵실험에 성공한 북한정권은 이미 핵보유국임을 자처하고 있다. 핵무기를 보유하지도 않고 핵무기를 개발할 의지도 없는 대한민국으로서는 한·미동맹을 바탕으로 미국의 확장억지(extended deterrence) 정책을 통해서 북한의 핵위협을 억제하는 수밖에 없다.

휴스(Paul K. Huth)의 연구에 의하면 1885년부터 1984년 사이에 일어났던 긴박한 확장억지상황 중 미국이 방어국으로서 관여한 경우는 아홉 번이었으며, 이 중 베트남 전쟁 한 번만이 전쟁억지에 실패한 경우였다. 〈표 4-2〉는 미국이 개입한 '긴박한 확장억지' 사례들을 보여 준다.

〈표 4-2〉 미국이 개입한 '긴박한 확장억지' 사례

연도	잠재적 침략국	보호국	방어국	전쟁억지 결과
1902~1903	독일	베네수엘라	미국	성공
1903~1904	콜롬비아	파나마	미국	성공
1921	파나마	코스타리카	미국	성공
1946	소련	이란	미국	성공
1946	소련	터키	미국	성공
1950	중국	대만	미국	성공
1954~1955	중국	퀘모이-마츠섬	미국	성공
1961	북베트남	라오스	미국	성공
1964~1965	북베트남	남베트남	미국	실패

출처 : Huth(1988)

제1차 세계대전 발발 당시 오스트리아-헝가리와 독일이 세르비아에 최후통첩을 보내고, 러시아가 세르비아를 지원하며 오스트리아-헝가리와 독일에 맞섰던 경우도 긴박한 확장억지가 실패한 예가 될 것이다.

이러한 긴박한 전쟁억지상황이 전쟁으로 확산되는 것을 막기 위해서는 믿을 만한 억지책이 필요하다.[23] 방어국이 침략국으로부터 선제공격을 당했을 때, 또는 방어국의 동맹국(또는 피보호국)이 선제공격을 당했을 때, 방어국은 침략국에 대해 엄청난 피해를 줄 수 있는 군사적 보복'능력'을 가지고 있어야 할 뿐만 아니라 침략국에 대한 군사적 보복을 감행할 '의지'가 있어야만 방어국은 잠재적 침략국에 대해 '믿을 만한' 억지책을 보유한다고 할 수 있다. 방어국이 잠재적 침략국으로 하여금 선제공격을 당할 수도 있다는 두려움을 가지지 않도록 하는 것도 전쟁억지를 성공적으로 유도하기 위해서 중요하다.

휴스는 확장억지상황에서 믿을 만한 억지책과 직결되는 몇 가지 요소들을 설명한다.[24] 먼저, 방어국과 동맹국(또는 피보호국)의 군사력이 잠재적 침략국에 비해 얼마나 강한지, 그리고 방어국과 동맹국 간의 이해관계가 얼마나 긴밀한지에 따라 확장억지의 믿을 만한 정도를 알 수 있다. 다시 말해 방어국의 군사력이 강해야 할 뿐만 아니라 동맹국(또는 피보호국)을 지원함으로써 얻는 방어국의 국가이익도 커야 한다. 이러한 두 가지 요인—방어국의 잠재적 침략국에 대한 상대적 군사력과 동맹국 지원과 관련된 이해관계—은 방어국이 분쟁의 초기 단계에 군대를 신속히 동원할 수 있는 능력과 분쟁이 지연될 때 지속적으로 군대를 동원할 수 있는 능력과 의지를 파악하는 데 중요하다. 이 외에도 방어국의 과거 확장억지상황에서의 행위, 방어국의 현재 진행되고 있는 확장억지상황에서의 외교적 행위, 현재 진행되고 있는 확장억지상황에서 군대 배치나 동원과 같은 군사적 행위 등도 방어국의 믿을 만한 확장억지력의 정도를 파악하는 데 중요한 변수가 된다.

이러한 여러 가지 요인들의 확장억지에 관한 중요성에 대해서 많은 연구가 진행되었다. 시버슨과 테네포스(Randolph Siverson and Michael Tennefoss)는 1816년부터 1965년 동안에 일어났던 전쟁을 대상으로 한 경험적 연구에서 강대국과 동맹관계를 맺지 않은 약소국에 비해 강대국 동맹을 보유한 약소국의 경우 전쟁 위협의 대상이 될 가능성이 낮으며, 설혹 위협의 대상이 되었다고 하더라도 그 상황이 전쟁으로 확산될 가능성이 낮음을 보여 준다.[25]

휴스에 의하면 잠재적 침략국에 비해 방어국과 동맹국의 단기간에 동원할 수 있는 군사력이 상대적으로 강하면 강할수록 확장억지가 성공할 가능성이 높다. 또한 잠재적 침략국이 비핵국가인 경우에는 잠재적 침략국이 방어국의 동맹국(또는 피보호국)을 침략하려고 할 때 방어국이 동맹국을 보호하기 위해서 핵무기를 사용할 수도 있다고 위협한다고 해서 전쟁억지가 성공할 가능성은 높아지지 않는다. 그리고 잠재적 침략국이 방어국의 동맹국과 인접한 경우 방어국의 전쟁억지 노력이 성공할 가능성이 낮다.[26]

부에노 데 메스키타(Bruce Bueno de Mesquita), 롤먼(David Lalman), 우(Samuel Wu) 등은 휴스가 강조하는 방어국과 잠재적 침략국 간의 상대적 군사력도 전쟁억지에 중요하지만, 잠재적 침략국이 방어국과의 전쟁 시 얻을 수 있는 기대효용(expected utility), 침략국이 방어국과 그 동맹국에 대항할 때 얻을 수 있는 기대효용 모두가 전쟁 이외의 외교적 수단을 통하여 얻을 수 있는 기대효용보다 크지 않도록 하는 것이 더 중요하다고 주장한다.[27]

이미 설명한 바와 같이 MAD상황을 더욱 확고히 하기 위해 ABM협정이 체결된 적이 있었다. 1972년에 미국과 소련은 요격미사일의 개발을 제한하는 협정을 체결하여 미 · 소 양국이 모두 제2차 공격능력을 확실히 보유할 수 있도록 했다. 그러나 2001년 말 미국정부는 일방적으로 ABM협정을 파기하고 미사일방어체제의 개발에 박차를 가했다. 이러한 미국의 미사일방어(Missile Defense)체제의 개발과 배치가 핵전쟁억지를 통해서 핵국가들 간의 전략적 안정에 도움이 되는지에 관한 연구는 상반되는 결과를 보여 준다.

미사일방어체제의 개발과 배치에 부정적인 시각을 가진 연구들은 미사일방어체제의 군사기술적 효율성이 그다지 높지 않을 뿐 아니라 안보 딜레마(security dilemma)를 조성해서 핵보유국들 간에 군비경쟁을 야기하는 계기가 된다고 주장한다. 브람스와 킬고어(Steven Brams and Mark Kilgour)는 포괄적 미사일방어체제의 개발은 상대국의 제2차 보복공격능력의 무력화를 시도하기 때문에 안정적인 전쟁억지 상황을 위협하게 된다고 주장한다.[28] 루이스와 포스톨(George Lewis and Theodore Postol)은 현재 미국이 개발하고 있는 미사일방어체제는 기술적으로 완벽하지 않을 뿐 아니라 러시아와 중국을 자극하여 러시아, 중국이 탄도미사일을 포함한 전략무기의 개발에 박차를 가하도록 하는 부정적인 영향을 미친다고 주장한다.[29] 글래이저와 페터(Charles Glaser and Steve Fetter)는 현재 미국이 제1차 공격능력과 미사일방어체제를 병행한 '피해제한능력'(damage limitation capability)을 활용할 경우 중국의 현재 핵능력을 효율적으로 억지할 수는 있겠지만 결국 중국으로 하여금 전략무기의 개발에 더욱 매진하도록 만들어 궁극적으로 중국에 대한 미국의 피해제한능력을 무력화시키는 결과를 초래할 것으로 예상한다.[30]

이에 반해 쿼컨부시(Stephen Quackenbush)는 현재 미국이 개발 중인 미사일방어체제가 군사기술적으로 완벽하지 않더라도 북한이나 이란과 같이 최근에 핵능력을 확보했거나 개발 중에 있는 국가에 대한 전쟁억지력을 확보하는 데 도움이 된다고 주장한다.[31] 쿼컨부시와 드러리(Stephen Quackenbush and Cooper Drury)는 1985년부터

2004년까지의 경험적 연구를 통해 그 기간 동안 미국의 미사일방어체제의 개발 및 배치가 러시아, 중국, 인도의 핵안보 상황에 대한 불만족도를 증가시켰다는 뚜렷한 증거를 찾을 수 없다고 지적한다.[32] 다시 말해 그 기간 동안 미국의 미사일방어체제의 개발과 배치가 러시아, 중국 등에 안보 딜레마를 야기하고 핵군비경쟁을 부추기는 결과를 초래한 것은 아니라고 주장한다. 미사일방어체제의 효율성에 관한 최근의 확률모델(probabilistic model)의 연구결과 역시 미국의 미사일방어체제는 러시아와 같은 핵강대국에 대해서는 제2차 공격능력을 위협할 만한 효과를 발휘하지 못하지만, 북한과 같이 핵무기능력을 확보하기 시작한 핵약소국에 대해서는 제2차 공격능력을 충분히 무력화시킬 수 있음을 보여 주기도 한다.[33]

한국정부의 사드(Terminal High Altitude Area Defense : THAAD) 배치 결정에 대해 강력한 경제보복 조치를 취하고 있는 중국의 경우 사드와 같은 미사일방어체제가 자국의 제2차 핵공격능력을 위협하고 있다고 판단할 수도 있다. 그러나 중국이 대륙간탄도미사일, 잠수함발사탄도미사일의 보유 수량을 늘릴 뿐 아니라 다탄두장착 미사일[34] 기술을 완성할 경우 사드와 같은 미국의 미사일방어체제는 중국의 제2차 공격능력을 무력화하는 데 영향을 거의 미치지 못하게 될 것이다.[35]

3. 핵확산이론

핵무기는 실질적인 공격용 무기라기보다는 단지 전쟁억지 수단으로 사용되어 왔다. 현재 공식적 핵무기 보유국은 미국, 러시아, 중국, 프랑스, 영국이다. 2018년 1월 현재 미국과 러시아는 각각 6,450기와 6,850기의 핵탄두를 보유하고 있고, 프랑스는 300기, 중국은

280기, 영국은 215기의 핵탄두를 보유하고 있다. 인도, 파키스탄, 이스라엘은 사실상(de facto) 핵보유국으로 인정받고 있으며, 각각 130-140기, 140-150기, 80기의 핵무기를 보유하고 있다. 북한 역시 10-20기의 핵무기를 보유하고 있는 것으로 추정한다.[36] 일본은 핵무기를 보유하고 있지는 않지만 필요할 때 언제든지 500여 개 이상의 핵무기를 만들 수 있는 충분한 고농도 플루토늄과 핵무기 개발기술이 있다고 한다.[37]

지난 20여 년 동안 남아프리카공화국, 리비아, 우크라이나, 벨라루스, 카자흐스탄이 핵개발 프로그램을 포기하고 핵무기를 해체한 바 있었지만, 최근에는 핵확산이 멈추어지지 않고 있다. 이란의 고농축우라늄 프로그램을 포함한 핵무기개발 시도가 2015년 7월에 이란과 5개 UN안전보장이사회 상임이사국 및 독일(P5+1) 간 협상이 타결되어 이란 핵개발 포기를 향한 첫발을 디디는 데 성공한 듯 보였다. 오바마행정부의 외교적 성과로 여겨졌던 이란과의 핵합의인 '포괄적 공동행동계획'(JCPOA)에서 이란은 핵무기에 사용될 수 있는 고농축우라늄 개발을 포기하고 서방국가들은 이란에 대한 경제제재 조치를 완화하기로 합의했다. 이 협정에 따라 이란은 고농축우라늄 농축에 사용되는 원심분리기의 수를 줄이고 향후 15년간 전력 생산을 위한 저농축우라늄만 보유하기로 했다. 국제원자력기구(IAEA)의 핵사찰도 수용하기로 합의했다. 그러나 2018년 5월 트럼프 대통령은 이란과의 핵협정 탈퇴를 공식 선언했다. 트럼프행정부는 이란이 핵협정 이후로도 탄도미사일개발 등 핵합의 정신을 위배하며 비밀리에 핵무기 프로그램을 지속적으로 추진해 온 것으로 판단했다. 2030년이 지나면 이란의 핵개발 제한이 해제되는 일몰조항도 문제 삼으며, 이란에 대해 강도 높은 경제제재를 재개할 것이라는 입장을 밝혔다. 이에 로하니(Sahebeh Rouhani) 이란 대통령은 언제라도 과거 어느 때보다 더 많은 고농축우라늄 생산을 시작할 수 있음을 시사했다. 이와 더불어 최근 북한정권의 몇 차례에 걸친 핵실험을 통한 핵무기개발 시도가 국제사회의 핵확산금지 노력에 찬물을 끼얹고 있다.

1945년 미국이 핵무기를 사용한 이래로 '수직적 핵확산'과 '수평적 핵확산'이 계속되어 왔다. 수평적으로는 핵무기 보유국의 수가 늘어났고, 수직적으로는 핵보유국들의 핵능력이 엄청나게 증대되었다. 미국과 소련은 핵무기의 확산을 막기 위한 조치로 1968년에 처음으로 핵확산금지조약(NPT)을 체결하였다. 이 조약의 주요 원칙은 핵보유국이 핵을 보유하지 않은 국가들에 대해 핵무기 제조기술을 이전할 수 없다는 것과 핵보유국이 다른 국가들에 대해 핵의 평화적 사용을 위한 정보나 기술은 이전할 의무가 있다는 것으로 되어 있다. 1970년 3월 이 조약이 효력을 발휘한 이래로 2018년 현재 191개국이 조약국으로 참여하고 있다.

NPT가 핵확산을 막는 데 큰 힘을 발휘하고 있는 것은 사실이지만 핵확산을 완전히 저지하기에는 아직 많은 문제들이 있다. 무엇보다도 먼저 핵무기 제조에 필요한 플루토늄 등을 쉽게 구할 수 있다. 핵발전 기술과 시설의 증대로 인해 여러 나라가 우라늄과 플루토늄 재처리 능력과 시설을 확보하기에 이르렀다. 게다가 핵무기개발에 필요한 기술이전을 통제하기가 쉽지 않다. 과학의 발달로 핵무기개발 기술을 그리 어렵지 않게 터득할 수 있게 되었고, NPT에 포함되어 있는 부속핵안전협정 등으로는 비밀리에 추진되는 핵무기개발을 간파하거나 저지하기가 어렵다. 강력한 핵무기개발 의도가 있는 국가가 NPT를 탈퇴하여 핵무기개발을 시도할 때는 이를 평화적으로 저지할 수 있는 특별한 방법도 없다.

북한은 새로운 조약국이 18개월 이내에 국제원자력기구(IAEA)

와 핵안전협정을 맺고 핵사찰을 받아야 함에도 불구하고 1985년 NPT 가입 후 핵안정협정에 서명하지 않았다. 1992년 핵안전협정에 서명한 이후에도 핵사찰을 거부하다가 급기야는 1993년 3월 12일에 NPT의 탈퇴를 선언한 바 있으며, 2002년 제2차 북핵위기가 발생한 이후 현재까지 NPT를 탈퇴한 상태다. 핵확산방지를 위한 가장 중요한 국제레짐인 NPT를 무시한 채 북한은 최근 제5차 및 제6차 핵실험을 통해 핵탄두 보유를 기정사실화했으며 대륙간탄도미사일 및 잠수함발사탄도미사일 발사시험에도 성공했다. 이러한 상황에서도 오바마행정부는 '전략적 인내' 또는 '전략적 무시' 이외에 이를 저지할 수 있는 별다른 방법을 찾지 못했고, '최대압박과 관여'를 대북정책의 기조로 채택한 트럼프행정부 역시 북한의 비핵화를 위한 뾰족한 방안을 찾지 못하고 있는 실정이다.

구소련이 붕괴하여 러시아와 우크라이나, 벨라루스, 카자흐스탄 등이 분리되는 과정에서 핵무기개발 기술들이 구소련 밖으로 빠져나갔을 가능성이 높다.[38] 이러한 핵유출 및 핵확산 가능성은 테러집단이 핵무기를 확보하여 핵테러를 자행하게 될지도 모른다는 우려를 낳고 있다. 구소련 붕괴 이후 미국은 체제의 현상유지를 위한 전략 중 하나로 대량살상무기 확산금지를 고수하고 있다. 미국은 1991년부터 핵물질을 안전하게 저장하고, 관리하고, 해체시키며, 구소련 영토에서 외부로 유출되는 것을 막기 위해서 러시아와 기술적 협력을 시도하였다. 이러한 미국의 핵확산 및 핵테러 방지 노력은 1993년에 의회가 '협력적 위협 감소'에 관한 법령을 통과시키는 계기가 되었다. 그 이후 미국은 벨라루스, 카자흐스탄, 우크라이나, 러시아와 각각 양자 간에 '안전한 해체를 위한 협상'을 주도하였다.[39] 이와 같은 핵확산과 핵테러 방지를 위한 미국의 의지는 9 · 11 테러사태 이후 더욱 강력해졌다. 2018년 미국의 핵태세검토보고서에 의하면 미국은 핵보유국의 숫자를 줄이는 동시에 동맹국들에 대해 믿을 만한 핵확장억지(extended nuclear deterrence)의 제공을 보장하고, 테러집단이 핵무기나 핵물질을 취득하지 못하도록 하는 데 심혈을 기울이는 것, 그리고 핵무기와 관련된 기술, 핵물질, 핵전문가들의 연구를 엄격하게 통제하고, 검증가능하고 강제적 집행이 가능한 군축협상을 통해 핵안보를 확립하는 것을 핵전략의 핵심으로 간주한다.[40]

로젠(Steven Rosen), 펠드먼(Shai Feldman), 월츠(Kenneth Waltz) 등은 핵무기가 중동지역에 확산될 경우 재래식 무기로는 얻을 수 없던 지역안정을 얻을 수 있다고 주장한다.[41] 핵확산 낙관론자들은 국가 지도자들이 핵전쟁의 피해가 엄청나다는 것을 알기 때문에 핵전쟁이 일어날 가능성이 낮다고 주장한다. 그래서 핵무기의 확산은 전쟁을 억제하고 국제정치를 안정시킨다는 것이다.[42]

부에노 데 메스키타와 라이커(William Riker)도 이와 비슷한 주장을 한다.[43] 부에노 데 메스키타와 라이커는 두 가지 가정에 바탕을 둔 간단한 모델을 통하여 핵확산문제와 체제안정에 관한 의미있는 결과를 보여 준다. 만일 두 경쟁국가가 모두 핵능력이 있을 경우 두 국가 간의 핵전쟁은 일어나지 않지만, 한쪽만 핵능력이 있을 경우에는 핵국가가 비핵국가에 대해 핵무기를 사용할 수도 있다는 두 개의 가정을 바탕으로 가상적 국제체제에서 핵전쟁가능성을 분석했다. 두 국가가 핵능력이 있다는 것은 두 국가가 상호확증파괴(MAD)상황으로 몰고 갈 능력이 있다는 것과 유사하므로 첫 번째 가정은 그런대로 현실적이라고 하겠다. 핵보유국과 비핵국가가 전쟁상태에 돌입할 때 핵보유국이 핵무기를 사용할 수 있다는 것은 1945년 미국의 나가사키, 히로시마 핵투하에서 확인할 수 있겠고 오랫동안 미국의 핵전략이었던 유연대응에서도 그 가능성을 짐작케 한다.

〈그림 4-1〉은 부에노 데 메스키타와 라이커가 발전시킨 모델인데, 이는 가상적 국제체제에서 핵확산상황과 핵전쟁가능성을 보여준다. 10개 국가로 구성된 가상적 국제체제에서 핵무기 보유국이 하나도 없을 경우 잠재적 핵전쟁의 수는 0이다. 핵보유국이 1개국일 때 잠재적 핵전쟁의 수는 9가 된다. 즉 1개 핵보유국이 9개 비핵국가 중 한 국가와 분쟁 시 핵무기를 사용할 가능성이 있으므로 모든 핵전쟁가능성은 9개(1×9)가 된다는 것이다. 핵보유국이 2개국일 때는 잠재적 핵전쟁의 수는 16개(2×8)로 증가하고, 핵보유국이 5개국일 때 핵전쟁가능성이 25개(5×5)로 최고에 달한다. 핵보유국의 수가 반 이상이 될 때는 핵전쟁가능성도 줄어들기 시작한다. 가상적 국제체제에서 모든 국가, 즉 10개국이 핵보유국일 때 핵전쟁가능성은 다시 0이 된다.

〈그림 4-1〉 핵확산과 핵전쟁 가능성

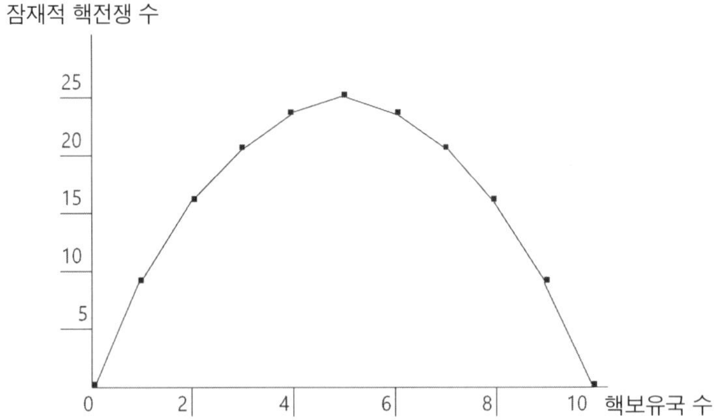

출처 : Bueno de Mesquita and Riker(1982)

부에노 데 메스키타와 라이커의 연구에 의하면 국제체제에서 핵확산이 완전히 이루어진 상태에서는 핵전쟁가능성이 낮다고 하더라도 완전한 핵확산으로 가는 과정이 위험하다. 그 과정에서 핵무기를 이미 보유한 국가가 핵무기를 개발하려는 국가에 대해 예방공격(preventive strike)을 할 가능성이 있다.[44] 또한 핵확산과정에서 테러집단이 핵무기를 보유하게 되는 경우를 생각해 볼 수 있다. 이 경우 테러집단의 특성상 전쟁억지력이 없어진다. 테러집단은 자신들이 거주하는 위치를 명확히 드러내지 않는 특성이 있어서 MAD개념이 테러집단과 핵보유국가 간에 성립될 수 없다. 부에노 데 메스키타와 라이커는 핵보유국들 간에는 재래식 무기를 바탕으로 하는 전쟁조차 일어날 확률이 낮음을 보여 준다. 핵보유국들 간에는 어떤 형태의 분쟁도 핵전쟁으로 확산될 가능성이 있기 때문에 애초에 무력을 사용하는 분쟁에 휘말려들 가능성이 극히 희박하다.

물론 세이건(Scott Sagan)과 같은 핵확산 비관론자들도 있다. 핵확산은 선제공격의 가능성을 높이고 불안정한 위기 상황을 조성하며 오인(misperception)으로 인한 잘못된 판단을 유발하고 우발적 폭발의 가능성도 증대시켜서 국제체제의 불안정성을 높이게 된다고 주장한다.[45]

나이(Joseph Nye)는 핵확산을 막지 않을 경우 잘못된 추측으로 인한 피해가 엄청날 수 있음을 경고한다. 예를 들어 체제 내에서 핵확산이 이루어지게 되었을 경우에 국가들 간의 전쟁가능성은 거의 없어지게 되어 국제체제는 확실히 안정을 유지하게 되는 것이 '진리'라고 하자. 그런데도 인간들이 잘못 판단하여 핵확산을 금지할 경우 체제 내에서는 재래식 무기에 의존하는 전쟁이 계속 일어날 가능성이 높을 것이다. 다시 말해 핵확산을 허용하는 것이 사실상 체제안정에 유리한데도 불구하고 핵확산을 금지한 경우에 볼 수 있는 피해는 재래식전쟁가능성과 그로 인한 체제불안정이다. 이와는 반대로 체제 내에서 핵확산을 허용할 경우에 반드시 핵전쟁이 발발하는 것이 '진리'라고 하자. 이럴 경우에 잘못 판단하여 핵확산을 허용할 경우 체제 내에서는 상상할 수 없는 핵전쟁의 피해를 보게 된다는 것이다. 조지프 나이는 인간들이 핵확산 허용의 오판을 하였을 경우의 피해가 핵확산 금지의 오판을 한 경우보다 비교할 수 없을 정도로 크기 때문에 핵확산금지를 위해서 노력해야 한다고 주장한다.[46]

핵확산이 국제체제의 안정에 도움이 되는지에 대한 낙관론과 비관론이 대립하는 것처럼 핵확산을 부추기는 요인에 대한 논의도 양분되는 경향이 있다. 핵확산의 공급 요인(supply-side)을 주장하는 학자들은 핵무기기술의 확보 유무가 핵확산의 필요조건임을 강조한다. 크뤠닉(Matthew Kroenig)은 핵기술을 이전받은 국가가 핵무기를 성공적으로 개발할 가능성이 핵기술을 이전받지 않은 국가보다 훨씬 높다고 주장한다.[47] 가츠크와 크뤠닉(Erik Gatzke and Matthew Kroenig)은 핵무기 디자인 기술, 고농축 우라늄이나 플루토늄 재처리 생산 기술 등 주요 핵기술의 이전이야말로 핵확산에 결정적인 요인이 된다고 주장한다.[48] 이에 더해 퍼먼(Matthew Fuhrmann)은 평화적 핵기술조차도 예상을 뒤엎는 결과를 초래한다고 주장한다. 불법적 핵무기기술의 이전뿐만 아니라 NPT 후원하의 합법적 상업용 핵기술의 이전 역시 미국의 국가안보와 국제안보에 심각한 피해를 줄 수 있기 때문에 강대국의 정책결정자들은 평화적 민간 핵기술의 이전조차 허용해서는 안 된다고 주장한다. 퍼먼은 연구용 원자로 제공이나 핵물리학자의 교육과 연구교류도 허용해서는 안 된다고 주장한다. 그는 핵무기 개발이 기술적으로 가능할 경우 외부적 안보위협이 없더라도 핵무기 개발을 할 가능성이 높으며 안보위협이 있을 경우에는 핵개발의 유혹을 뿌리치기가 어렵다는 '기술적 타성'(technological momentum) 가설을 주장한다.[49]

이에 반해 국가 지도자의 핵보유 의지가 핵확산의 결정적인 요인이라는 수요 요인(demand-side)을 주장하는 학자도 있다. 잠재적 적대국에 대한 재래식 군사력의 열세를 핵무기로 만회하기 위해서, 고립된 불량국가가 자국의 국력을 국제사회에 과시하기 위해서, 또는 잠재적 적대국의 정치적, 군사적 적개심을 단념시키기 위해서 핵무기를 보유하고자 하는 의지가 강하면 강할수록 핵확산이 일어날 가능성이 높다는 주장이다. 이러한 주장을 뒷받침하는 사례로 일본이나 독일은 핵기술은 있지만 핵무기를 보유할 의지가 없기 때문에 핵개발을 하지 않는다는 것을 지적하기도 한다.[50]

조동준과 가츠크는 특정국가의 안보상황과 핵기술능력이 핵확산에 영향을 미친다고 주장한다. 핵확산의 제1 단계인 핵개발 프로그램의 보유와 관련한 결정 요인으로 안보위협과 핵기술의 유무를 지적한다. 핵확산의 제2 단계인 핵무기 보유와 관련된 결정 요인으로는 안보상황, 경제력, 그리고 국내정치적 요인을 지적한다. 공급적 요인과 수요자 요인이 모두 핵확산에 영향을 미친다는 것이다.[51]

이에 반해 몬테이로와 뎁스(Nuno Monteiro and Alexandre Debs)는 핵확산의 공급요인과 수요요인뿐 아니라 핵개발을 시도하려는 약소국, 약소국을 위협하는 적대국, 약소국과 강대국 동맹 간의 전략적 상호관계가 핵확산을 결정하는 주요 원인이라고 설명한다. 즉 적대국의 위협이 고조되고 있어 핵무기개발에 성공할 경우 향후 얻을 수 있는 안보이익이 클수록 위협에 처한 약소국이 핵개발을 시도할 가능성이 높아진다. 이들은 32개 핵개발 시도 사례 중 28개 사례가 급격한 안보위협의 증대와 관련이 있었음을 지적한다. 게다가 약소국이 적대국의 예방공격을 저지할 만한 국력을 이미 보유한 상태일수록 핵개발을 시도할 가능성이 높아진다고 설명한다.

특히 강대국과 약소국 간의 동맹관계를 강조한다. 즉 강대국 동맹이 자국에 대한 안보제공을 재확인할 경우 약소국이 자체 핵개발을 시도할 가능성이 낮아진다. 예를 들어 강대국이 약소국에 대한 안보공약을 공개적으로 재확인하거나, 주둔군을 증원하거나, 핵무기나 신형무기를 약소국에 배치한다든지 신형무기를 약소국에 판매하거나 하는 행위는 강대국 동맹이 약소국에 안보공약을 재확인하는 행위가 된다. 그러나 약소국의 핵개발을 반대하는 강대국이 약소국의 핵개발 시도에 대해 강력하게 대응하여 기존의 안보공약 또는 동맹 자체를 파기할 것이라고 위협할 경우 약소국은 핵개발 시도를 포기할 가능성이 더 높아진다. 다만 강대국의 안보정책의 재조정으로 인해 강대국이 제공해 온 동맹공약의 신뢰도가 갑자기 떨어질 경우 약소국은 자체 핵개발을 시도할 가능성이 더 높아진다고 주장한다. 1969년 7월 닉슨(Richard Nixon) 대통령이 아시아 동맹국들의 자주국방 능력 강화와 미국의 부담감축 방침을 선언한 '괌 독트린' 직후 박정희정부는 한·미동맹공약의 신뢰에 위협을 느꼈으며 이로 인해 박정희 대통령은 비밀리에 핵개발의 의지를 굳히게 되었다는 것이다.[52]

스나이더(Glenn Snyder)는 핵무기가 저강도 분쟁을 유발하는 반면, 고강도 전면전을 억제한다는 '안정-불안정 역설'(stability-instability paradox)을 주장한다. 라우흐하우스(Robert Rauchhaus)는 핵대칭성, 즉 분쟁 당사국들의 핵무기 보유는 저강도 분쟁에는 별로 영향을 미치지 못하지만 전면전은 억제하는 효과가 있다고 주장한다. 이에 반해 핵비대칭성, 즉 분쟁 당사국 중 한쪽만 핵무기를 보유하고 상대방은 핵무기를 보유하지 않은 상황에서는 저강도 분쟁과 전면전 가능성이 모두 높다고 역설한다.[53]

핵무기 보유국은 전쟁억지력뿐 아니라 다양한 영향력을 가질 수 있다. 무엇보다도 분쟁의 빈도, 기간, 강도, 결과에 영향을 미치고, 협상력을 포함한 외교적 영향력을 확보할 수 있다. 그래서 핵무기의 보유는 상당히 매력적인 군사적 선택이 될 수 있는 것으로 인식된다.[54] 그러나 비핵국가가 핵무기를 개발하려고 할 때는 상당한 안보비용을 감수해야 한다. 잠재적 적대국의 핵무기개발 프로그램이 자국의 안보에 심각한 위협을 초래할 경우, 그 국가는 적대국에 대한 예방공격을 감행할 가능성이 아주 높다. 이러한 예방공격의 가능성은 군사적 보복 가능성이나 국제적 비난 여론 등에 의해 억지되지 않는다. 퍼먼과 크렙스(Matthew Fuhrmann and Sarah Kreps)는 과거 군사분쟁의 경험이 있거나, 핵개발로 인해 공세적이거나 예측 불허한 군사적, 외교적 행태가 예상되는 잠재적 적대국에 대해서는 예방공격의 가능성이 높아진다고 주장한다. 1942년 영국은 독일이 비밀리에 건설 중인 것으로 지목한 중수로 핵시설에 대한 공격을 감행한 바 있고, 2007년에는 이스라엘이 시리아의 핵시설에 공습을 감행한 바 있다. 퍼먼과 크렙스는 1942년부터 2000년 사이에 15번의 핵시설에 대한 공격이 있었고, 50여 차례에 걸쳐 핵시설 공격이 진지하게 고려되었음을 상기시킨다.[55]

4. 군비경쟁이론

적대관계 또는 경쟁관계에 있는 두 국가의 군사비 증가율이 상당기간 동안 비정상적으로 높게 나타날 때, 이들 두 국가는 군비경쟁 중이라고 할 수 있다. 바꿔 말하면 두 국가 간에 지나친 군사비 증가율과 두 국가 간의 적대관계 또는 경쟁관계 중 어느 하나라도 존재하지 않으면 이들이 군비경쟁 상태에 있다고 할 수 없다. 냉전시기에 미국과 소련은 군비경쟁을 하였고, 1970년대 이란과 이라크

간에도 분명히 군비경쟁이 있었다. 그러나 북한과 이라크가 1970년대에 지나치게 군사비를 지출했다고 하더라도 서로 간에 군비경쟁을 했다는 것을 의미하지 않는다. 군비경쟁으로 판단되기 위해서는 반드시 두 국가 간에 경쟁성 또는 적대성이 존재해야만 한다.

리처드슨(Lewis Richardson)은 『무기와 안보불안감』에서 한 국가의 군사비 증감에 영향을 미치는 요인들에 관한 '작용-반작용'이론을 소개하였다.[56] 리처드슨에 의하면 한 국가의 군사비 증대는 상대 경쟁국의 군사비 증대 수준에 영향을 받고, 자국의 경제상태, 즉 자국의 지난해 군사비 지출이 자국경제에 미치는 부담에도 영향을 받으며, 두 국가 간의 적대감의 정도에도 영향을 받는다고 하였다. 리처드슨의 군비경쟁 모델을 간단한 수식으로 나타내면 다음과 같다.

$$\frac{dx}{dt} = ky - ax + g$$

$$\frac{dy}{dt} = ix - by + h$$

여기서 x는 X국가의 군사비, y는 Y국가의 군사비를 의미하고, dx/dt는 한 국가(X)의 올해의 군사비 증대를 의미하고, dy/dt는 상대국가(Y)의 올해의 군사비 증대를 의미한다. k와 i는 각각 Y국가와 X국가의 지난해 군사비 지출 계수이고, a와 b는 각각 X와 Y의 경제적 부담 계수이고, g와 h는 각각 X와 Y가 서로에게 가지고 있는 적대감의 정도를 의미한다. 그래서 X의 올해 군사비 증대(dx/dt)는 Y의 지난해 군사비 지출 수준(ky)에 정비례하고, X의 군사비 지출 증대가 자국경제에 미치는 부담(ax)에 반비례하며, X가 Y에게 가지고 있는 적대감의 정도(g)에 정비례한다. Y의 군사비 증대도 이와 마찬가지로 생각해 볼 수 있겠다.

만일 한 국가의 상대국에 대한 적대감이 커지고 그로 인해 군사비 지출을 급속도로 증대시킨다면, 이는 상대국으로 하여금 군사비 지출을 증대하게 하는 직접적 요인이 된다는 것이다. 한 국가는 자국의 안보를 확보하기 위해서 군사비를 증대하였다고 하더라도 이는 상대국의 안보 불안감을 유발하게 되고, 이로 인해 상대국은 스스로의 안보를 위해 군사비를 증대시킬 수도 있다. 이러한 상황이 두 국가 간에 반복되는 것을 바로 '안보딜레마'라고 한다. 리처드슨은 이러한 군비증대와 적대감이 두 국가 간에 급속도로 확산될 때 두 국가 간 관계는 매우 불안정하게 된다고 설명한다.

리처드슨의 군비경쟁 모델은 거의 자동적으로 작동되는 작용-반작용 모델로서 정책결정 과정이 전혀 반영되지 않는 모델이라고 비판받기도 한다. 한 예로 앨리슨(Graham Allison)은 군비지출 문제와 같은 결정은 정부의 다른 정책결정 사항들과 마찬가지로 행정부처 간 협상, 행정부처, 정치지도자, 이익집단 등의 연합형성, 의회 의원들 간 표 밀어주기(vote trading) 등에 의해서 결정된다고 주장한다.[57]

더욱이 리처드슨의 군비경쟁 모델은 한 국가의 군비지출이 어떠한 변수에 영향을 받는가에 관한 설명은 제공하지만, 군비경쟁과 전쟁가능성의 관계에 관해서는 별다른 설명을 하지 못한다. 만일 두 국가 간에 군비경쟁이 계속되면 두 국가 간에 전쟁이 일어날 가능성이 높아지는가? 두 국가가 계속해서 상대방의 군사력 증대에 성공적으로 대응한다면 군비경쟁은 계속되겠지만 그렇다고 해서 꼭 전쟁이 일어난다고 볼 수는 없다.

만일 한 국가가 상대방의 군사력 증대에 성공적으로 대응할 능력이 더 이상 없는 경우에는 유리한 고지를 점령한 국가는 상대에 비해 군사적으로 더욱 강대해질 때까지 계속 군사비를 증대할 수도 있다. 즉 두 국가 간의 전쟁이 곧바로 일어난다고 볼 수 없다. 로마 시대의 군사전략가 베게티우스(Vegetius)는 "평화를 원한다면 전쟁준비를 하라"고 하였다.[58] 이는 경쟁국가 간의 군비경쟁이 전쟁을 유발하는 것이 아니라 평화를 유도한다는 의미를 내포하고 있다.

그러나 싱어(J. David Singer)는 경쟁국가 간의 상호 반작용적 무기확보 정책은 '무기-긴장 악순환'을 야기하고, 이는 전쟁가능성을 증대시킨다고 주장한다.[59] 월리스(Michael Wallace) 역시 군비경쟁과 전쟁가능성에 관한 자신의 경험적 연구에서 두 국가 간의 군비경쟁이 양국 간의 분쟁을 전쟁으로 확산시킬 가능성을 높인다고 주장한다.[60]

이에 반해 올트펠트(Michael Altfeld), 람벨렛(John Lambelet)은 군비경쟁과 전쟁 간에 아무런 인과관계를 발견할 수 없다고 주장한다.[61] 디힐(Paul Diehl), 혼(Michael Horn), 베데(Erich Weede), 모로(James Morrow) 등도 1816년 이후 현재까지 유럽 전쟁사에서 볼 때, 군비경쟁 관계가 전쟁으로 이어지는 경우가 그리 흔치 않았다고 주장한다.[62] 인트릴리게이터와 브리토(Michael D. Intriligator and Dagobert L. Brito)는 군비경쟁이 전쟁을 부추기는 것이 아니라 전쟁억지 효과를 발휘한다고 주장한다. 그들은 냉전 당시의 미·소 간의 핵군비경쟁은 전쟁억지 효과를 발휘하여 냉전기간 중 양대 강국 간의 평화를 유지하는 데 큰 역할을 했다고 설명한다.[63] 이와 같이 군비경쟁과 전쟁가능성 간에 확실한 상관관계가 있음을 보여 주는 이론적, 경험적 연구는 아직 부족한 실정이다.

더군다나 두 국가가 군비경쟁 중에 있는 경우 어느 쪽이 더 우세한 위치에 있는지, 어느 쪽이 더 불안한 처지에 있는지는 두 국가들의 인식에 따라 차이가 날 수도 있다. 군비경쟁과 전쟁가능성에 관한 연구를 위해서는 인식의 문제나 정책결정자들의 위험부담 성향의 문제가 충분히 고려되어야 한다. 모로우는 두 국가 간에 엄청난 규모의 군비경쟁이 계속되어 왔고 두 국가 중 군사력이 상대국보다 우위에 있는 국가의 국력이 점점 쇠퇴할 경우, 이 국가 지도자의 위험부담 성향이 높을수록 그리고 상대적 군사력의 증감의 차이가 클수록 두 국가의 군비경쟁이 전쟁으로 연결될 가능성이 높아진다고 주장한다. 다시 말해 두 경쟁국가 간에 엄청난 규모의 군비경쟁뿐만 아니라 다른 결정적 전쟁요인—정치적 요인, 영토분쟁, 지도자들이 전쟁에 드는 비용을 감수하겠다는 의지, 전쟁의 기대효용 등—이 작용할 때 군비경쟁 상태가 전쟁으로 이어질 가능성이 높다는 것이다.[64]

국가들 간 군비경쟁이 발생할 경우 군비경쟁의 악순환으로부터 빠져나올 방법은 있는가? 그 방법은 크게 세 가지로 나누어 생각해 볼 수 있다. 먼저 공격용 무기가 아닌 방어용 무기에 군사비를 투자하는 것과 같은 일방적 전략을 고려해 볼 수 있다. 이 전략은 방어용 무기증대에 초점을 맞추기 때문에 경쟁국가가 안보불안을 느끼지 않는 상황에서 자국의 안보를 증대시킬 수 있을 것이라는 계산, 다시 말해 안보딜레마에 빠지지 않고 자국의 안보를 증대할 수 있을 것이라는 계산에 근거를 둔 전략이라고 하겠다. 두 번째로, 자국의 군비지출 정도를 경쟁국의 군비지출 수준과 연관시키는 상호주의(reciprocity) 전략과 같은 묵시적 흥정(tacit bargaining)의 방법이 있다. 세 번째로, 군축회담과 같은 협상의 방법이 있다. 다운스, 로크, 시버슨(George Downs, David Rocke and Randolph Siverson)은 위의 세 가지 방법을 제시하며 이러한 방법들의 장점과 단점들에 대해 상세히 설명한다.[65] 이들에 의하면 군비경쟁 상태를 죄수의 딜레마 게임과 교착상태(deadlock) 게임으로 나타낼 수 있으며, 이러한 게임의 종류에 따라 군비경쟁으로부터 벗어나는 세 가지 방법의 장단점이 다르다.

우선 군비경쟁을 죄수의 딜레마 게임 상황으로 묘사해 보자. 한 국가가 경쟁국가를 성공적으로 속이고 군사력의 우위를 차지할 수만 있다면 배반(D)을 택하는 것이 최상의 결과를 가져다주지만, 성공적으로 속이지 못할 경우는 차라리 서로 협력(C)을 택하여 군축하는 것이 차선의 결과를 가져다준다는 것이다. 만일 두 국가가 서로를 속여서 배반(D)을 택하게 되면 결국 계속적인 군비경쟁에 빠지게 되는 두 번째로 나쁜 결과를 초래하고, 만일 자국이 협력(C)을 선택하는 반면 상대국가에 의해 배반(D)을 당할 경우는 최악의 결과를 얻게 된다.

그러나 군비경쟁은 죄수의 딜레마 게임뿐만 아니라 교착상태 게임으로 묘사되기도 한다. 〈그림 4-2〉의 죄수의 딜레마 게임의 경우에는 행위자 A의 선호도가 DC 〉 CC 〉 DD 〉 CD 이다. 이와는 달리 교착상태 게임의 경우는 A의 선호도가 DC 〉 DD 〉 CC 〉 CD 이다. 다시 말해 죄수의 딜레마 게임의 경우는 최선의 결과를 얻기 위해서는 배반을 해야 하고 차선의 결과를 얻기 위해서는 협력을 해야 하는

〈그림 4-2〉 죄수의 딜레마 게임

A \ B	협력(C)	배반(D)
협력(C)	CC, CC	CD, DC
배반(D)	DC, CD	DD, DD

선호도 : DC 〉 CC 〉 DD 〉 CD

〈그림 4-3〉 교착상태 게임

A \ B	협력(C)	배반(D)
협력(C)	CC, CC	CD, DC
배반(D)	DC, CD	DD, DD

선호도 : DC 〉 DD 〉 CC 〉 CD

반면, 교착상태 게임에서는 최선의 결과나 차선의 결과를 얻기 위해서는 무조건 배반을 해야 한다는 것이다. 교착상태 게임에서는 두 행위자 A와 B 간의 협력 가능성이 죄수의 딜레마 게임보다도 더 낮다. 〈그림 4-3〉이 교착상태 게임을 나타낸다.

교착상태 게임의 경우와 같은 상황이 실제로는 별로 없을 것 같지만, 다운스, 로크, 시버슨은 여러 가지 경우를 제시한다. 먼저 국내사정에 의해서 군비지출의 증대가 선호되는 경우가 있다. '군산복합체'의 문제가 있는 경우 방위산업체와 관련된 이익집단들이 군사정책 결정에 큰 영향력을 행사하는 경우는 안보 상황에 대한 외부위협이 존재하지 않는 경우에도 군비지출의 지속적 증대가 선호된다.[66] 이러한 경우는 상대국을 속여서 전쟁에서 승리하기 위한 목적이 아니라 국내정치 여건상 군비를 증대하는 전략을 선호하는 경우이며 교착상태 게임의 상황과 일치한다. 또는 한 국가가 자국의 무기체제가 상대국보다 훨씬 우월하기 때문에 서로 배반하더라도 서로 협력하는 경우보다 더 손해 볼 것이 없다고 판단하는 경우 역시 교착상태 게임으로 묘사될 수 있다. 또 다른 경우는 한 국가의 군사력이나 무기체계가 상대국에 비해 훨씬 약한 경우 서로 배반하여 군비경쟁을 하는 경우가 서로 협력하는 경우보다 유리하다고 판단할 수 있다. 한 국가가 10대의 구축함을 보유하고 상대국이 50대의 구축함을 보유하고 있다고 할 때, 10대를 보유한 국가가 5대를 더 얻게 되면 50%의 증대효과를 얻는 반면, 50대를 지닌 상대국이 이에 대응하여 5대를 더 확보할 경우 10%의 증대효과밖에 얻지 못한다. 이러한 경우 군사력이 다소 약한 처지에 있는 국가는 상호협력보다는 상호배반의 결과를 더 선호하게 된다. 1930년 초 영국과 경쟁하던 독일의 경우나 1950년대 미국과 경쟁하던 소련의 경우가 이러한 교착상태 게임으로 묘사될 수 있다.[67]

다운스, 로크, 시버슨이 제시하는 군비경쟁에서 벗어나기 위한 방법들 중 먼저 일방적 전략을 보자. 이러한 전략으로는 저비스(Robert Jervis)가 언급하였듯이 공격용 무기체계 개발에서 방어용 무기체계 개발로의 전환을 들 수 있다.[68] 두 번째 전략으로는 공동방위동맹을 새롭게 형성하여 안보딜레마를 벗어나는 전략이 있다. 이는 방어용 무기를 개발하는 것과 같은 효과를 얻을 수 있다. 세 번째로 상대국의 군비증감에 관한 정확한 정보를 재빠르게 습득하거나 자국의 정보를 상대국에 제공하는 방법이다. 그러나 교착상태 게임의 경우 이러한 방법은 별로 효과가 없다. 죄수의 딜레마 게임 상황의 경우에도 만일 한 국가의 군비경쟁이 안보딜레마에 빠진 자국의 안보를 걱정해서가 아니라 상대국에 대한 영향력을 행사하기 위한 의도에서라면 별로 효과가 없다. 상대국이 정확한 정보제공을 통하여 무기개발이나 동맹형성이 방어용임을 알리기 위해서 노력한다 하더라도 군비경쟁은 지속될 것이기 때문이다.

묵시적 홍정은 상대국의 행위에 대응하여 자국의 정책을 결정하는 전략이기 때문에 위의 일방적 전략과 다르다. 묵시적 홍정의 대표적 전략으로는 '팃-포-탯'이라고 알려진 상호주의 전략을 들 수 있다. 그러나 사실상 묵시적 홍정 방법은 교착상태 게임에서는 효과가 전혀 없다. 두 국가 간에 어느 한쪽도 협력할 의도가 전혀 없기 때문에 서로 간에 계속 배반하는 전략이 계속될 뿐이다.

죄수의 딜레마 게임 상황은 다르다. 두 경쟁국가가 이러한 게임을 한 번만 하는 것이 아니라 계속적으로 하게 될 때, 상대를 성공적으로 속여서 최선의 결과를 얻으려다 실패하는 것보다 서로 간의 협력을 통해서 차선의 결과를 성공적으로 얻는 것이 중·장기적으로 볼 때 자신에게 이득임을 안다. 그래서 이 게임의 경우 팃-포-탯 전략이 효과적일 수 있다. 사실 〈그림 4-2〉의 죄수의 딜레마 게임에서 두 행위자 A와 B가 단 한 번의 게임을 하는 것이 아니라 반복해서 게임을 해야 할 경우, (DD, DD)는 더 이상 지속적으로 균형점이 되지 않을 수도 있다. 게임을 계속해서 반복할 경우 (CC, CC)가 오랫동안 유지되는 균형점이 될 가능성이 높다.

엑슬로드(Robert Axelrod)에 의하면 두 행위자가 죄수의 딜레마 게임을 반복적으로 할 때 팃-포-탯 전략을 잘 사용하면 서로 간에 최선의 결과를 얻을 수 있다. 또한 다운스, 로크, 시버슨은 수정된 팃-포-탯 전략을 잘 활용하면 서로 간에 협력할 수도 있다고 설명한다. '불완전정보'하에서 일어날 수 있는 여러 문제점들을 해결하기 위하여 경쟁국가 간에 핫라인과 같은 긴급통화 채널을 설치하고, 이러한 채널을 통해 정보제공이나 인식, 오판의 문제점들을 최소화시키는 방법도 팃-포-탯 전략을 성공적으로 이끄는 데 큰 도움이 된다.[69] 이와 같이 죄수의 딜레마 게임과 같은 상황에 처해 있는 군비경쟁의 경우 묵시적 홍정은 상호협력을 도출해 내는 좋은 전략이 될 수 있다.

협상의 방법조차도 교착상태 게임의 상황에서는 별 효과가 없는 것처럼 보인다. 두 국가 모두 협력할 의도가 전혀 없기 때문이다. 그러나 군축회담과 같은 협상은 교착상태의 게임을 다른 이슈들과 연계시켜서 제로섬이었던 상황을 제로섬이 아닌 상황의 게임으로 변환시킬 수 있다. 그래서 새로이 전개된 연계 상황의 게임에서 서로가 협력을 통하여 각각 더 많은 이득을 얻을 수 있도록 할 수 있는 여지가 있다.

예를 들어 한 국가가 석유와 같은 천연자원이나 공업제품 등 여러 가지 제품을 군비경쟁국가에는 수출할 수 없도록 무역금지령을 내려 놓은 상황에서는 이러한 무역금지령을 해제하는 조건으로 군비경쟁에서의 협상이 성공적으로 진행될 수도 있다. 다운스, 로크, 시버슨에 의하면 협상의 경우 두 경쟁국가의 지도자 모두 강경노선을 견지할수록 협상의 성공적 타결 가능성이 높다. 두 국가 간에 서로가 강경입장을 바탕으로 상대국가에 대한 여러 가지 제재조치를 취하고 있는 경우일수록 협상테이블에서 협력의 보상으로서 서로 간에 양보할 것이 많아지기 때문이다.[70]

주

1 강압정책의 개념에 관해서 Thomas Schelling, *Arms and Influence* (New Haven : Yale University Press, 1960) 참조.

2 Charles W. Kegley, Jr. and Eugene R. Wittkopf, *American Foreign Policy* (New York : St. Martin's Press, 1987), pp.83-84.

3 극한전략을 벼랑끝전술(brinkmanship)이라고도 한다. 북한 핵무기개발 의혹이 제기된 이래로 계속된 북·미 협상과 남북한 협상 과정에서 취한 북한의 행태를 벼랑끝전술로 간주하는 경우가 있지만 사실상 북한의 협상행태를 벼랑끝전술이라고 할 수 없다. 벼랑끝전술은 국력의 절대적인 우위를 전제로 하는 전략이다.

4 Amos A. Jordan, William Taylor, Jr., and Lawrence Korb, *American National Security* (Baltimore : Johns Hopkins University Press, 1989), pp.66-69.

5 이와 반대되는 핵전략은 적대국의 군사기지를 중점적으로 공격하는 전략(counterforce strategy)이다.

6 Bruce Russett and Harvey Starr, *World Politics : The Menu for Choice* (New York : W. H. Freeman, 1992), pp.298-305.

7 Schuyler Foerster and Edward N. Wright, *American Defense Policy* (Baltimore : Johns Hopkins University Press, 1990), pp.195-201; NATO의 대소련 핵정책으로서의 유연대응과 선제불사용에 관한 토론은 McGeorge Bundy, George F. Kennan, Robert S. McNamara, and Gerard Smith, "Nuclear Weapons and the Atlantic Alliance," *Foreign Affairs*, 60(1982), pp.753-768; Karl Kaiser, Geor Leber, Alois Mertes, and Franz-Josef Schulze, "Nuclear Weapons and the Preservation of Peace," *Foreign Affairs*, 60(1982), pp.1157-1170 참조.

8 김우상, "TMD체계와 동아시아 안보질서,"『전략연구』 제8권 3호(2001), pp.7-39.

9 Charles W. Kegley, Jr. and Eugene R. Wittkopf, *World Politics* (New York : St. Martin's Press, 1995), pp.409-411.

10 미국 국익위원회(박동 · 유석진 역), "미국의 국익,"『국가전략』 제3권 제2호(1996).

11 The White House, The National Security Strategy of the United States, September 2002,『국가전략』 제8권 4호(2002), pp.162-193에서 인용.

12 클린턴 행정부에 의해 추진된 BMD체제는 러시아, 중국 등 전략핵 미사일 보유국들의 우발적 공격이나 북한, 이란 등 불량국가들로부터의 제한적 탄도미사일 공격으로부터 본토를 방어하는 국가미사일방어(NMD)체제와 동맹국과 해외주둔 미군을 전구(theater) 미사일로부터 보호하는 전구미사일 방어(TMD)체제로 구성되어 있었다. 부시 대통령은 2001년 1월 집권 초기부터 이러한 NMD와 TMD체제를 조기에 개발 및 배치하기 위한 강력한 의지를 보였다. 김우상, *op. cit.*

13 *Ibid.*

14 http://www.state.gov/t/avc/newstart/index.htm; Bruce Blair, Victor Esin, Matthew McKinzie, Valery Yarynich and Pavel Zolotarev, "Smaller and Safer," *Foreign Affairs*, 89(2010), pp.9-16; Michael Gerson, "No First Use : the Next Step for US Nuclear Policy," *International Security*, 35(2010), pp.7-47.

15 The White House, *The National Security Strategy of the United States, December 2017* (Washington D.C. : The White House, 2017); Office of the Secretary of Defense, *Nuclear Posture Review 2018* (Washington D.C. : Department of Defense, 2018); 조선일보, 2018년 2월 9일.

16 A.F.K. Organski, *World Politics*, 2nd ed. (New York : Alfred A. Knopf, 1968), ch.13.

17 여기서 믿을 만한 위협은 능력과 의지에 달려 있다. 능력은 제2차 공격능력을 의미하고, 의지란 핵무기를 사용하여 반드시 보복한다는 의지를 말한다.

18 Organski, *op. cit.*

19 Kyungkook Kang and Jacek Kugler, "Assessment of Deterrence and Missile Defense in East Asia : A Power Transition Perspective," *International Area Studies Review*, 18(2015), pp.280-296.

20 Organski, *op. cit.*

21 Michael Howard, "Reassurance and Deterrence : Western Defense in the 1980s," *Foreign Affairs*, 61(1982/1983), p.315.

22 확장억지, 긴박한 전쟁억지 등에 관한 개념은 Patrick M. Morgan, *Deterrence : A Conceptual Analysis* (Beverly Hills : Sage Publications, 1977); Paul K. Huth, *Extended Deterrence and the Prevention of War* (New Haven : Yale University Press, 1988) 참조.

23 Schelling, *op. cit.*; Alexander George and Richard Smoke, *Deterrence in American Foreign Policy : Theory and Practice* (New York : Columbia University Press, 1974).

24 Huth, *op. cit.*, pp.33-34.

25 Randolph M. Siverson and Michael R. Tennefoss, "Interstate Conflicts : 1815-1965," *International Interactions*, 9(1982), pp.147-178.

26 Huth, *op. cit.*, pp.41-55.

27 Bruce Bueno de Mesquita, *The War Trap* (New Haven : Yale University Press, 1981), pp.114-115; Bruce Bueno de Mesquita and David Lalman, "Reason and War," *American Political Science Review*, 80(1986), pp.1113-1131; Samuel S. G. Wu, "To Attack or Not To Attack," *Journal of Conflict Resolution*, 34(1990), pp.531-552.

28 Steven J. Brams and D. Marc Kilgour, "Deterrence versus Defense : A Game-Theoretic Model of Star Wars," *International Studies Quarterly*, 32 (1988), pp.3-28.

29 George N. Lewis and Theodore A. Postol, "A Flawed and Dangerous U.S. Missile Defense Plan," *Arms Control Today*, 40(2010), pp.24-32.

30 Charles L. Glaser and Steve Fetter, "Should the United States Reject MAD? : Damage Limitation and U.S. Nuclear Strategy toward China," *International Security*, 41(2016), pp.49-98.

31 Stephen L. Quackenbush, "National Missile Defense and Deterrence," *Political Research Quarterly*, 59(2006), pp.533-541.

32 Stephen L. Quackenbush and A. Cooper Drury, "National missile defense and (dis)satisfaction," *Journal of Peace Research*, 48(2011), pp.469-480.

33 Jaehak Kim and Woosang Kim, "Simulation Analysis on the Effectiveness of Missile Defense," *Journal of Peace Research*, 58(2021), pp.510-522.

34 여기서 다탄두장착 미사일은 '다탄두 각개 목표 재돌입 미사일'(multiple independently targetable reentry vehicle : MIRV)을 지칭한다.

35 사드 도입에 대한 한국정부의 입장에 관해서 김우상, 『중견국책략』(서울 : 세창출판사, 2016) 제1부 제3장 참조.

36 Stockholm International Peace Research Institute, *SIPRI Yearbook 2018* (Oxford : Oxford University Press, 2018), p.236.

37 Hearings before the Subcommittee on East Asian and Pacific Affairs of the Committee on Foreign Relations, United States Senate, 102nd Congress, 1st and 2nd Sessions, "Threat of North Korean Nuclear Proliferation," U.S. Government Printing Office, Washington, D. C., November 25, 1991; January 14 and February 6, 1992, p.41.

38 Kegley and Wittkopf, *op. cit.*, pp.392-395.

39 Stockholm International Peace Research Institute, *SIPRI Yearbook 1994* (Oxford : Oxford University Press, 1994), pp.665-666.

40 Office of the Secretary of Defense, *op. cit.*

41 Steven J. Rosen, "A Stable System of Mutual Nuclear Deterrence in the Arab-Israeli Conflict," *American Political Science Review*, 71(1977), p.1383; Shai Feldman, "A Nuclear Middle East," *Survival*, 23(1981), pp.107-116; Shai Feldman, "Peacemaking in the Middle East : The Next Step," *Foreign Affairs*, 59(1981), pp.756-780; Kenneth Waltz, "The Spread of Nuclear Weapons : More May Be Better," *Adelphi Papers*, no.171(London : International Institute

of Strategic Studies, 1982), pp.29-30.

42 John Mearsheimer, "Nuclear Weapons and Deterrence in Europe," *International Security*, 41(1984), pp.19-46; John Mearsheimer, "The Case for a Ukraine Nuclear Deterrent," *Foreign Affairs*, 72(1993), pp.50-66; Waltz, op. cit.; Kenneth Waltz, "Nuclear Myths and Political Realities," *American Political Science Review*, 84(1990), pp.731-745.

43 Bruce Bueno de Mesquita and William H. Riker, "An Assessment of the Merits of Selective Nuclear Proliferation," *Journal of Conflict Resolution*, 26 (1982), pp.283-306.

44 1981년 6월 이스라엘의 이라크 핵발전 시설에 대한 공습과 2007년 9월 이스라엘의 시리아 핵시설에 대한 예방공격에서 실례를 찾아볼 수 있다. 이 외에도 예방공격가능성에 관해서 Matthew Fuhrmann and Sarah Kreps, "Targeting Nuclear Programs in War and Peace : A Quantitative Empirical Analysis, 1941-2000," *Journal of Conflict Resolution*, 54(2010), pp.831-859 참조.

45 Scott Sagan, *The Limits of Safety : Organizations, Accidents, and Nuclear Weapons* (Princeton : Princeton University Press, 1993).

46 Joseph S. Nye, Jr., *Nuclear Ethics* (London : Free Press, 1986).

47 Matthew Kroenig, "Importing the Bomb," *Journal of Conflict Resolution*, 53 (2009), pp.161-180.

48 Erik Gartzke and Matthew Kroenig, "A Strategic Approach to Nuclear Proliferation," *Journal of Conflict Resolution*, 53(2009), pp.51-160.

49 남아프리카공화국의 경우 외부로부터 안보위협이 없었는데도 불구하고 1957년부터 미국의 연구용 원자로, 고농도우라늄 등을 제공받고 과학자 교육 및 교류를 통해 결국 핵무기 개발에 성공한 사례를 지적한다. Matthew Fuhrmann, "Spreading Temptation : Proliferation and Peaceful Nuclear Cooperation Agreements," *International Security*, 34(2009), pp.7-41.

50 Jacques Hymans, *The Psychology of Nuclear Proliferation* (Cambridge : Cambridge University Press, 2006); Etel Solingen, *Nuclear Logics :*

Contrasting Paths in East Asia and the Middle East (Princeton : Princeton University Press, 2007); Dong-Joon Jo and Erik Gartzke, "Determinants of Nuclear Weapons Proliferation," *Journal of Conflict Resolution,* 51(2007), pp.167-194.

51 Jo and Gartzke, *op. cit.*

52 Nuno P. Monteiro and Alexandre Debs, "The Strategic Logic of Nuclear Proliferation," *International Security*, 39(2014), pp.7-51.

53 Robert Rauchhaus, "Evaluating the Nuclear Peace Hypothesis," *Journal of Conflict Resolution,* 53(2009), pp.258-277.

54 Gartzke and Kroenig, *op. cit.*; Erik Gartzke and Dong-Joon Jo, "Bargaining, Nuclear Proliferation, and Interstate Disputes," *Journal of Conflict Resolution,* 53(2009), pp.209-233.

55 Fuhrmann and Kreps, *op. cit.*

56 Lewis F. Richardson, *Arms and Insecurity : A Mathematical Study of the Causes and Origins of War* (Pittsburgh : Boxwood, 1960).

57 Graham Allison, *The Essence of Decision : Explaining the Cuban Missile Crisis* (Boston : Little Brown, 1971).

58 베게티우스의 "평화를 원한다면 전쟁준비를 하라"(si vis pacem, para bellum)는 James E. Dougherty and Robert L. Pfaltzgraff, Jr., *Contending Theories of International Relations* (New York : Harper & Row Publishers, 1990), p.349에서 인용.

59 J. David Singer, "Threat Perceptions and the Armament-Tension Dilemma," *Journal of Conflict Resolution,* 2(1958), pp.90-105.

60 Michael Wallace, "Arms Races and Escalation," *Journal of Conflict Resolution,* 23(1979), pp.3-16; Michael Wallace, "Armaments and Escalation," *International Studies Quarterly,* 26(1982), pp.37-56. 최근의 연구 역시 군비경쟁은 분쟁이나 전쟁을 부추기는 역할을 한다는 결과를 보여 준다. Douglas M.

Gibler, Toby J. Rider, and Marc L. Hutchison, "Taking Arms Against a Sea of Troubles : Conventional Arms Races During Periods of Rivalry," *Journal of Peace Research,* 42(2005), pp.131-147 참조.

61 Michael Altfeld, "Arms Races?-And Escalation? A Comment on Wallace," *International Studies Quarterly,* 27(1983), pp.225-231; John C. Lambelet, "Do Arms Races Lead to War?" *Journal of Peace Research,* 12(1975), pp.123-128.

62 모로우의 연구에 의하면 17번의 군비경쟁 사례 중 4번의 경우만 전쟁으로 이어졌다. James D. Morrow, "A Twist of Truth : A Reexamination of the Effects of Arms Races on the Occurrence of War," *Journal of Conflict Resolution,* 33(1989), pp.500-529; Paul F. Diehl, "Arms Races and Escalation : A Closer Look," *Journal of Peace Research,* 20(1983), pp.205-212; Michael Horn, "Arms Races and the Likelihood of War," presented at the 1984 Annual Meeting of the International Studies Association, March 27-31, 1984; Erich Weede, "Arms Races and Escalation : Some Persisting Doubts," *Journal of Conflict Resolution,* 24(1980), pp.285-287.

63 Michael D. Intriligator and Dagobert L. Brito, "Richardsonian Arms Race Models," in Manus I. Midlarsky(ed.) *Handbook of War Studies* (Boston : Unwin and Hyman, 1989).

64 Morrow, *op. cit.*

65 George W. Downs, David M. Rocke, and Randolph M. Siverson, "Arms Race and Cooperation," *World Politics,* 38(1985), pp.118-146.

66 닌식(Miroslav Nincic)은 방위비의 지속적 증대는 군사안보적인 필요에 의해서보다 국내 경제, 정치적 압력에 의한 경우가 더 많다고 주장한다. Miroslav Nincic, *The Arms Race* (New York : Praeger, 1982) 참조.

67 Downs, Rocke, and Siverson, *op. cit.*, pp.122-123.

68 Robert Jervis, "Cooperation under the Security Dilemma," *World Politics,* 30(1978), pp.167-214.

69 Robert Axelrod, *The Evolution of Cooperation* (New York : Basic Books,

1984); Downs, Rocke, and Siverson, *op. cit.*, pp.141-142. 죄수의 딜레마 게임을 계속 반복할 경우의 균형점, 팃-포-탯, 수정된 팃-포-탯 전략에 관해서 제2부 제3장 참조.

70 일방적 전략, 묵시적 홍정, 협상 등에 관한 역사적 실례를 포함하여 이러한 전략들에 관한 더 상세한 설명은 Downs, Rocke, and Siverson, *op. cit.* 참조.

제5장

동맹이론

현실주의, 신현실주의에서 국제체제는 자조(self-help)체제라고 한다. 그러나 그 어떤 국가도 타국과의 동맹전략을 활용하지 않고는 스스로 자국의 안보를 확고히 하기란 어렵다. 동맹전략은 국제관계를 이해하는 데 핵심 요소 중의 하나이다. 사실 전쟁의 원인 연구를 포함한 국제정치현상을 설명하는 대부분의 국제관계이론들은 동맹관계를 이론적 틀에 중요한 하나의 변수로 포함시킨다. 대표적 국제관계이론인 세력균형이론은 동맹의 중요성을 강조한다. 동맹관계는 제1차 세계대전이나 제2차 세계대전 당시에 중요했을 뿐만 아니라 중국의 춘추전국시대의 국가들, 고대 그리스의 도시국가들 간의 전쟁사에서도 큰 비중을 차지한다. 제5장에서는 동맹의 유형과 목적, 동맹의 신뢰성, 동맹관리, 기대효용이론과 동맹 등을 설명하기로 한다.[1]

1. 동맹의 유형과 목적

월트(Stephen Walt)에 의하면, 동맹(alliance)은 두 개 이상의 자주국가들 간의 안보협력을 위한 공식적 또는 비공식적 협정이다. 이는 동맹조약을 체결한 공식적인 동맹과 상호 간의 묵시적 이해나 군사훈련 등을 통한 비공식적인 동맹관계를 의미한다. 월트는 동맹과 제휴(alignment)를 같은 의미로 사용한다.[2]

다른 학자들은 동맹과 제휴를 구별하기도 한다. 리즈(Brett Ashley Leeds)에 의하면 동맹은 자주국가들이 유사시 조약국들에 대해 군사지원을 하거나 중립을 지키거나 상호협의 및 상호협력을 하도록 성문화된 공약이다. 이에 반해 제휴는 국가들 간의 미래 안보협력에 관한 비공식 연합을 의미한다.[3] 동맹관계라고 하면 군사적 동맹관계뿐만 아니라 경제적, 정치적 동맹관계도 포함될 수 있겠으나 여기서는 안보협력이라는 의미에서 군사동맹관계에 초점을 맞추기로 한다.

군사동맹의 유형은 크게 세 가지로 나누어 볼 수 있다. 먼저, 방위조약은 조약에 서명한 국가들 중 어느 한 국가가 적대국에게 침략을 당했을 경우 다른 모든 서명국들이 공동방어를 위해서 전쟁에 참전하기를 약속하는 동맹관계를 말한다. 두 번째로, 중립조약 또는 불가침조약은 서명국들 중 어느 한쪽이 제3국으로부터 침공을 받았을 때 서명국들이 서로 간에 전쟁을 선포하지 않고 중립을 지킬 것을 약속하는 동맹관계이다. 불가침조약은 서명국 상호 간에 서로 침공하지 않을 것을 약속하는 조약이기도 하다. 세 번째로, 협상(entente)이라는 동맹관계는 서명국들 중 어느 한 국가가 제3국으로부터 침략을 당했을 경우 서명국들 간에 서로 공조체제를 유지할 것인지 등에 관한 차후의 대책을 서로 협의할 것에 동의하는 관계이다.[4]

방위조약의 예로는 한·미상호방위조약이나 북대서양조약기구(NATO)를 들 수 있다. 한·미상호방위조약은 1953년 한국과 미국 두 국가 간에 맺어진 것이고, 북대서양조약기구는 1949년 미국과 대부분의 서유럽국가 간에 맺어진 동맹이다. 중립조약 또는 불가침조약으로는 1939년의 독일과 소련 간의 독 · 소 불가침조약을 들 수 있겠고, 협상(entente)에 관한 예로는 독일, 오스트리아, 이탈리아 간의 삼국동맹에 공동 대처하기 위해 프랑스와 러시아 간에 1894년에 맺어진 프 · 러 협상(entente), 1904년의 영 · 프 협상(entente) 등을 들 수 있다.

이러한 세 가지 유형의 군사동맹 간에는 서명국들이 전쟁이나 위기상황 발생 시 자국의 군사정책을 결정하는 데 있어서 독자성 또는 자율성을 가질 수 있는 정도의 차이가 있다. 방위조약의 경우 자율성이 가장 낮고 협상(entente)의 경우 자율성이 가장 높다. 불가침조약은 자율성, 독자성의 측면에서 볼 때 방위조약과 협상(entente)의 중간이라고 하겠다. 방위조약의 경우는 서명국을 도와 반드시 참전해야 하기 때문에 정책결정 면에서 다른 대안이 없다. 만일 참전하지 않는 경우는 동맹공약을 이행하지 않는 행위가 된다. 그에 반해 협상(entente)의 경우는 서명국들 간에 대책을 논의하여 동맹형태를 방위조약이나 중립조약으로 승격시킬 수도 있고 동맹관계를 완전히 청산할 수도 있다.

스몰(Melvin Small)과 싱어(J. David Singer)에 의하면, 1816년부터 1965년까지 148개의 군사동맹이 맺어졌고, 그중 73개는 방위조약, 39개는 중립조약, 36개는 협상(entente)의 형태였다.[5] 이들 중 방위조약의 평균 수명은 115개월(약 9년 반), 중립조약은 94개월(약 8년), 협상(entente)은 68개월(약 5년 반) 정도였다. 서명국가들 간의 공약이 강하면 강할수록, 즉 그들 간의 동맹관계가 가까우면 가까울수록 그 동맹관계의 수명이 연장되었음을 알 수 있다.[6]

다음으로 동맹형성의 목적과 전략에 관해 살펴보자. 먼저 군사동맹관계를 동맹형성의 목적에 따라 '국력집합' 동맹과 '자율성 · 안보교환'(autonomy-security trade-off) 동맹으로 분류할 수 있다. 모겐소

(Hans Morgenthau)와 같은 세력균형이론가에 의하면 국가들은 서로의 군사력을 합쳐서 공동의 적에 대항하기 위하여 동맹을 맺는다. 즉 국가는 자국의 안보를 증대시키기 위하여 타국들과 동맹관계를 맺는다. 동맹국들은 서로의 국력을 모아서 적의 위협에 공동으로 대처하거나 전쟁억지를 추진한다. 동맹국들의 지원은 자국이 오랜 시간 내부적으로 축적해야 하는 국력—군사력, 정치력, 경제력 등—을 쉽게 대체할 수 있기 때문에 아주 중요한 국력증대 수단으로 이용된다.[7] 이러한 동맹관계를 국력집합 동맹이라고 한다.

이러한 동맹은 국력이 비슷한 국가들 간에 주로 이루어지기 때문에 대칭적 동맹이라고도 한다. 주로 강대국들 간에 또는 약소국들 간에 서로가 함께 공동의 적에 맞서기 위해서 맺는 동맹관계이다. 제1차 세계대전 당시 독일, 오스트리아, 이탈리아 간의 삼국동맹이 대칭적 동맹이었다. 국력집합 동맹에서는 한 국가의 상대적 국력이 강하면 강할수록 타국들로부터 동맹대상으로 주목을 받게 될 가능성이 높아진다. 그러나 자국의 상대적 국력이 강해지면 강해질수록 타국들과의 동맹의 필요성이 줄어들기 때문에 동맹관계를 맺지 않거나 이미 맺고 있다고 하더라도 파기할 가능성이 높아진다.[8]

자율성 · 안보교환 동맹은 국력이 상대적으로 차이가 나는 국가들 간에 주로 맺어진다. 강대국과 약소국 간에 맺어지는 비대칭적 동맹은 대개 그 서명국들의 동맹목적이 다르다. 약소국의 경우는 강대국 동맹파트너로부터 군사적 지원을 확보하여 자국의 안보를 확고히 하는 데 그 목적이 있다. 그러나 강대국의 경우는 약소국과 동맹관계를 맺는 것이 안보적 측면에서는 유리하지 못한 경우가 대부분이다. 강대국이 약소국과의 동맹관계를 통해서 지원받을 수 있는 군사력은 상대적으로 미미한 반면, 약소국과의 동맹관계로 인해 원치 않는 분쟁에 휘말릴 수가 있기 때문이다.

강대국이 약소국과 동맹을 맺을 경우 강대국은 약소국의 정책결정과정에 영향력을 행사할 수 있는 이득이 있다. 약소국은 강대국의 군사적 지원을 통해 자국의 안보를 공고히 할 수 있지만 자율성은 그만큼 잃게 된다. 약소국은 중요한 군사정책이나 외교정책을 결정할 때 강대국 동맹의 눈치를 보거나 동맹국의 의사를 정책에 반영하기도 하고 군사기지 및 시설 등을 강대국 동맹에게 제공하기도 한다.

이러한 비대칭적 동맹관계는 서로가 꼭 필요하다고 판단할 때 이루어지기 때문에 한번 맺어지면 그 관계가 오랫동안 지속되는 경향이 있다. 그러나 약소국의 국력이 상대적으로 증대할 경우 약소국이 이러한 비대칭 동맹관계를 파기할 가능성이 높아진다.[9] 1953년에 체결된 한·미상호방위조약이 비대칭 동맹의 특성을 지닌다.

비대칭 동맹의 경우 동맹국 간의 국력 차이가 크면 클수록 동맹의 수명이 길어지고, 하나의 강대국이 포함된 동맹이 두 개 이상의 강대국이 포함된 동맹보다 더 오래 유지된다는 연구결과도 있다.[10] 롤먼과 뉴먼(David Lalman and David Newman)은 동맹형성의 가장 중요한 목적은 무엇보다도 자국의 안보수준을 극대화하는 것이라고 주장한다. 이들은 1815년 이후의 유럽의 동맹사를 중심으로 한 연구에서 동맹을 맺은 국가들의 88%가 그 동맹의 결과 자국의 안보수준의 증대목적을 달성한 반면, 오직 12%만이 자국의 안보수준을 떨어뜨렸다는 결과를 얻었다. 다시 말해 1815년 이후 유럽에서 맺어진 동맹들 중 안보증대 목적이 아닌 다른 목적으로 동맹이 형성된 경우는 12%밖에 안 된다고 볼 수 있다는 것이다.[11]

세력균형이론은 동맹의 목적을 국력집합으로 간주한다. 따라서 그 어떤 국가도 상대적으로 국력이 비슷하기만 하면 동맹대상국이 될 수 있으며, 이러한 동맹의 수명은 짧게 마련이다. 언제든지 필요에 따라 새로운 동맹관계를 맺거나, 유지되어 온 동맹을 파기할 수 있다. 즉, 영원한 적도 영원한 우방도 없다.

이에 반해 세력전이이론은 동맹의 수명이 길다고 주장한다. 지배국 또는 패권국이 맺는 동맹관계는 거의 다 비대칭적 동맹관계이다. 어떤 특정 국가도 패권국에 비해 상대적으로 국력이 강하지 않기 때문에 동맹이 국제체제 내의 세력의 판도에 영향을 미칠 가능성이 거의 없다. 이러한 비대칭적 동맹은 주로 같은 이념을 신봉하는 국가들 간에 맺어지며, 한번 동맹관계가 성립되면 그 수명은 오래간다.[12] 양극체제하에서 미국과 서방국가들이나 미국과 한국의 동맹관계는 자유민주주의와 시장경제 이념을 바탕으로 성립되었으며, 냉전 종식 이후에도 아직 유지되고 있다. 월츠(Kenneth Waltz)에 의하면 다극체제하에서는 동맹관계가 대칭적이고 유연한 반면, 양극체제하에서는 비대칭적이고 유연하지 못하다.[13]

월츠, 월트 등은 동맹의 형성목적을 균형(balancing)을 유지하기 위한 것과 우세한 세력 쪽으로 편승(bandwagoning)하는 것으로 나눈다.[14] 균형동맹은 힘이 우세한 위협세력에 대항하는 동맹을 형성하여 위협세력과 세력균형을 유지하기 위한 것이다. 만일 위협세력이 패권세력이 되는 것을 미연에 방지하지 못하면 자국의 자주적 존립이 위태롭게 되기 때문에 동맹을 결성하여 적극 대처한다. 처칠(Winston Churchill)은 영국의 약 400여 년간의 지속적 동맹정책은 유럽대륙에서 강하고 위협적인 세력에 대항하는 것이었다고 하였다. 사실상 강대세력과 동맹을 맺어서 대륙을 점령하고 그 전리품을 나누어 가지는 매력도 있었지만, 영국은 항상 상대적으로 약한 편에서 강대세력을 견제하였다고 회고한다. 이는 영국의 '위대한 고립' 정책을 지칭하는 것이다. 키신저(Henry Kissinger) 역시 『백악관 시절』에서 1970년대 초 미국과 중국 간의 화해를 추진한 이유를 미국, 소련, 중국 세 국가가 삼각관계에 처해 있는 경우에는 약한 쪽과 동맹을

맺는 것이 더 유리하다고 믿었기 때문이라고 하였다.[15]

힘이 우세한 위협세력에 대항하여 동맹을 형성하는 또 하나의 이유는 힘이 약한 쪽에 참여할 경우 그 동맹 내에서의 자국의 영향력이 증대하기 때문이다. 힘이 약한 쪽의 동맹에 참여할 경우 동맹국들이 자국의 도움을 필요로 하는 반면, 힘이 우세한 쪽에 참여할 경우 자국의 영향력은 미미해질 수 있고 동맹 내에서 가장 우세한 국가의 정책에 보조를 맞추어야 될지도 모르기 때문이다. 그렇다고 해서 균형동맹을 맺기를 원하는 국가가 국력이 약한 국가를 동맹파트너로 물색하는 것은 아니다. 당연히 국력이 약한 국가보다 국력이 강한 국가를 동맹파트너로 원하는 경향이 있다. 위협세력과의 힘의 균형을 유지하는 데 국력이 강한 동맹파트너가 훨씬 효과적이기 때문이다.[16]

두 번째로, 우세한 세력과 편승동맹을 맺는 경우는 그리 흔하게 발생하지는 않지만 널리 알려진 동맹전략 중 하나이다. 이러한 동맹관계를 결성하는 동기로는 먼저 우세한 세력에 대한 유화정책을 사용하기 위한 것이다. 우세한 세력이나 급부상하는 세력과 동맹을 맺음으로써 우세한 세력으로부터의 잠재적 위협을 피해 보려는 경우이다. 또한 전시에 우세한 세력에 편승하여 전쟁에서 승리한 후 전리품을 획득하기 위한 경우도 생각할 수 있다. 무솔리니(Benito Mussolini) 이태리 파시스트(fascist) 지도자가 1940년에 프랑스에 전쟁을 선포한 경우나 러시아가 1945년에 연합국 편에 서서 일본에 전쟁을 선포한 경우를 예로 들 수 있겠다.[17]

일반적으로 약소국일수록 균형동맹 정책보다는 편승동맹 정책을 취하는 경향이 있다. 약소국이 균형동맹에 참여할 경우 그 국가가 동맹세력 증대에 미치는 영향은 미미한 반면, 적대국가의 원한을 사기가 쉽기 때문이다. 강대국의 경우는 열세에 놓인 동맹에 참여하여 전세를 역전시킬 수도 있지만 약소국의 경우는 그럴 수 없다. 또한 약소국의 경우 위협세력에 대항하기 위한 적당한 동맹파트너를 쉽게 구하지 못할 경우 대부분 편승동맹 정책을 취하게 된다. 특히 인접 강대국을 위협세력으로 둔 약소국일 경우 균형동맹보다는 편승동맹을 맺는 경향이 있다. 강대국과 인접한 약소국이 균형동맹 정책을 취하기를 원한다고 하더라도 인접 강대국의 위협에 대항하여 자국의 동맹국들로부터 지원을 받을 때까지 자력으로 자국을 지킬 수 있는 능력이 충분하지 않을 경우 결국 편승동맹 정책을 취하게 된다.[18]

국가가 균형과 편승 동맹정책 중 한 가지를 선택하는 이유로 월츠는 국력에 초점을 맞춘다. 그러나 월트에 의하면 국가는 국력이라기보다는 위협에 대항해서 동맹을 맺는다는 '위협균형'(balance of threat)론을 주장한다.[19] 국력이 상대적으로 약한 국가가 군사력 이외에 다른 측면에서 주변국을 위협할 경우 주변국은 다른 강대국들과 동맹을 체결하여 상대적으로 국력이 약한 위협적인 국가에 대항할 가능성이 높다는 것이다.[20] 제1, 2차 세계대전 때에도 영국, 프랑스, 러시아 등 강대국들이 상대적으로 국력이 약했던 독일의 위협에 대항하여 연합군을 형성한 바 있다는 것이다.

또한 월트는 편승동맹보다는 균형동맹이 더 빈번하다고 설명한다. 편승동맹은 성공적이라 하더라도 상대적으로 국력이 강한 위협적인 국가에 종속하는 자세를 취하는 동맹인 반면, 균형동맹은 훨씬 더 자주적인 입장을 취할 수 있기 때문이다. 게다가 위협적인 강대국이 편승정책을 취한 자국에 대해 영원히 호의적이라고 믿기 어렵기 때문이라는 것이다.

미어샤이머(John Mearsheimer)는 현상타파 강대국들로 구성된 다극체제에서 특정국가가 경쟁국으로부터 도전을 받을 때 방어태세를 취하는 경우가 발생하는데, 이때 균형과 '책임전가'(buck-passing) 두 가지 동맹전략 중 하나를 선택하게 된다고 설명한다. 책임전가 전략은 말 그대로 도발국이 체제 내 세력균형을 위협하면서 도전을 해 올 경우, 동맹국 또는 다른 강대국이 나서서 도발국에 대해 세력균형을 유지하도록 하고 자국은 아무런 행동을 취하지 않고 수수방관하는 전략이다. 미어샤이머는 강대국들의 국력이 고르게 분포된 균형적 다극체제에서 책임전가 전략이 강대국에 의해 사용될 가능성이 가장 높다고 설명한다. 불균형적 다극체제에서 책임전가를 할 경우 국력이 약간 우위에 있는 도발국가를 다른 강대국이 견제하는데 실패하여 세력균형이 깨어지는 경우가 발생할 수도 있기 때문이다. 또한 도발국과 국경을 접하고 있을 경우에는 균형동맹 전략을 채택하기 쉬운 반면, 인접해 있지 않거나 바다를 사이에 두고 있을 경우에는 책임전가 전략을 쓰는 경우가 많다고 설명한다. 특히 미어샤이머는 강대국들이 편승전략을 사용할 가능성은 거의 없다고 주장한다.[21]

슈뢰더(Paul Schroeder)는 중견국의 동맹전략에 관해 언급한다. 국제체제 또는 지역체제 내에서 중견국이 국가안보나 국가생존에 대한 군사적 위협에 노출되었을 때 균형동맹 전략이나 편승동맹 전략 이외에 '위협으로부터 회피'(hiding from threats) 전략을 사용하기도 한다고 지적한다. 이는 위기상황에서 스스로 중립을 선언하든지 아니면 타국과 동맹을 체결하지는 않고 단지 외교적, 비군사적 지원을 제공하며 우호적인 입장을 표명하는 전략을 지칭한다. '초월'(transcending) 전략을 사용하기도 하는데, 이는 전쟁방지나 위협해소를 위한 국제적 공감대를 형성하거나 이와 관련된 국제법이나 국제규범 등을 통해 제도적으로 문제를 해소하려는 전략을 의미한다. 또한 '특화'(specializing) 전략을 사용하기도 하는데, 이는 체제 내에서 특정이슈나 분야에서 중요한 국제적 기능을 수행하거나, 다른 행위자들이 감당할 수 없는 중요한 특정역할을 맡으며 이러한 자국의 특수한 기능이나 역할이 체제 내 많은 나라로부터 인정받아서 자국에 대한 지지를 이끌어 내려고 하는 전략을 말한다. 체제 내 국가들의 인정과 지지를 받게 될 경우 중견국은 특정분야에서 리더십을 발휘하며 국가안보뿐 아니라 발전을 보장받을 수 있게 된다는 것이다.[22]

슈뢰더는 1815년 이후 네덜란드와 1830년 이후의 벨기에는 중립국이라는 특화된 역할을 통해서 영국이 프랑스의 세력확장을 견제하는 방벽으로 사용하게 했고, 오스트리아, 프러시아 및 독일제국이 영국과 유럽의 정치, 경제적 연결통로로 사용하게 함으로써 자국의 생존을 추구했다고 설명한다. 스위스 역시 중립국화를 통해 독일과 이태리 사이의 통로를 어느 쪽 강대국의 영향력하에도 넣지 않고 프랑스, 오스트리아, 독일제국이 함께 책임지도록 유도하여 중립국 역할을 인정받았다고 지적한다. 또한 덴마크와 스웨덴 역시 발틱해로 진출하는 입구를 지키는 중립국 역할을 담당하여 16세기 후반부터 19세기 초반까지 주변국가들의 경제 및 통상적 이해관계를 만족시키는 특화전략을 활용한 사례라고 설명한다.[23]

2. 동맹공약

역사적으로 국가들은 군사동맹을 잘 활용하여 적국의 침략을 억제하여 전쟁을 방지하였다. 동맹공약을 잘 이행한 국가들은 동맹국을 도와 전쟁을 억지하는 데 성공하기도 했다. 그러나 이러한 국가들은 동맹공약을 이행하려다 전쟁에 휘말려들기도 하였으며, 이에 따라 전쟁이 확전되기도 하였다. 스미스(Alastair Smith)는 동맹공약 준수에 대한 신뢰성이 높은 경우 동맹관계는 적대국으로부터 침공가능성을 억제하는 역할을 한다고 지적한다.[24] 휴스(Paul Huth), 러셋(Bruce Russett) 역시 특정 동맹관계가 전쟁억지에 실패했다고 하더라도 침공당한 약소국이 강대국과 동맹관계를 맺고 있는 경우, 강대국이 약소국동맹을 도와 참전할 가능성이 높다고 주장한다.[25]

그러나 동맹의 문제점은 방위조약, 중립조약, 협상(entente) 등의 공약이 서명국들 간에 항상 이행되는가 하는 것이다. 평화 시에는 잘 지켜지는 것처럼 보일지 몰라도 서명국들 중 일부가 곤경에 처했을 때 다른 서명국들이 공약이행의 의무를 수행하지 않을 수도 있다.

여기서 잠시 동맹공약에 대한 신뢰성과 관련이 있는 18세기 프랑스 철학자 루소(Jean-Jacques Rousseau)의 사슴사냥(Stag Hunt) 이야기를 되새겨 보자. 한 동네의 사냥꾼들이 사슴사냥에 나선다. 숲속에서 사슴몰이 포위망을 좁혀 가고 있는 와중에 산토끼가 눈앞에 나타난다. 사냥꾼 한 명이 산토끼를 잡기 위해 이탈하는 순간 사슴은 구멍 난 포위망 사이로 도망간다. 루소의 사슴사냥 이야기를 두 사냥꾼 간의 게임으로 만들면 다음과 같다. 사냥꾼 A와 B가 사슴사냥에 나선다. A와 B는 각각 자신의 위치를 지키며 협력하여 사슴몰이를 할 경우 해가 지기 전에 사슴을 잡을 수 있을 것이라고 다짐하고 서로 협력해서 사슴을 사냥하기로 약속한다. 두 사냥꾼이 한참 동안 숲속을 헤매는 가운데 사냥꾼 앞에 산토끼가 나타난다. 사냥꾼은 마음만 먹으면 산토끼 한 마리를 혼자서 잡을 수 있다. 사슴몰이로 날이 저물어 가던 중 배가 고프기 시작한 사냥꾼은 사슴몰이를 포기하고 눈앞에 보이는 산토끼를 잡아서 혼자 배를 채우고 싶은 유혹에 빠진다. 사냥꾼은 유혹을 떨치고 동료와의 약속을 지키며 사슴을 잡는 데 성공하여 큰 이득을 챙길 것인지 아니면 당장 산토끼라도 혼자 잡아서 작은 이득을 챙기는 것으로 만족할 것인지 고민에 빠진다. 두 사냥꾼이 상대방에 대한 확고부동한 신뢰가 있다면 유혹을 떨치고 해 지기 전에 사슴을 잡는 데 성공하겠지만, 혹시라도 상대방이 약속을 지키지 않고 산토끼를 잡으러 갈지도 모른다는 의심을 한다면 두 사냥꾼 모두 각각 산토끼를 잡으러 갈 수도 있는 상황이다. 이러한 사슴사냥 게임을 '동시 게임'(simultaneous game)으로 나타내면 〈그림 5-1〉과 같다.

〈그림 5-1〉 사슴사냥 게임

		B 사슴	B 산토끼
A	사슴	2, 2	0, 1
A	산토끼	1, 0	1, 1

사슴사냥 게임에는 순수 '내시'(Nash) 균형점이 두 개가 있다. 두 사냥꾼 A와 B가 끝까지 협력해서 사슴을 잡는 데 성공하는 경우(2, 2)와 A와 B가 서로를 신뢰하지 못하고 각각 혼자서 산토끼를 잡는 경우(1, 1)이다. 이 게임에서는 서로 협력하지 않더라도 산토끼는 혼자서 반드시 잡을 수 있다. 그러니 최소한 배를 곯지는 않는다는 보장이 있다. 다만 더 큰 이득을 챙기기 위해서는 상대방에 대한 확고부동한 신뢰가 전제되어야 하기 때문에 이 게임은 '신뢰 딜레마' 게임이라고도 불린다.

사슴사냥 게임은 동맹 간의 신뢰관계의 중요성에 경종을 울린다. 한 · 미동맹을 예로 들어 보자. 만일 미국정부가 북한의 비핵화 대신 미국본토에 위협이 되는 북한의 대륙간탄도미사일(ICBM)과 잠수함발사탄도미사일(SLBM)의 폐기에만 열중하는 동시에 방위비 분담금 증액에 관한 이견 등으로 주한미군의 감축을 추진할 경우 미국이 동맹국 한국에 제공하고 있는 확장억지(extended deterrence)에 대한 신뢰가 무너져 내릴 수도 있다. 만일 한국정부가 남북교류의 급진전에 치중한 나머지 일방적으로 대북 경제제재 조치와 군사적 대응태세를 성급하게 완화해 나간다면 동맹국 한국에 대한 미국의 신뢰에 균열이 생길 수도 있다. 향후 특정 시점에서 한 · 미동맹 간 신뢰 부재로 인해 미국정부가 한 · 미동맹 없이 미 · 일동맹만으로 동북아지역에서 자국의 사활적 이해관계를 추구할 수 있다고 판단하게 되고, 한국정부 역시 한 · 미동맹 없이도 남북한 우리민족끼리 협력과 중국과의 관계를 강화하여 한반도안보와 평화를 유지해 나갈 수 있다고 오판하게 될 경우, 한 · 미동맹은 사슴사냥 게임에서 두 사냥꾼이 각각 산토끼를 잡기 위해 독자적 행동을 하는 균형점(1, 1)으로 치닫게 되는 꼴이 된다. 최선의 결과인 신뢰에 바탕을 둔 상호협력을 통한 사슴사냥의 성공(2, 2), 즉 신뢰에 바탕을 둔 굳건한 한 · 미동맹 양국이 서로 협력하여 북한 비핵화를 이끌어 내고 한반도안보와 평화를 추구해야 하는데 말이다.

부에노 데 메스키타(Bruce Bueno de Mesquita)의 1815년 이후부터 최근까지의 동맹관계 연구 결과를 정리한 〈표 5-1〉에 의하면 동맹을 보유한 국가들이 전쟁을 치를 때 그중 64%는 동맹국들로부터 지원을 받았는 데 반해, 동맹을 보유하지 않은 나라들이 전쟁에 참가할 때는 그들 중 25%만이 타국으로부터 지원을 받았다. 〈표 5-2〉는 동맹관계를 맺고 있는 국가가 적국에 의해 침공당했을 때 76%가 동맹국들의 지원을 받았고, 타국과 동맹관계를 맺지 않고 있던 국가

들이 적으로부터 침공당했을 때는 17%만이 타국으로부터 지원을 받았음을 보여 준다.[26]

〈표 5-1〉 동맹 간의 공약 이행 – 참전 시

	동맹을 포함한 제3국의 지원 유무	
	유	무
동맹을 보유한 국가가 참전 시	64%	36%
동맹을 보유하지 않은 국가가 참전 시	25%	75%

출처 : Bueno de Mesquita(1981)

〈표 5-2〉 동맹 간의 공약 이행 – 침공당했을 때

	동맹을 포함한 제3국의 지원 유무	
	유	무
동맹을 보유한 국가가 침공당했을 때	76%	24%
동맹을 보유하지 않은 국가가 침공당했을 때	17%	83%

출처 : Bueno de Mesquita(1981)

자브로스키(Alan Sabrosky)의 연구는 방위조약과 협상(entente)의 경우는 동맹공약을 이행하는 경우가 많은 데 비해, 중립조약 또는 불가침조약은 동맹공약을 잘 이행하지 않고 서명국의 상대편인 적대세력에 협조하는 경우가 많았음을 보여 준다.[27] 이러한 통계들은 국가들 간의 군사적 동맹공약이 항상 지켜지지는 않지만, 전혀 무의미한 것은 아님을 보여 준다고 하겠다.[28]

리즈(Brett Ashley Leeds) 역시 역사적으로 동맹공약들 중 75% 정도가 성실히 준수되었다고 주장한다.[29] 리즈는 동맹공약이 준수되지 않은 25%의 경우는 대부분 동맹을 체결한 지 오랜 시간이 지난 후 동맹공약을 준수해야 하는 상황이 발생했을 때 일어났다고 설명한다. 동맹을 체결하고 오랜 시간이 지난 후에서야 동맹공약을 준수해야 하는 상황이 발생할 때는 동맹공약이 준수되지 않는 경향이 높다는 것이다.

국가들 간에 동맹조약이 체결된 이후 동맹국 중 한 국가에서 레짐의 변화가 일어날 수 있다. 권위주의 국가에서 민주국가로 변한다든지 또는 민주국가에 독재자가 등장한다든지 하는 정권의 변화가 일어났을 때 동맹공약이 지켜지지 않을 가능성이 높다는 것이다. 또한 국가체제가 새로운 거버넌스(governance)체제로 변했거나 선임자와 전혀 다른 이념이나 정책을 천명하는 지도자가 등장했을 때 선임자가 맺은 동맹공약이나 조약들이 지켜지지 않을 가능성이 높다는 것이다. 물론 새로 탄생한 정권이 선임자가 맺은 동맹공약이나 조약들을 준수할 것을 천명함으로써 국제체제로부터 정통성을 얻어 낼 목적이 있다면 예외일 수도 있을 것이다.

또한 동맹을 체결한 지 오랜 시간이 지난 경우 그동안 국가의 국력이 증대하거나 약해질 수가 있다. 그런 경우 국력의 변동을 겪은 국가들은 동맹공약을 준수하지 않는 경향이 있다. 국력이 강해진 경우 동맹의 도움이 더 이상 절실하지 않기 때문에 굳이 동맹공약을 준수하려 하지 않는다는 것이다. 국력이 약해진 경우는 자국이 전쟁의 승패에 미치는 영향력이 약해지기 때문에 전쟁에 참여하기를 꺼려 하는 경향이 있고, 같은 이유로 상대 동맹국이 자국에 대한 동맹공약을 준수할 가능성이 낮다는 것이다.[30]

동맹이 국력증대를 위한 중요한 수단이며 동맹조약 서명국들은 동맹의 형태와 자국이 처해 있는 상황에 따라 동맹공약을 준수하는 정도가 다르다는 주장도 설득력이 있다. 예를 들어 방위조약의 경우 불가침조약이나 중립조약보다 공약이행 가능성이 더 높다. 또한 A국가, B국가와 각각 방위동맹을 맺고 있는 C국가의 경우, A국가와 B국가 사이에 분쟁이 발생할 경우 C국가는 중립을 지킬 가능성이 높다.[31]

위의 다양한 동맹관련 연구 결과들은 동맹공약이 단지 '종잇조각'에 불과한 것으로 간주할 수는 없다는 것을 잘 보여 준다. 이들의 19세기 및 20세기 외교사 연구결과가 보여 주듯이 대부분의 경우 동맹공약이 성실히 이행되었다.[32]

월트는 현존하는 동맹관계가 악화되어 동맹관계가 파기되는 경우와 동맹의 수명이 계속 연장되는 데 중요한 역할을 하는 변수들을 지적한다.[33] 먼저, 동맹관계가 악화되거나 동맹의 수명이 다해서 기존 동맹관계가 파기되는 데 영향을 미치는 요인들 중 하나로 위협에 대한 인식의 변화를 지적한다. 동맹은 주로 외부의 위협에 대항하기 위해서 형성된다. 만일 동맹국 당사자들의 외부 위협의 존재에 대한 인식이 변하거나 달라진다면 기존 동맹관계는 약화되거나 와해될 수 있다. 동맹 당사국들이 공통으로 대비했던 위협이 사라졌을 경우 동맹이 해체될 수 있다. 또한 동맹 당사국들이 잠재적 적대국으로부터 더 이상 위협을 느끼지 않는다고 인식하게 될 경우에도 기존 동맹을 해체할 수 있다. 위협이 계속 존재한다고 하더라도 동맹파트너 중 어느 한쪽이 동맹 이외의 다른 방법으로 위협에 대처할 수 있다고 판단할 경우 기존 동맹은 와해될 수도 있다.

둘째, 동맹 당사국 중 약소국이 강대국 동맹파트너의 동맹공약 준수여부에 대해 신뢰하지 않을 경우 기존 동맹관계가 와해될 수 있다. 이러한 문제는 동맹국들이 지리적으로 멀리 떨어져 있는 경우에 더 심각한 양상을 띤다. 특히 약소국 동맹 당사국이 위협에 노출되어 있을 경우 약소국은 유사시 강대국 동맹파트너의 군사적 지원 가능성에 대해 회의적으로 판단할 수 있기 때문이다.

셋째, 기존 동맹이 국내정치적 문제와 연계될 경우 그 동맹관계가 위태로워질 수 있다. 먼저 사회 주요구성원의 변화가 있는 경우, 즉 사회를 주도하는 세력이 노년층에서 중년 또는 장년층으로 바뀐 경우를 들 수 있다. 또는 사회 주요 구성원의 출신 성분이 바뀔 경우에도 기존 동맹의 수명이 단축될 수 있다. 예를 들어 미국 사회의 주요구성원들은 이스라엘이나 유럽의 혈통과 관련된 계층이지만 시간이 지남에 따라 아시아나 중남미 국가들과 관련이 있는 계층이 늘어나고 있다. 이러한 사회 주요 구성원의 변화는 국가정체성을 형성하고 국가이익을 결정하는 데 중요한 역할을 한다. 이러한 사회구성원에 변화가 있을 경우 기존 동맹관계에 변화가 올 가능성이 높아진다.

또한 기존 동맹이 국내정치 세력에 의해 정치도구화될 때 그 동맹의 수명이 줄어들기도 하고 연장되기도 한다. 특히 기존 동맹이 특정 정치집단의 이해관계나 이념과 연관되어 있을 경우 경쟁상태에 있는 정치집단에 의해 정치적으로 도구화될 가능성이 높다. 기존 동맹체제가 국가주권을 침해하는 듯한 이미지를 내포하고 있는 자율성·안보 교환동맹의 경우 문제는 더욱 심각해질 수 있다. 드골(Charles de Gaulle) 프랑스 대통령은 1967년 NATO의 군사지휘권이 통합되는 데 반대한다는 이유로 NATO에서 탈퇴하는 결정을 내렸고, 이러한 결정은 드골의 국내정치적 입지를 강화시키는 데 아주 효과적이었다. 또한 1985년 미군함정들이 호주·뉴질랜드·미국 간의 삼국동맹(ANZUS) 당사국인 뉴질랜드의 항구에 입항하려 했을 때 뉴질랜드의 좌파 정치지도자들은 미군함정이 핵무기를 탑재하고 있지 않다는 사실을 입증하기 전에는 입항할 수 없도록 하여 ANZUS

동맹을 위태롭게 하기도 했다.

리즈가 지적한 바와 같이 월트 역시 동맹국 내 정권의 변화와 기존동맹의 수명은 연관이 있음을 지적한다. 국가이익이란 정해져 있는 것이 아니라 주요 사회구성원, 특히 지도자들에 의해서 구성될 수 있기 때문에 어떤 이념을 가진 정권이 새로이 등장하는가에 따라 기존 동맹도 영향을 받을 수 있다는 것이다.

월트가 동맹의 수명이 연장되는 데 도움을 준다고 지적하는 변수들을 살펴보자. 먼저, 패권적 지도체제가 동맹의 수명 연장에 도움이 된다. 동맹국 중 강대국이 군사동맹을 유지하는 데 드는 비용을 훨씬 많이 부담할 때 약소국 동맹파트너는 동맹관계를 계속 유지하기를 원할 가능성이 높다. 또한 강대국 파트너가 패권국가로서 특정지역에서 영향력을 유지하는 것이 사활적인 국가이익이라고 간주할 경우 특정지역 내 기존 동맹이 계속 유지될 가능성이 높다.

둘째, 강대국 파트너가 여러 지역에서 다수의 다양한 동맹관계를 유지하고 있을 때 특정지역의 기존 동맹이 유지될 가능성이 높다. 특정지역의 기존 동맹공약이 강대국에 의해서 준수되지 않을 경우 다른 지역의 동맹국에게 동맹의 신뢰성 문제를 야기하고 강대국의 국제적 신뢰도를 떨어뜨릴 수 있기 때문이다.

셋째, 국내정치적 이유로 인해 기존 동맹관계가 계속 유지될 수도 있다. 즉 특정정치집단의 이해관계에 의해서 기존 동맹체제의 중요성이 강조될 수 있다.

마지막으로, 기존 동맹체제가 제도화될 경우 동맹의 수명은 연장될 가능성이 높다. 기존 동맹체제가 제도화될 경우 동맹관련 업무를 담당하는 관료집단이 형성되어서 동맹의 존재이유가 사라진 이후에도 관료집단이나 이익집단에 의해서 기존 동맹체제가 계속 유지될 수도 있기 때문이다.

3. 동맹관리

동맹관리는 '동맹딜레마'와 직결된다. 동맹딜레마는 포기(abandonment)와 연루(entrapment)의 두려움 사이에서 발생한다.[34] 먼저 포기에 대한 두려움이란 동맹을 체결한 국가가 동맹파트너로부터 버림을 당할까 봐 두려워하는 것이다. 자국의 동맹파트너가 다른 국가와도 동맹을 맺고 있는 경우 자국에 대한 불만으로 인해 다른 동맹파트너와 동맹관계를 더 강화하고 자국과의 동맹은 포기할 것을 두려워할 수도 있다. 그 반대는 연루에 대한 두려움이다. 연루란 동맹공약을 준수하기 위해서 자국의 국익에는 도움이 되지 않지만 동맹국의 이해관계로 인해 동맹국이 원하는 전쟁에 어쩔 수 없이 참전하게 되는 것을 의미한다. 파트너의 동맹공약 이행을 확신하는 동맹국이 적국에 대해 무모한 도발이나 강경자세를 취하는 것을 두려워하는 것이다. 동맹포기와 관련된 비용이 자국 안보의 심각한 손실이라면, 동맹연루와 관련된 비용은 외교, 군사정책 결정과정에서 자율성의 심각한 손실이라고 할 수 있을 것이다.

포기의 두려움을 극복하기 위해서는 동맹국에 대한 공약과 지원을 증대시켜서 동맹국이 자국을 배신할 유혹을 덜 받도록 해야 할 것이다. 그러나 이러한 행위는 자국이 동맹국의 무모한 분쟁에 연루될 가능성을 높인다. 연루에 대한 걱정을 덜기 위해서는 동맹국에 대한 공약을 완화시키든지 아니면 동맹국이 현재 처한 위기상황이나 분쟁상황에 대해 지원을 중단하는 방법이 있을 것이다. 그러나 이는 동맹조약의 가치를 떨어트려서 나중에 동맹국이 자국을 배신하게 할 가능성이 높다. 이와 같이 포기의 두려움을 극복하려고 할 경우 연루의 문제에 빠질 수 있고, 연루의 걱정을 해소하려고 할 경우 포기의 두려움에 직면하게 되는 동맹딜레마가 발생한다.

동맹포기는 공식적으로 동맹을 파기하거나, 형식적으로 동맹관계는 유지하되 동맹공약을 이행하지 않는 형태로 나타날 수 있다. 포기의 더 일반적인 형태는 자국이 적국과 분쟁상태에 놓여 있는 경우에 동맹파트너가 외교적, 군사적 지원을 하지 않는 것이다. 이러한 상황이 계속될 경우 형식적으로 동맹관계가 유지된다고 하더라도 양국 간의 동맹은 별 의미가 없는 것이 되고 만다.

연루의 경우 동맹국의 국익과 직결되면 될수록, 동맹국이 파트너로부터의 지원을 확신하면 할수록, 동맹국의 위험부담 성향이 높으면 높을수록, 동맹국은 적국과의 전쟁에 더 무모해지거나 강경 자세를 취할 가능성이 높아진다. 그리고 자국의 동맹공약이 더 확고하면 할수록 자국은 어쩔 수 없이 동맹국이 원하는 전쟁에 연루될 가능성이 높아진다. 물론 연루될 가능성이란 자국은 동맹국이 원하는 전쟁에 아무런 이해관계가 없다는 것을 의미한다. 조금이라도 이해관계가 있으면서 전쟁에 동참하기를 꺼려 하는 것은 책임전가나 무임승차(free riding)라고 할 수 있을 것이다. 연루는 전혀 예기치 않고 있다가 동맹국이 감행한 전쟁에 말려들거나, 동맹국이 적국에 대해 선전포고하는 데 동참하거나, 전쟁의 위기를 협상으로 해결하려고 할 때 강경자세로 동맹국을 지원하지 않을 수 없는 형태로 나타난다.

동맹관리의 핵심은 동맹포기 문제가 발생하지 않도록 하는 것이다. 동맹조약 내용 자체를 동맹국에 유리하게 수정하는 방법, 외교적 채널을 통하거나 공식적 지지선언을 통해 기존 동맹공약을 강화하는 방법, 또는 동맹국이 처한 분쟁에 적극 동참해서 동맹공약에 충실함을 행동으로 보여 주는 방법 등을 통해서 동맹을 관리할 수 있다. 다른 방법으로는 동맹국으로 하여금 자국에 대한 지원 강화를 요청하고 이를 수용하지 않을 경우 먼저 동맹을 포기할 것이라고 위협하는 것이다. 물론 이러한 방법은 동맹국으로 하여금 기존 동맹관계를 청산하도록 결심하게 만들 수도 있는 위험이 따른다.

연루의 문제가 발생하지 않도록 하는 것 역시 동맹관리의 핵심 부분이다. 그러기 위해서 동맹공약을 완화하기도 하고, 지원을 중단할 것이라고 엄포를 놓을 수도 있다. 그럴 경우 동맹국은 적국에 대해 덜 강경한 자세를 취하게 되고 전쟁을 피하기 위해서 협상에서 손해를 감수하기도 한다. 단지 법적, 도덕적 동맹공약 이행의무 때문이 아니라 동맹국을 지원하는 데 전략적 국익이 있는 상황이라면 연루되기가 훨씬 쉽다. 물론 연루되지 않기 위해서 동맹국 간에 협의를 통해서 서로를 설득하려는 노력이 필요할 것이다.

동맹딜레마는 결국 동맹국 간의 이해관계, 의존, 공약과 직결된 문제이다. 동맹국 간에 공통의 이해관계가 있으면 동맹딜레마가 발생할 가능성이 낮다. 양국이 공통의 적으로부터 위협을 받고 있는 상황이라면 동맹포기나 동맹연루의 문제가 발생할 이유가 없다. 문제는 양국이 각각 다른 적대국의 위협을 받고 있는 상황이다. 이럴 경우 동맹포기와 동맹연루 문제가 동시에 발생할 수 있다. 예를 들어 제1차 대전 당시 프랑스와 러시아 간의 동맹을 보면, 러시아는 발칸반도에서 오스트리아와 이해관계가 상충된 반면 프랑스는 전혀 이해관계를 공유하지 않았다. 또한 프랑스는 알자스-로렌 지방에서 독일과 영토분쟁이 있었지만 러시아는 이에 대해 전혀 관심이 없었다. 프랑스와 러시아는 국가생존이라는 전략적 차원에서 이해관계를 공유한 것뿐이었다. 이럴 경우 동맹딜레마가 심각하게 발생할 수 있다.

두 번째로, 대칭적 동맹 간에 의존도가 각각 같은 수준으로 높으면 동맹딜레마도 심각하다. 그러나 비대칭적 동맹 간에 의존도가 차이가 나면 의존도가 높은 국가는 동맹포기의 두려움이 있는 반면, 동맹의존도가 낮은 국가는 연루의 두려움이 크다.

셋째, 동맹딜레마는 동맹공약에도 영향을 받는다. 동맹공약이 강하면 강할수록 동맹포기의 걱정은 없지만 동맹연루의 두려움이 있고, 동맹공약이 약하면 약할수록 그 반대 상황이 발생한다. 그래서 방위조약의 경우 동맹연루의 두려움이 크고 협상(entente)의 경우 동맹포기의 두려움이 크다.

4. 기대효용이론과 동맹

부에노 데 메스키타(Bruce Bueno de Mesquita)는 『전쟁의 함정』에서 기대효용(expected utility)이론을 소개하였다. 1980년대 초반 이후 기대효용이론은 전쟁의 원인, 동맹의 형성과 와해, 전쟁억지 등에 관한 광범위한 국제정치 현상들을 모두 심도있게 설명하고 예측하는 이론으로 미국 국제정치학자들 사이에서 관심의 대상이 된 바 있다. 여기서는 기대효용이론에 근거한 동맹관련 가설을 간략히 소개한다.[35]

기대효용이론이 전쟁의 원인을 어떻게 설명하는지 그 논리를 따져 보면 아주 간단하다. 한 국가가 어떤 특정국가에게 전쟁을 도발할 것인가를 결정할 때 고려되는 중요한 두 개의 변수는 전쟁을 치러서 이겼을 때 또는 졌을 때 자국에 돌아오는 국가 이익 또는 손실이 얼마나 큰지에 관한 효용변수, 그리고 전쟁에서 이기거나 질 확률이 얼마인지에 관한 확률변수이다. 전쟁에서 이길 확률이 높고 전쟁에서 얻을 수 있는 이익이 크다고 판단되면, 즉 전쟁을 통하여 얻을 수 있는 기대효용이 크다고 판단되면, 그 국가는 전쟁을 도발할 가능성이 높다는 것이다. 이러한 논리를 바탕으로 도출해 낸 세 가지 가설들을 소개해 보자. 먼저, 한 국가가 참전 결정을 할 때 자국과 가까운 국가 또는 자국이 이기기를 원하는 쪽을 도와 참전한다는 가설이다. 쉽게 수긍이 가는 직관적인 가설이다.

두 번째, 전쟁에서 자국의 영향력이 클수록 또는 자국의 국력이 다른 국가들에 비해 상대적으로 강할수록 한쪽 편을 들어 참전할 가능성이 높다는 가설이다. 이를 좀더 극단적으로 표현한다면 강대국 k가 약소국 i와 j 두 국가 중 어느 한쪽을 조금만이라도 더 선호한다면 k는 선호하는 약소국을 도와 참전한다는 것이다. 강대국은 사활적인 이해관계가 걸려 있지 않는 전쟁에도 위험을 무릅쓰고 전쟁에 참여할 가능성이 높다는 비직관적인(counter-intuitive) 가설이다.[36]

셋째, 동맹국들 간에도 분쟁이나 전쟁이 일어날 가능성이 있다는 주장이다. 예를 들어 A국가와 B국가는 동맹국인 데 반해, A국가와 C국가는 적대관계라고 하자. 만일 A와 C 두 국가 간의 사이가 최악의 상태에 있다면, 이들 두 국가 간에 당장 전쟁이 일어나지 않는 한 두 국가의 관계는 시간이 지남에 따라 조금이나마 호전될 가능성만이 존재한다. 두 국가 간의 사이가 이미 최악의 상태이기 때문에 더 이상 나빠질 가능성이 거의 없다는 말이다. 그러나 A와 B 두 국가는 아주 가까운 동맹관계에 있다고 했을 때, 시간이 지남에 따라 두 동맹국 간의 관계가 만일 변한다면 서로 멀어질 뿐이다. 두 동맹국이 이미 가장 가까운 관계에 있다고 한다면 말이다.

이러한 상황에서 A국가는 B국가가 자국으로부터 멀어지거나 자국의 정책노선과 위배되는 행위를 하면 B국가를 더 이상 자국으로부터 멀어지지 못하도록 통제하기를 원하고, 경우에 따라서는 무력을 사용하여 B국가의 발목을 잡아 놓을 가능성이 높아진다. 만일 A국가가 B국가와의 전쟁에서 이길 확률이 높다면 A국가는 동맹국인 B국에 무력을 사용해서라도 자국으로부터 멀어지지 못하도록 관리하려고 할 수 있다. 그럴 경우 동맹국들 간에 전쟁이 일어날 가능성이 높아진다.

그러면 정말 동맹 간의 전쟁을 흔히 볼 수 있는가? 냉전 당시 소련은 체코슬로바키아의 둡체크(Dubcek) 정권을 소련의 정책에 순응하는 정권으로 대체하기 위해 체코를 무력 침공했다. 그 당시 체코는 소련이 주도하는 바르샤바조약국의 일원이었다. 1979년에는 소련이 비슷한 이유로 아프가니스탄을 침공하였다. 아프가니스탄은 1978년에 소련과 아주 가까운 사이가 된 국가였다. 그 밖에 소련은 기회가 있을 때마다 동맹국들인 동독, 폴란드, 헝가리 등의 자유화 시도를 저지하기 위하여 무력제재를 가했다.

미국도 예외는 아니었다. 미국은 1965년에 동맹국인 도미니카 공화국을 침공하였고, 1980년대 초에는 그라나다를 침공하였다. 19세기의 외교사에서도 동맹 간의 전쟁을 찾아볼 수 있다. 예를 들어 1866년에 오스트리아-헝가리와 프러시아는 '7주 전쟁'을 치렀다. 오스트리아와 프러시아는 동맹국이었으며, 1864년에는 제2차 '슐레스비히-홀슈타인 전쟁' 당시 같은 편에서 싸우기도 하였는데 말이다.[37]

주

1 제5장의 내용은 김우상, "한 · 미동맹의 이론적 재고," 『한국과 국제정치』 제20권 1호(2004), pp.1-28을 대부분 재정리한 것이다.

2 Stephen M. Walt, *The Origins of Alliances* (Ithaca : Cornell University Press, 1987), p.12; Stephen M. Walt, "Why Alliances Endure or Collapse," *Survival*, 39(1997), pp.156-179.

3 Glenn H. Snyder, *Alliance Politics* (Ithaca : Cornell University Press, 1997); Brett Ashley Leeds, "Do Alliances Deter Aggression? The Influence of Military Alliances on the Initiation of Militarized Interstate Disputes," *American Journal of Political Science*, 47(2003a), pp.427-439; Brett Ashley Leeds, "Alliance Reliability in Times of War : Explaining State Decisions to Violate Treaties," *International Organization*, 57(2003b), pp.801-827.

4 Bruce Bueno de Mesquita, *The War Trap* (New Haven : Yale University Press, 1981), pp.114-115.

5 Melvin Small and J. David Singer, "Formal Alliances, 1816-1965 : An Extension of the Basic Data," *Journal of Peace Research*, 3(1969), pp.257-282.

6 Bruce Bueno de Mesquita and J. David Singer, "Alliances, Capabilities, and War : A Review and Synthesis," in Cornelius Cotter(ed.), *Political Science Annual : An International Review*, vol.4 (Indianapolis : Bobbs-Merrill, 1973).

7 Kenneth Waltz, *Theory of International Politics* (Reading : Addison Wesley, 1979), p.118.

8 James D. Morrow, "Alliance and Asymmetry : An Alternative to the Capability Aggregation Model of Alliances," *American Journal of Political Science*, 35 (1991), pp.904-933.

9 Morrow, *op. cit.*; Michael F. Altfeld, "The Decision to Ally : A Theory and Test," *Western Political Quarterly*, 37(1984), pp.523-544.

10 전자의 경우는 Manus I. Midlarsky, *The Onset of World War* (Boston : Unwin and Hyman, 1988), pp.158-168; 후자의 경우는 Bueno de Mesquita and Singer, *op. cit.*

11 David Lalman and David Newman, "Alliance Formation and National Security," *International Interactions*, 16(1991), pp.239-254.

12 A.F.K. Organski, *World Politics* (New york : Alfred A. Knopf, 1958); A.F.K. Organski and Jacek Kugler, *The War Ledger* (Chicago : University of Chicago Press, 1980).

13 Waltz, *op. cit.*

14 *Ibid.*; Walt, *op. cit.*(1987).

15 Henry Kissinger, *White House Years* (Boston : Little Brown and Company, 1979), p.178; Walt, *op. cit.*(1987), pp.18-21에서 인용.

16 *Ibid.*, p.27.

17 *Ibid.*, pp.18-21.

18 *Ibid.*, pp.29-31.

19 Stephen M. Walt, "Alliance Formation and the Balance of World Power," *International Security*, 9(1985), pp.3-43; Walt, *op. cit.*(1987).

20 월트는 종합국력, 인접성, 공격능력, 공격의도 네 가지 위협 요인들을 지적한다. *Ibid.*(1985), pp.8-13.

21 John Mearsheimer, "Back to the Future : Instability in Europe after the Cold War," *International Security*, 15(1990), pp.5-57; John Mearsheimer, *The Tragedy of Great Power Politics* (New York : W.W. Norton, 2001). 물론 월츠 역시 균형을 추구하는 방어적 국가들인 강대국이 편승전략을 취할 가능성은 거의 없다고 설명한다. Waltz, *op. cit.*

22 Paul Schroeder, "Historical Reality vs Neo-realist Theory," *International Security*, 19(1994), pp.116-125.

23 *Ibid.*, p.126.

24 Alastair Smith, 1995, "Alliance Formation and War," *International Studies Quarterly*, 39(1995), pp.405-425; Alastair Smith, "To Intervene or Not to Intervene : A Biased Decision," *Journal of Conflict Resolution*, 40(1996), pp.16-40; Alastair Smith, "Extended Deterrence and Alliance Formation," *International Interactions*, 24(1998), pp.315-343.

25 Paul Huth, "Major Power Intervention in International Crises, 1918-1988," *Journal of Conflict Resolution*, 42(1998), pp.744-770; Paul Huth and Bruce Russett "Deterrence Failure and Crisis Escalation," *International Studies Quarterly*, 32(1998), pp.29-45.

26 Bueno de Mesquita, *op. cit.*, pp.112-113.

27 Alan Sabrosky, "Interstate Alliances : Their Reliability and the Expansion of War," in J. David Singer(ed.), *The Correlates of War*, II : *Testing Some Realpolitik Models* (New York : Free Press, 1980).

28 한 국가가 전쟁에 참전 시 동맹을 포함한 주변국들로부터 기대할 수 있는 지원을 측정하는 방법에 관해서는 Michael F. Altfeld and Bruce Bueno de Mesquita, "Choosing Sides in Wars," *International Studies Quarterly*, 23(1979), pp.87- 112; Woosang Kim, "Alliance Transitions and Great Power War," *American Journal of Political Science*, 35(1991), pp.833-850; Woosang Kim, "Power Transitions and Great Power War from Westphalia to Waterloo," *World Politics*, 45(1992), pp.153-172 참조.

29 Brett Ashley Leeds, Andrew G. Long and Sara McLaughlin Mitchell, "Reevaluating Alliance Reliability : Specific Threats, Specific Promises," *Journal of Conflict Resolution*, 44(2000), pp.686-699.

30 Leeds, *op. cit.*(2003a).; Leeds, *op. cit.*(2003b).

31 W. Kim, *op. cit.*(1991); W. Kim, *op. cit.*(1992); Woosang Kim, "Power Parity, Alliance, Dissatisfaction, and Wars in East Asia, 1860-1993," *Journal of Conflict Resolution*, 46(2002), pp.654-671.

32 제1차 세계대전 당시 독일수상이었던 베스만-홀베그(Theobald von Bethmann-Hollweg)는 1914년 8월 벨기에 침공에 앞서 벨기에에 대한 중립공약을 '종잇조각'으로 간주했다. Leeds, *op. cit.*(2003b).

33 Walt, *op. cit.*(1997).

34 동맹딜레마, 동맹 포기, 동맹 연루에 관해서 Snyder, *op. cit.*, pp.180-192 참조.

35 Altfeld and Bueno de Mesquita, *op. cit.*; Bruce Bueno de Mesquita, "The Contribution of Expected Utility Theory to the Study of International Conflict," in Manus I. Midlarsky(ed.), *Handbook of War Studies* (Ann Arbor : University of Michigan Press, 1989) 참조. 그 밖에, 기대효용이론과 동맹 관련 연구로 Lalman and Newman, *op. cit.*; W. Kim, *op. cit.*(1991); W. Kim, *op. cit.*(1992); Chae H. Kim, "Third-Party Participation in Wars," *Journal of Conflict Resolution*, 35(1991), pp.659-677 참조.

36 1816년부터 1975년까지의 세계 전쟁사를 중심으로 부에노 데 메스키타가 이러한 동맹에 관한 가설을 검증한 결과, 참전하지 않을 것이라고 예측한 국가들 중 92%가 실제로 참전하지 않았고, 참전할 것이라고 예측한 국가들 중 87%가 실제로 참전하였다. Bueno de Mesquita, *op. cit.*(1989), p.161.

37 Bueno de Mesquita, *op. cit.*(1981), pp.73-83.

민주평화론

제6장에서는 자유주의 시각에 바탕을 둔 전쟁원인 연구의 소개에 중점을 두기로 한다. 자유주의 경제이론과 신자유제도주의 시각에 바탕을 두고 국제협력을 통한 체제안정의 연구에 중점을 두는 국제레짐론, 이와 연관된 상호의존론 등에 대해서 먼저 간략히 소개한 다음, 민주평화론을 소개하기로 한다.

1. 자유주의, 신자유주의와 평화

중상주의자들에 의하면 16세기부터 18세기 동안에는 전쟁과 교역, 통상이 상호보완의 관계에 있었다.[1] 이와는 반대로 스미스(Adam Smith), 리카도(David Ricardo)와 같은 자유주의 경제이론가들은 자본주의 경제와 자유무역에 의한 국제 시장경제가 국제체제 내 평화유지의 중요한 요인이 되어 왔다고 주장한다. 스미스는 『국부론』에서 한 국가의 무역정책이 주변 국가들을 가난하게 만들기보다는 더 부강하게 만들어 줄 때, 그 국가는 가장 많은 부를 축적하게 된다고 주장한다. 그러므로 전쟁과 침략적 중상주의보다는 자유무역이야말로 경제호황의 지름길이라는 것이다.[2] 스미스는 국가 간, 국가 내에는 선천적으로 이해관계의 조화가 존재하며 자유무역과 자유시장경제로 인해 국가들은 경제 효율성을 증대시키고 경제발전을 이루게 된다고 설명한다. 또한 자유무역과 자유시장경제는 자연적으로 국가 간 상호 이해관계의 조화를 촉진시키고 체제 내 평화를 유지시키는 원동력이 된다고 주장한다.

슘페터(J. A. Schumpeter)에 의하면 자본주의 경제는 근본적으로 평화를 추구하며 자본주의 정신은 군국주의 정신에 강력히 대항한다.[3] 자본주의 산업화는 상업계층뿐만 아니라 일반 대중들에게도 경제적 번영을 가져오고, 대외적으로 군사적 팽창정책보다는 안정적인 시장경제에서 이윤을 추구하는 방향으로 선택을 유도한다. 주민들은 부를 축적하기에 바빠 전쟁을 준비할 시간이 없게 되고, 국가는 대내적 성장과 산업팽창에 주력하게 되기 때문에 산업화는 여러 국가들이 국제분쟁에 관심을 가질 여력을 남기지 않고 흡수해 버린다.[4]

전통적으로 국가들은 무력에 의한 영토팽창 등으로 이윤을 추구해 왔지만, 자본주의체제하에서는 이러한 영토확장과 이윤추구를 위한 무력행사가 전혀 경제성이 없다. 국제 시장경제는 결국 한 국가정책의 목표로서 부의 축적과 영토확장을 분리시킨다. 부의 축적 정도가 더 이상 영토확장 및 지배에 좌우되지 않고 산업화와 자유무역에 근본을 두기 때문에 무력에 의한 영토팽창의 효용이 격감한다. 관세나 보호무역 조치와 같은 시장경제 메커니즘에 대한 간섭들이 국가 간의 경제이윤을 줄이게 되고 분쟁의 소지를 만든다.[5] 그러나 이러한 국제경제 분쟁조차 자유주의를 표방하는 국가들 간에는 협상에 의해 해결되기가 쉽다. 이러한 국가들의 부의 축적과 관련된 국가들 간 이해관계는 무력위협보다는 합리적 협상에 의해서 해결되기 쉽다. 그러므로 국가들 간의 평화유지책은 국가 간 무역과 협상을 도모하는 제도적 장치를 마련하는 데 있다.[6]

자유주의 경제이론은 마르크스주의(Marxism) 시각과는 정반대이다. 마르크스주의가 설명하는 전쟁원인을 한마디로 요약하면 다음과 같다. 자본주의체제 내에서 불공평한 부의 분배는 과대생산, 부적절한 국내투자 기회를 야기하고, 그 결과 경제침체 상태가 초래된다. 이러한 결과는 새로운 시장개척, 투자기회, 천연자원 등을 얻기 위한 자본주의국가들 간의 경쟁상태를 유도하게 되고, 이러한 제국주의적 팽창주의는 결국 자본주의국가들 간의 전쟁원인이 된다. 또한 자본주의 경제체제는 전시(戰時)경제체제를 유발하고, 잉여자본은 과다한 군사비 지출로 표출되어 군비경쟁과 같은 국제긴장상태의 증대를 유발시키고 궁극적으로는 전쟁의 원인을 제공하게 된다. 또한 자본주의국가들은 자신들의 경제상태가 악화되는 것을 방지하기 위해서 사회주의국가들에 대한 도발도 일삼게 된다.[7]

자유주의 경제이론에서 언급된 국제협력 도모를 위한 제도적 장치의 중요성은 자유주의 시각을 바탕으로 최근 발전된 상호의존론, 국제레짐론 등에서 이론적으로 잘 뒷받침된다. 신자유주의자들은 국제체제 내의 행위자로서 국가만을 중시하는 현실주의 시각으로는 1960년대부터 계속돼 온 초국가적 국제경제 거래량의 급성장을 쉽게 설명할 수 없기 때문에 다국적기업과 같은 국가 이외의 행위자들도 함께 고려해서 국제현상을 이해하려고 한다. 코헨(Robert Keohane), 나이(Joseph Nye), 크래즈너(Stephan Krasner)와 같은 학자들은 상호의존의 증대, 국제레짐 등이 국가 간의 협력을 증진시키고 체제안정을 도모한다고 주장한다.

코헨과 나이는 국제정치를 이해할 때 중앙정부로부터 통제받지 않고 국경을 오가는 국가 간의 상호작용, 접촉 및 제휴에 초점을 맞추어 초국가적, 초정부적 체제에 기대어 성장하는 다국적기업의 역할을 중시하는 상호의존론을 발전시켰다. 이 이론에서는 국가안보를 위한 국력증대, 특히 군사력의 중요성보다는 초정부적, 초국가적인 복합적 상호관계의 중요성, 군사력의 비효율성 등을 강조한다.

이와 같은 주장들은 1980년대의 신자유주의 또는 신자유제도주의의 등장으로 논리적 수정과정을 겪는다. 코헨과 같은 신자유제도주의자들은 국가가 체제 내의 중요한 행동단위체이며 국제체제는 근본적으로 무정부상태임을 인정하지만, 현실주의가 갈등, 분쟁의 측면을 지나치게 강조하기 때문에 국가 간의 협력가능성을 간과한다는 입장에는 변함이 없다. 그들은 무정부상태가 국가들의 협력 의지를 제약하기는 하지만 국가 간의 협력은 국제기구나 국제레짐을 통해 이루어질 수 있다고 주장한다.

〈그림 6-1〉은 제3장에서 설명한 죄수의 딜레마 게임을 나타낸다. 여기서 두 행위자 A와 B는 합리적으로 행동하기 때문에 이 게임을 한 번 치를 때의 결과는 두 행위자 모두 배반하는 (DD, DD)가 될 것이라는 것을 이미 설명한 바 있다. 그러나 두 행위자 모두 (DD, DD)보다 (CC, CC)를 선호한다. (CC, CC)는 두 행위자 모두 더 나은 보상을 받게 되는 '파레토 최적'의 결과가 될 수 있다. 다만 문제는 두 행위자 모두 어떻게 하면 (DD, DD)의 보상보다 (CC, CC)의 보상을 얻을 수 있는지 그 방법을 잘 모르는 것이라고 할 수 있다.

신자유제도주의자들은 이러한 무정부상태하에서도 원칙, 규범 등을 바탕으로 하는 국제레짐이나 국제기구가 존재한다면 두 행위자는 그러한 원칙이나 규범에 따라 서로 협력할 수 있는 길을 모색할 수 있다고 주장한다. 국제레짐, 국제기구 등은 원칙, 규범을 제공할 뿐 아니라 체제 내 국가들 간에 서로 정보를 공유하고 교환하는 장소로도 활용된다. 이러한 원칙, 규범의 제공이나 정보 공유, 교환은 무정부체제의 특성인 불확실성의 정도를 낮추게 되고, 체제 내 국가들 간의 협력가능성을 높인다. 즉 (DD, DD)가 아니라 (CC, CC)의 결과가 도출될 가능성을 높여 준다. 이와 같이 신자유제도주의에 입각한 이론들은 국제관계현상 중 국제정치경제에 비중을 두고 국가 간 협력증대를 위한 제도적 장치들에 대한 연구에 주력하는 반면, 전쟁의 원인 규명을 위해 국제분쟁, 국제안보 문제를 다루는 '상위정치'(high politics)에 대해서는 비중을 두지 않는다.

〈그림 6-1〉 죄수의 딜레마 게임

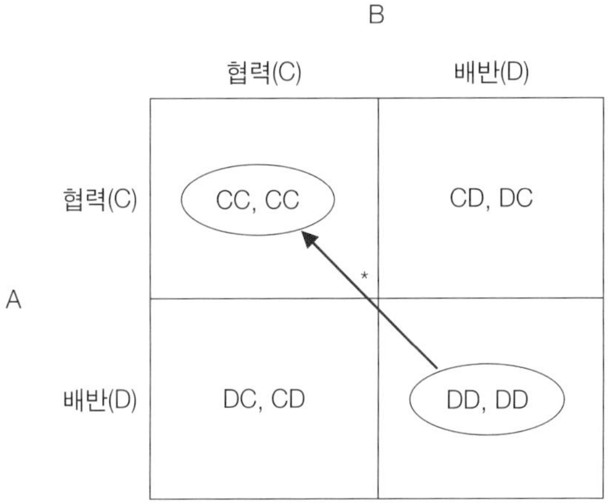

선호도 : DC > CC > DD > CD

* 여기서 국제레짐 등은 (DD, DD)에서 (CC, CC)로의 이동을 용이하게 한다.

2. 민주주의와 평화

자유주의 시각에 바탕을 둔 또 하나의 전쟁원인 규명에 관한 분석으로 최근에 주목을 받는 주장에는 '민주평화론'(democratic peace theory)이 있다. 민주평화론에 관한 연구는 위에서 소개한 자본주의 경제체제 국가의 대내적 특성, 국제 시장경제 내의 자유무역제도, 국제기구나 국제레짐 등이 국제분쟁의 가능성을 낮춘다는 자유주의 경제이론이나 신자유제도주의에 입각한 이론들과는 다른 각도에서 전쟁의 원인분석을 시도한다.

민주평화론은 두 가지 잘 알려진 명제를 제시한다. 첫째, 민주주의국가들 간에는 서로 전쟁을 하지 않는다는 명제이다. 둘째, 민주주의국가가 독재국가나 권위주의국가와 같은 비민주주의 형태의 국가와 이해관계의 상충이 있을 때 민주국가는 비민주적 국가와 전쟁을 불사한다는 명제이다. 마오즈와 러셋(Zeev Maoz and Bruce Russett)은 이러한 두 가지 명제를 규범적 접근과 구조적 접근으로 나누어서 설명한다.[8]

민주평화론의 규범적 접근은 칸트(Immanuel Kant), 윌슨(Woodrow Wilson)과 같은 이상주의자들의 시각이 반영된 것으로 최근에 도일(Michael Doyle) 등에 의해 재정립된 이론이다.[9] 규범적 모델은 두 가지 가정에 근거한다. 첫 번째 가정으로는 각 국가마다 특유의 국내정치행위와 관련된 규범이 있는데 국가들은 이러한 규범의 차이에 따라 국제정치행위도 달라진다는 것이다. 대부분의 민주주의국가들은 정해진 정치적 절차에 따라 평화적으로 경쟁을 하게 되고, 경쟁에서 승리를 하더라도 패배한 상대방을 완전히 제거해 버리는 경우는 없다. 정치적 갈등이 발생하더라도 타협을 통해서 문제를 해결하는 것이 불문율처럼 되어 있다. 그래서 민주주의국가에서의 국내정치상황은 다분히 안정적이다. 그러나 비민주적 국가에서의 정치 규범은 완전히 다르다. 비민주적 국가에서의 정치적 경쟁은 바로 제로-섬(zero-sum) 게임과 같은 형태를 띠기 때문에 정치적 경쟁에서 승자가 독식을 하게 된다. 그리고 패자는 정치판에서 완전히 제거되는 경우가 허다하다. 그래서 정치적 갈등은 주로 폭력과 강압에 의해서 해결되는 경향이 있다. 그러다 보니 비민주국가의 국내정치상황은 불신과 두려움이 만연하여 아주 불안정적이다.

이러한 민주적 규범과 비민주적 규범의 차이는 국제정치행위에서도 드러난다는 것이다. 칸트가 주장하듯이 민주적 규범에 의존하는 국가는 본래 평화를 추구하기 때문에 다른 민주국가와의 국제정치적 갈등을 타협을 통해서 평화적으로 해결하려는 경향이 있다는 것이다. 그에 반해 비민주적 규범에 의존하는 정권은 다분히 호전적이며 타국과의 갈등을 폭력적으로 해결하려는 경향이 강하다는 것이다.

두 번째 가정으로는 민주적 규범에 의존하는 국가가 타국과 분쟁상태에 돌입했을 때 민주국가는 상대국이 의존하고 있는 규범에 따라 국제정치행위를 하는 경향이 있다는 것이다. 만일 민주국가가 다른 민주국가와 분쟁상태에 있을 경우 양국은 모두 민주적 규범에 따라 평화적으로 타협안을 찾아내는 경향이 있지만, 민주국가가 비민주적 정권과 분쟁에 빠졌을 때에는 비민주적 규범, 즉 폭력적 수단을 통한 분쟁의 해결을 마다하지 않는다는 것이다.

이러한 두 가지 가정에 근거하여 민주평화론자들은 민주국가들 간에는 서로 전쟁을 하지 않는다는 명제와 민주주의국가가 비민주적 정권과 이해관계의 상충이 있을 때 민주국가는 비민주적 정권과 전쟁을 불사한다는 명제를 주장한다.

칸트에 의하면 공화정의 주민들은 전쟁이 일어날 경우 그들이 겪어야 할 곤욕을 잘 알고 있기 때문에 전쟁에 반대한다. 그들에게 정치적 권한이 주어진다면 당연히 전쟁을 방지할 것이다. “전쟁에 참전하고, 자신들의 소유물에서 전쟁 경비를 대고, 전후 복구작업에 참여하고, 그것도 모자라 국가는 빚더미에 앉게 되어, 평상시에도 전쟁이 남기고 간 기억을 저버릴 수 없는 주민들이기 때문이다."[10]

칸트는 공화정(republic) 간의 교역, 공화정 간의 자유국가 연합(federation of free states)과 같은 평화연맹의 창설이 민주주의국가들 간의 평화적 관계의 유지에 도움을 준다고 주장한다. 외국과의 교역량이 많은 경제적으로 발전한 민주주의국가들은 국제무역을 통해서 많은 이득을 얻고 있다. 따라서 그들은 전쟁으로 상호 간의 무역관계가 중단되고, 그로 인하여 경제적 손실을 입게 되는 것을 원치 않기 때문에 서로 간에 전쟁을 하지 않으려는 경향이 있다. 칸트는 국제교역을 통해서 "국가들 간의 평화로운 거래관계가 정립되었고, 서로 멀리 떨어져 있는 사람들 간에 이해, 관례, 평화적인 관계가 성립되었다"고 말한다. 그래서 칸트는 힘 있고 깨우친 사람들이 선천적으로 항구적 평화(perpetual peace)를 추구하는 경향이 있는 공화정을 세워야 하며, 공화정 형태의 국가들은 서로 간의 평화상태를 보장하기 위해 평화연맹과 같은 연방기구를 만들어야 한다고 주장한다. 이러한 기구를 통해서 공화정들은 서로 간에 상호주의 원칙, 이해관계의 비폭력적 해결에 관한 규범 등을 정립하게 되고 그 결과 상호행위는 평화적이 될 수 있다는 것이다.[11]

칸트는 항구적 평화를 위한 제1 확정조항(definitive article)에서 공화정을, 제2 확정조항에서 공화정 간의 자유국가 연합을, 그리고 제3 확정조항에서 세계인의 권리(cosmopolitan right)의 필요성을 지적한다. 칸트는 세계인의 권리가 평화연맹과 더불어 적용되어야 하며, 모든 사람들이 타국을 방문했을 때 위협을 당하지 않을 권리, 물물교환이나 아이디어를 교환할 수 있는 권리를 보장해 주는 보편적 호의(universal hospitality) 조건에 국한되어야 한다고 지적한다. 이러한 세 가지 확정조항이 지켜질 때 항구적 평화가 보장될 수 있다고

주장한다.[12]

민주평화론의 구조적 접근은 부에노 데 메스키타(Bruce Bueno de Mesquita), 럼멜(Rudolph Rummel) 등에 의해서 제시되었다.[13] 구조적 접근 역시 두 가지 가정에 근거한다. 첫째 가정으로 민주주의국가에서는 국민 다수의 지지뿐 아니라 의회, 관료, 이익집단 등의 지지도 확보해야만 전쟁동원령과 같은 중요한 정책을 집행할 수 있다. 그래서 민주국가에서는 국가이익을 사수하기 위해 반드시 참전하지 않을 수 없는 전쟁이거나 전쟁의 목표를 달성하는 데 드는 전쟁비용에 비해 전쟁을 통해서 얻을 수 있는 국익이 더 크다고 판단되는 경우를 제외하고는 전쟁선포를 정당화하기가 쉽지 않을뿐더러 전쟁동원령을 내리는 과정이 까다롭고 시간이 많이 걸린다는 것이다.

두 번째 가정으로 비민주적 정권에서는 일단 정권의 핵심세력의 지지만 확보하면 어떤 정책이라도 즉각적으로 추진할 수 있다는 것이다. 비민주적 정권은 전쟁동원령을 내리는 데도 정해진 절차가 없거나 절차가 있다고 하더라도 굳이 따를 필요가 없으며 주민들의 눈치도 볼 필요가 없다는 것이다. 그래서 비민주정권은 신속하게 전쟁에 돌입할 수 있다.

민주평화론의 구조적 접근은 이러한 가정들을 근거로 민주국가들 간에는 서로 전쟁을 하지 않는다는 명제를 설명한다. 무엇보다도 민주국가의 지도자는 전쟁선포와 같은 결정을 섣불리 내리지 않는다. 민주국가의 지도자는 한번이라도 참전가능성을 언급하면 자신의 말에 책임을 져야 한다. 만일 타국과의 분쟁상태에서 전쟁도 불사하겠다는 의지를 내비친 뒤 어느 순간에 이러한 의지를 철회할 경우 자신에게 부과될 정치적 비용, 즉 '청중비용'은 엄청나다. 탄핵을 당할 수도 있고, 차기 선거에서 패배할 수도 있다.[14] 그래서 민주국가의 지도자는 전쟁선포와 관련된 정책 결정에 있어서는 신중해질 수밖에 없다.

게다가 민주국가에서 전쟁동원령을 내리고 전쟁준비를 하는 데는 비민주정권보다 시간이 훨씬 오래 걸린다. 그래서 두 민주국가가 분쟁상태에 놓여 있을 경우 양국 지도자는 모두 전쟁선포 결정을 내리는 데 신중해지고 전쟁준비를 하는 과정이 오래 걸리다 보니, 그 동안 양국 외교관들이 비군사적 타협 방안을 모색할 시간적 여유가 충분히 있다는 것이다. 그 결과 민주국가 간에 분쟁이 발생했을 경우 항상 평화적으로 해결 방안을 찾아내게 되고, 그래서 민주국가 간에는 전쟁을 하지 않는다는 것이다.

그러나 민주정권과 비민주정권 간에 분쟁이 발생할 경우 민주정권은 비민주정권과 전쟁에 돌입하기도 한다. 비민주정권이 선제공격을 할 경우 민주정권은 대량보복공격을 반드시 감행한다. 심지어 민주정권이 비민주정권에 대해 선제공격을 하기도 한다. 또한 민주정권은 참전할 경우 반드시 승리해야 하기 때문에 군사력을 총동원해서라도 적으로부터 항복을 받아내려고 한다.[15]

레이크(David Lake)는 '지대추구'(rent seeking) 이론으로 민주평화론을 설명하기도 한다. 민주국가들 간에 서로 전쟁에 돌입할 가능성이 낮고, 민주국가가 독재국가와 전쟁을 할 경우 승리할 가능성이 더 높다는 것이다. 레이크는 국가가 지대추구행위를 더 할수록 제국주의적 외교정책을 추진하게 된다고 주장한다. 독재국가에서 이러한 지대추구행위가 더 심하고, 그래서 제국주의적이고, 쉽게 전쟁에 참전한다. 지대추구행위가 어려운 민주국가에서는 더 많은 자원이 국가안보를 위해서 사용되고 국민은 이러한 국가의 정책을 적극 지지하는 반면, 독재국가에서는 지대추구가 만연하여 국가안보에 투자할 수 있는 자원이나 국민의 지지가 민주국가에 비해 빈약하다. 게다가 제국주의적 전제정권에 대항하기 위한 민주국가 간의 제휴

도 잘 이루어지기 때문에 민주국가와 독재국가가 전쟁을 할 경우 민주국가가 승리할 가능성이 더 높다.[16]

또한 자유민주주의 국가는 이념적 목적을 추구하는 경향이 있으며, 적의 무조건적 굴복을 요구하고 전적인 승리를 추구한다. 전쟁에 말려들기를 꺼리지만, 한번 참전하면 국제사회에서 민주주의를 지키고 사악한 적을 타도한다는 기치하에 총력전을 편다.[17]

마지막으로, 민주평화론은 민주화과정에 있는 국가들은 전쟁에 휘말려들기 더 쉽다는 주장도 펼친다. 민주화과정에 있는 국가 지도자가 전쟁에 개입할 때 권위주의국가 지도자보다는 더 큰 정치적 비용을 감수해야 하겠지만 자유민주주의국가 지도자보다는 정치적 비용을 덜 감수해도 되는 상황에 처해 있는 것이 대부분이다. 특히 맨스필드와 스나이더(Edward Mansfield and Jack Snyder)의 주장처럼 새로이 동원된 시민들에 대한 통제가 어려워지는 상황이 발생할 경우 국내 신(新)·구(舊) 엘리트들이 자신의 권력유지나 권력쟁취를 위해 민족주의에 호소하는 경향이 높아진다. 그래서 아직 완전한 민주국가체제를 갖추지 못한 채 민주화과정에 있는 국가는 권위주의국가나 민주국가와 이해관계의 상충이 발생할 경우 평화적인 방법보다는 전쟁을 통해서 문제를 해결할 가능성이 높다.[18]

1 Michael Howard, *War in European History* (Oxford : Oxford University Press, 1976), ch.3 참조.

2 Geoffrey Blainey, *The Causes of War* (New York : Free Press, 1973), p.20 참조.

3 J. A. Schumpeter, *Imperialism and Social Classes*, trans. by H. Norden (New York : Augustus M. Kelley, 1951).

4 Blainey, *op. cit.*, p.10 참조.

5 Barry Buzan, "Economic Structure and International Security : The Limits of the Liberal Case," *International Organization*, 38(1984), pp.597-624.

6 Blainey, *op. cit.*, p.18 참조.

7 V. I. Lenin, *Imperialism* (New York : International Publishers, 1939); John A. Hobson, *Imperialism* (London : Allen and Unwin, 1954) 참조.

8 Zeev Maoz and Bruce Russett, "Normative and Structural Causes of Democratic Peace, 1946-1986," *American Political Science Review*, 87(1993), pp.624-638.

9 Michael W. Doyle, "Kant, Liberal Legacies, and Foreign Affairs," *Philosophy and Public Affairs*, 12(1983), pp.205-235; Michael W. Doyle, "Liberalism and World Politics," *American Political Science Review*, 80(1986), pp.1151-1163; Steve Chan, "Democratic Peace and International Conflict : Contending Perspectives and Evidences," in Eun Ho Lee and Woosang Kim(eds.) *Recasting International Relations Paradigms : Statism, Pluralism, and Globalism* (Seoul : Korean Association of International Studies, 1996).

10 Doyle, *op. cit.*(1983)에서 칸트 인용.

11 Immanuel Kant, trans. by Ted Humphrey, *Perpetual Peace and Other Essays*

(Cambridge : Hackett Publishing Company, 1983), pp.107-119; Chan, *op. cit.*, pp.167-171.

12 Immanuel Kant, *op. cit.*

13 Bruce Bueno de Mesquita and David Lalman, *War and Reason* (New Haven : Yale University Press, 1992), ch.5; Rudolph Rummel, "Libertarianism and International Violence," *Journal of Conflict Resolution*, 27(1983), pp.27-71; 럼멜은 구조적 접근뿐 아니라 규범적 접근으로도 민주평화론을 설명한다.

14 청중비용에 관해서는 제2부 제2장 참조; James Fearon, "Domestic Political Audiences and the Escalation of International Disputes," *American Political Science Review*, 88(1994), pp.577-591.

15 Bruce Bueno de Mesquita and Alastair Smith, *The Dictator's Handbook* (New York : Public Affairs, 2011), ch.9.

16 David Lake, "Powerful Pacifists : Democratic States and War," *American Political Science Review*, 86(1992), pp.24-36.

17 Jack S. Levy, "Domestic Politics and War," *Journal of Interdisciplinary History*, 18(1988), pp.653-673.

18 Edward D. Mansfield and Jack Snyder, "Democratization and the Danger of War," *International Security*, 20(1995), pp.5-38; Bruce Bueno de Mesquita, *Principles of International Politics*, 5th ed.(Los Angeles : CQ Press, 2014), ch.6, ch.14.

❙ 참고문헌 ❙

[국문]

김우상. "한 · 미동맹의 이론적 재고," 『한국과 국제정치』 20(2004), pp.1-28.

_____. "잣대는 국내정치 아닌 국가이익," 『월간 넥스트』 11(2006), pp.59-66.

_____. "통일한국의 안보전략과 한미동맹," 육군사관학교 개교 70주년 기념 통일세미나 발표 논문, 2016년 9월 30일.

_____. 『중견국책략 : 미 · 중 사이 한국의 스마트 외교』(서울 : 세창출판사, 2016).

김우상 · 김재한 · 황태희 외 공역. 『세계정치론』(서울 : 카오스북, 2015).

미국 국익위원회(박동 · 유석진 역). "미국의 국익," 『국가전략』 3(1996).

손기웅. 『통일 : 가지 않은 길로 가야만 하는 길』(서울 : 늘품플러스, 2015).

외교통상부. 『2010 외교백서』(서울 : 외교통상부).

이종석. 『새로쓴 현대북한의 이해』(서울 : 역사비평사, 2000).

통일교육원. 『북한의 이해』(서울 : 통일교육원, 2004).

[영문]

Allison, Graham. *The Essence of Decision : Explaining the Cuban Missile Crisis*. Boston : Little Brown, 1971.

Altfeld, Michael F. "Arms Races?-And Escalation? A Comment on Wallace." *International Studies Quarterly*, 27(1983), pp.225-231.

_____. "The Decision to Ally : A Theory and Test." *Western Political Quarterly*, 37(1984), pp.523-544.

_____ and Bruce Bueno de Mesquita. "Choosing Sides in Wars." *International Studies Quarterly*, 23(1979), pp.87-112.

Armitage, Richard L. and Joseph S. Nye. "The U.S.-Japan Alliance : Getting Asia Right through 2020." CSIS Report. Washington, D. C. : Center for Strategic and International Studies, February, 2007.

Axelrod, Robert. *The Evolution of Cooperation*. New York : Basic Books, 1984.

_____ and Robert O. Keohane. "Achieving Cooperation Under Anarchy : Strategies and Institutions." In Kenneth A. Oye(ed.), *Cooperation Under Anarchy*. Princeton : Princeton University Press, 1986.

Bennet, Bruce et al., "Countering the Risks of North Korean Nuclear Weapons." Rand Corporation & The Asan Institute for Policy Studies, April 2021.

Blainey, Geoffrey. *The Causes of War*. New York : Free Press, 1973.

Blair, Bruce, Victor Esin, Matthew McKinzie, Valery Yarynich and Pavel Zolotarev. "Smaller and Safer." *Foreign Affairs*, 89(2010), pp.9-16.

Brams, Steven J. and D. Marc Kilgour. "Deterrence versus Defense: A Game-Theoretic Model of Star Wars." *International Studies Quarterly* 32(1988): 3-28.

Bueno de Mesquita, Bruce. "Theories of International Conflict : An Analysis and an Appraisal." In Ted Robert Gurr(ed.), *Handbook of Political Conflict*. New York : Free Press, 1980.

_____. *The War Trap*. New Haven : Yale University Press, 1981.

_____. "The Contribution of Expected Utility Theory to the Study of International Conflict." In Manus I. Midlarsky(ed.), *Handbook of War Studies*. Ann Arbor : University of Michigan Press, 1989.

_____. *Principles of International Politics*, 3rd ed. Washington, D.C. : CQ Press, 2006.

_____. *Principles of International Politics*, 5th ed. Los Angeles : CQ Press, 2014.

_____ and David Lalman. "Reason and War." *American Political Science Review*, 80(1986), pp.1113-1131.

_____ and David Lalman. *War and Reason*. New Haven : Yale University Press, 1992.

_____ and J. David Singer. "Alliances, Capabilities, and War : A Review and Synthesis." In Cornelius Cotter(ed.), *Political Science Annual : An International Review, vol.4*. Indianapolis : Bobbs-Merrill, 1973.

_____ and William H. Riker. "An Assessment of the Merits of Selective Nuclear Proliferation." *Journal of Conflict Resolution*, 26(1982), pp.283-306.

_____ and Alastair Smith. *The Dictator's Handbook*. New York : Public Affairs, 2011.

Bull, Hedley. *The Anarchical Society : A Study of World Politics*. London : Macmillan, 1977.

Buzan, Barry. "Economic Structure and International Security : The Limits of the Liberal Case." *International Organization*, 38(1984), pp.597-624.

Calvert, Randall. "The Value of Biased Information : A Rational Choice Model of Political Advice." *Journal of Politics*, 47(1985), pp.530-555.

Chan, Steve. "Democratic Peace and International Conflict : Contending Perspectives and Evidences." In Eun Ho Lee and Woosang Kim(eds.), *Recasting International Relations Paradigms : Statism, Pluralism, and Globalism*. Seoul : Korean Association of International Studies, 1996.

Copeland, Dale. "The Constructivist Challenge to Structural Realism : A Review Essay." *International Security*, 25(2000), pp.187-212.

Diehl, Paul F. "Arms Races and Escalation : A Closer Look." *Journal of Peace Research*, 20(1983), pp.205-212.

Dixit, Avinash K. and Barry J. Nalebuff. *Thinking Strategically*. New York : W. W. Norton & Company, 1991.

Dougherty, James E. and Robert L. Pfaltzgraff, Jr. *Contending Theories of International Relations*. New York : Harper & Row Publishers, 1990.

Downes, Alexander B. and Todd S. Sechser. "The Illusion of Democratic Credibility." *International Organization*, 66(2012), pp.457-489.

Downs, George W. and David M. Rocke. *Tacit Bargaining, Arms Races, and Arms Control*. Ann Arbor : University of Michigan Press, 1990.

_____, David M. Rocke, and Randolph M. Siverson. "Arms Race and Cooperation." *World Politics*, 38(1985), pp.118-146.

Doyle, Michael W. "Kant, Liberal Legacies, and Foreign Affairs." *Philosophy and Public Affairs*, 12(1983), pp.205-235.

_____. "Liberalism and World Politics." *American Political Science Review*, 80(1986), pp.1151-1163.

Evera, Stephen Van. *Causes of War : The Structure of Power and the Roots of War*. Ithaca : Cornell University Press, 1999.

Fearon, James. "Domestic Political Audiences and the Escalation of International Disputes." *American Political Science Review*, 88(1994), pp.577-591.

Feldman, Shai. "A Nuclear Middle East." *Survival*, 23(1981), pp.107-116.

_____. "Peacemaking in the Middle East : The Next Step." *Foreign Affairs*, 59(1981), pp.756-780.

Foerster, Schuyler and Edward N. Wright. *American Defense Policy*. Baltimore : Johns Hopkins University Press, 1990.

Fuhrmann, Matthew. "Spreading Temptation : Proliferation and Peaceful Nuclear Cooperation Agreements." *International Security*, 34(2009), pp. 7-41.

_____ and Sarah Kreps. "Targeting Nuclear Programs in War and Peace : A Quantitative Empirical Analysis, 1941-2000." *Journal of Conflict Resolution*, 54(2010), pp.831-859.

Gartzke, Erik and Matthew Kroenig. "A Strategic Approach to Nuclear

Proliferation." *Journal of Conflict Resolution*, 53(2009), pp.51-160.

______ and Dong-Joon Jo. "Bargaining, Nuclear Proliferation, and Interstate Disputes." *Journal of Conflict Resolution*, 53(2009), pp.209-233.

George, Alexander L. *Presidential Decisionmaking in Foreign Policy : The Effective Use of Information and Advice*. Boulder : Westview Press, 1980.

_____ and Richard Smoke. *Deterrence in American Foreign Policy : Theory and Practice*. New York : Columbia University Press, 1974.

Gerson, Michael. "No First Use : the Next Step for US Nuclear Policy." *International Security*, 35(2010), pp.7-47.

Gibler, Douglas M., Toby J. Rider, and Marc L. Hutchison. "Taking Arms Against a Sea of Troubles : Conventional Arms Races During Periods of Rivalry." *Journal of Peace Research*, 42(2005), pp.131-147.

Gilpin, Robert. *The Political Economy of International Relations*. Princeton : Princeton University Press, 1987.

Glaser, Charles L. and Steve Fetter. "Should the United States Reject MAD?: Damage Limitation and U.S. Nuclear Strategy toward China." *International Security* 41(2016): 49-98.

Gray, Alexander and Peter Navarro. "Donald Trump's Peace Through Strength Vision for the Asia-Pacific : How the Republican nominee will rewrite America's relationship with Asia." *Foreign Policy*, November 7, 2016.

Green, Michael. "The Perilous Case of Kim Jong Il." *National Interest*, 103 (2009), pp.36-42.

Grieco, Joseph M. "Anarchy and the Limits of Cooperation : A Realist Critique of the Newest Liberal Institutionalism." *International Organization*, 42 (1988), pp.485-507.

Hearings before the Subcommittee on East Asian and Pacific Affairs of the

Committee on Foreign Relations, United States Senate, 102nd Congress, 1st and 2nd Sessions. "Threat of North Korean Nuclear Proliferation." U.S. Government Printing Office, Washington, D.C., November 25, 1991; January 14 and February 6, 1992.

Hobbes, Thomas. *Leviathan.* Oxford: Clarendon Press, 1909.

Hobson, John A. *Imperialism.* London : Allen and Unwin, 1954.

Horn, Michael E. "Arms Races and the Likelihood of War." Presented at the 1984 Annual Meeting of the International Studies Association, March 27-31, 1984.

Howard, Michael. *War in European History.* Oxford : Oxford University Press, 1976.

_____. "Reassurance and Deterrence : Western Defense in the 1980s." *Foreign Affairs*, 61 : 2(1982-83).

Huth, Paul K. *Extended Deterrence and the Prevention of War.* New Haven : Yale University Press, 1988.

_____. "Major Power Intervention in International Crises, 1918-1988." *Journal of Conflict Resolution*, 42(1998), pp.744-770.

_____ and Bruce Russett. "Deterrence Failure and Crisis Escalation." *International Studies Quarterly*, 32(1998), pp.29-45.

Hymans, Jacques. *The Psychology of Nuclear Proliferation.* Cambridge : Cambridge University Press, 2006.

Intriligator, Michael D. and Dagobert L. Brito. "Richardsonian Arms Race Models." In Manus I. Midlarsky(ed.), *Handbook of War Studies.* Boston : Unwin and Hyman, 1989.

Jervis, Robert. "Cooperation under the Security Dilemma." *World Politics*, 30(1978), pp.167-214.

Jo, Dong-Joon and Erik Gartzke. "Determinants of Nuclear Weapons Proliferation." *Journal of Conflict Resolution*, 51(2007), pp.167-194.

Jordan, Amos A., William J. Taylor, Jr., and Lawrence J. Korb. *American National Security*. Baltimore : Johns Hopkins University Press, 1989.

Kaiser, Karl, Geor Leber, Alois Mertes, and Franz-Josef Schulze. "Nuclear Weapons and the Preservation of Peace." *Foreign Affairs*, 60(1982), pp.1157-1170.

Kang, Kyungkook and Jacek Kugler. "Assessment of Deterrence and Missile Defense in East Asia: A Power Transition Perspective." *International Area Studies Review*, 18(2015), pp.280-296.

Kegley, Charles W. Jr. and Eugene R. Wittkopf. *American Foreign Policy*. New York : St. Martin's Press, 1987.

_____. *World Politics*. New York : St. Martin's Press, 1995.

Keohane, Robert and Joseph Nye. *Power and Interdependence*. Boston : Little Brown, 1989.

_____. *After Hegemony : Cooperation and Discord in the World Political Economy*. Princeton : Princeton University Press, 1984.

Kim, Chae H. "Third-Party Participation in Wars." *Journal of Conflict Resolution*, 35(1991), pp.659-677.

Kim, Jaehak and Woosang Kim. "Simulation Analysis on the Effectiveness of the Missile Defense." *Journal of Peace Research*, 58(2021), pp.510-522.

Kim, Woosang. "Alliance Transitions and Great Power War." *American Journal of Political Science*, 35(1991), pp.833-850.

_____. "Power Transitions and Great Power War from Westphalia to Waterloo." *World Politics*, 45(1992), pp.153-172.

_____. "Perception and Strategic Thinking in a Diplomatic Bargaining Process." *Sejong Review*, 3(1995), pp.147-160.

_____. "The Diplomatic Triangle of South Korea, China, and Taiwan." *Issues and Studies*, 32(1996), pp.24-39.

_____. "Power Parity, Alliance, Dissatisfaction, and Wars in East Asia,

1860-1993." *Journal of Conflict Resolution*, 46(2002), pp.654-671.

_____. "In Dealing With A Hawkish Rival : Game Theoretic and Empirical Analyses of the Korean Peninsula Case." *Korean Journal of Defense Analysis*, 14(2002), pp.29-50.

_____ and Bruce Bueno de Mesquita. "How Perceptions Influence the Risk of War." *International Studies Quarterly*, 39(1995), pp.51-65.

Krasner, Stephen D.(ed.), *International Regimes*. Ithaca : Cornell University Press, 1983.

Kroenig, Matthew. "Importing the Bomb," *Journal of Conflict Resolution*, 53(2009), pp.161-180.

Kupchan, Charles. "After Pax Americana : Benign Power, Regional Integration, and the Sources of a Stable Multipolarity." *International Security*, 23 (1998), pp.40-79.

Lake, David. "Powerful Pacifists : Democratic States and War." *American Political Science Review*, 86(1992), pp.24-36.

Lalman, David and David Newman. "Alliance Formation and National Security." *International Interactions*, 16(1991), pp.239-254.

Lambelet, John C. "Do Arms Races Lead to War?" *Journal of Peace Research*, 12(1975), pp.123-128.

Leeds, Brett Ashley. "Do Alliances Deter Aggression? The Influence of Military Alliances on the Initiation of Militarized Interstate Disputes." *American Journal of Political Science*, 47(2003a), pp.427-439.

_____. "Alliance Reliability in Times of War : Explaining State Decisions to Violate Treaties." *International Organization*, 57(2003b), pp.801-827.

_____. Andrew G. Long and Sara McLaughlin Mitchell. "Reevaluating Alliance Reliability : Specific Threats, Specific Promises." *Journal of Conflict Resolution*, 44(2000), pp.686-699.

Lenin, V. I. *Imperialism*. New York : International Publishers, 1939.

Levy, Jack S. "Declining Power and the Preventive Motivation for War." *World Politics*, 40(1987), pp.82-107.

_____. "Domestic Politics and War." *Journal of Interdisciplinary History*, 18(1988), pp.653-673.

_____. "Preventive War and Democratic Politics," *International Studies Quarterly*, 52(2008), pp.1-24.

Lewis, George N. and Theodore A. Postol. "A Flawed and Dangerous U.S. Missile Defense Plan." *Arms Control Today* 40(2010): 24-32.

Machiavelli, Niccolo. *The Prince*. Trans. by N. H. Thomson. New York : P. F. Collier & Son, 1910.

Mansfield, Edward D. and Jack Snyder. "Democratization and the Danger of War." *International Security*, 20(1995), pp.5-38.

Maoz, Zeev and Bruce Russett. "Normative and Structural Causes of Democratic Peace, 1946-1986." *American Political Science Review*, 87(1993), pp. 624-638.

Mastro, Oriana. "Why China Won't Rescue North Korea." *Foreign Affairs*, 97(2018), pp.58-66.

McGeorge, Bundy, George F. Kennan, Robert S. McNamara, and Gerard Smith. "Nuclear Weapons and the Atlantic Alliance." *Foreign Affairs*, 60(1982), pp.753-768.

Mearsheimer, John. "Nuclear Weapons and Deterrence in Europe," *International Security*, 41(1984), pp.19-46.

________. "Back to the Future : Instability in Europe after the Cold War." *International Security*, 15(1990), pp.5-57.

________. "The Case for a Ukraine Nuclear Deterrent." *Foreign Affairs*, 72(1993), pp.50-66.

________. *The Tragedy of Great Power Politics*. New York : W.W. Norton, 2001.

_________ and Stephen Walt. "The Case for Offshore-Balancing." *Foreign Affairs*, 95(2016), pp.70-83.

Midlarsky, Manus I. *The Onset of World War*. Boston : Unwin and Hyman, 1988.

Monteiro, Nuno P. and Alexandre Debs. "The Strategic Logic of Nuclear Proliferation." *International Security*, 39(2014), pp.7-51.

Morgan, Patrick M. *Deterrence : A Conceptual Analysis*. Beverly Hills : Sage Publications, 1977.

Morgenthau, Hans J. *Politics among Nations*. New York : Alfred A. Knopf, 1973.

Morrow, James D. "A Twist of Truth : A Reexamination of the Effects of Arms Races on the Occurrence of War." *Journal of Conflict Resolution*, 33 (1989), pp.500-529.

_____. "Alliance and Asymmetry : An Alternative to the Capability Aggregation Model of Alliances." *American Journal of Political Science*, 35(1991), pp. 904-933.

Mullen, Mike, Sam Nunn, and Adam Mount. "A Sharper Choice on North Korea : Engaging China for a Stable Northeast Asia." Council on Foreign Relations, Independent Task Force Report No.74, 2016.

Nincic, Miroslav. *The Arms Race*. New York : Praeger, 1982.

Nye, Joseph S., Jr. *Nuclear Ethics*. London : Free Press, 1986.

_____. "Redefining the National Interest." *Foreign Affairs*, 78(1999), pp.22-35.

Office of the Secretary of Defense. *Nuclear Posture Review 2018*. Washington D.C. : Department of Defense, 2018.

Organski, A.F.K. *World Politics*. New York : Alfred. A. Knorf, 1958.

Organski, A.F.K. *World Politics*, 2nd ed. New York : Alfred A. Knpof, 1968.

Organski, A.F.K. and Jacek Kugler. *The War Ledger*. Chicago : University of

Chicago Press, 1980.

Oye, Kenneth A. "Explaining Cooperation Under Anarchy : Hypotheses and Strategies." in Kenneth A. Oye(ed.), *Cooperation Under Anarchy*. Princeton : Princeton University Press, 1986.

Potter, Philip P.K. and Matthew A. Baum. "Looking for Audience Costs in all the Wrong Places: Electoral Institutions, Media Access, and Democratic Constraint." *Journal of Politics*, 76(2014), pp.167-181.

Powell, Robert. "Uncertainty, Shifting Power, and Appeasement." *American Political Science Review*, 90(1996), pp.749-764.

Putnam, Robert. "Diplomacy and Domestic Politics : The Logic of Two-level Games." *International Organization*, 42(1988), pp.427-460.

Quackenbush, Stephen L. "National Missile Defense and Deterrence." *Political Research Quarterly,* 59(2006): pp.533-541.

Quackenbush, Stephen L. and A. Cooper Drury. "National missile defense and (dis)satisfaction." *Journal of Peace Research,* 48(2011): pp.469-480.

Rauchhaus, Robert. "Evaluating the Nuclear Peace Hypothesis." *Journal of Conflict Resolution*, 53(2009), pp.258-277.

Richardson, Lewis F. *Arms and Insecurity : A Mathematical Study of the Causes and Origins of War*. Pittsburgh : Boxwood, 1960.

Rosen, Steven J. "A Stable System of Mutual Nuclear Deterrence in the Arab-Israeli Conflict." *American Political Science Review*, 71(1977), p.1383.

Ross, Robert S. "The Geography of the Peace : East Asia in the Twenty-first Century." *International Security*, 23(1999), pp.81-118.

Rummel, Rudolph. "Libertarianism and International Violence. "*Journal of Conflict Resolution*, 27(1983), pp.27-71.

Russett, Bruce and Harvey Starr. *World Politics : The Menu for Choice*. New York : W. H. Freeman, 1992.

Sabrosky, Alan. "Interstate Alliances : Their Reliability and the Expansion of War." In J. David Singer(ed.), *The Correlates of War, II : Testing Some Realpolitik Models*. New York : Free Press, 1980.

Sagan, Scott. *The Limits of Safety : Organizations, Accidents, and Nuclear Weapons*. Princeton : Princeton University Press, 1993.

Schelling, Thomas. *The Strategy of Conflict*. Cambridge : Harvard University Press, 1960.

Schroeder, Paul. "Historical Reality vs Neo-realist Theory." *International Security*, 19(1994), pp.116-125.

Schultz, Kenneth. "Domestic Opposition and Signaling in International Crises." *American Political Science Review*, 92(1998), pp.829-844.

______. *Democracy and Coercive Diplomacy*. Cambridge : Cambridge University Press, 2001.

Schumpeter, J. A. *Imperialism and Social Classes*. Trans. by H.Norden. New York : Augustus M. Kelley, 1951.

Selten, Reinhardt. "Reexamination of the Perfectness Concept for Equilibrium Points in Extensive Games." *International Journal of Game Theory*, 4(1975), pp.25-55.

Singer, J. David. "Threat Perceptions and the Armament-Tension Dilemma." *Journal of Conflict Resolution*, 2(1958), pp.90-105.

Siverson, Randolph M. and Michael R. Tennefoss. "Interstate Conflicts : 1815-1965." *International Interactions*, 9(1982), pp.147-178.

Small, Melvin and J. David Singer. "Formal Alliances, 1816-1965 : An Extension of the Basic Data." *Journal of Peace Research*, 3(1969), pp.257-282.

Smith, Alastair. "Alliance Formation and War." *International Studies Quarterly*, 39(1995), pp.405-425.

______. "To Intervene or Not to Intervene : A Biased Decision." *Journal of*

Conflict Resolution, 40(1996), pp.16-40.

_____. "Extended Deterrence and Alliance Formation." *International Interactions*, 24(1998), pp.315-343.

Snidal, Duncan. "Relative Gains and the Pattern of International Cooperation." *American Political Science Review*, 85(1991), pp.701-726.

Snyder, Glenn H. *Alliance Politics*. Ithaca : Cornell University Press, 1997.

_____. "Mearsheimer's World—Offensive Realism and the Struggle for Security : A Review Essay." *International Security*, 27(2002), pp.149-173.

Solingen, Etel. *Nuclear Logics : Contrasting Paths in East Asia and the Middle East*. Princeton : Princeton University Press, 2007.

Stockholm International Peace Research Institute. *SIPRI Yearbook 1994*. Oxford : Oxford University Press, 1994.

Stockholm International Peace Research Institute. *SIPRI Yearbook 2018*. Oxford : Oxford University Press, 2018.

The White House. *The National Security Strategy of the United States, December 2017*. Washington D.C. : The White House, 2017.

The White House. *United States Strategic Approach to the People's Republic of China, May 2020*. Washington D.C. : The White House, 2020.

The White House. "Fact Sheet: President Biden and G7 Leaders Launch Build Back Better World (B3W) Partnership." June 12, 2021.

Thucydides. *The Peloponnesian War*, trans. by Rex Warner. Bungay : Penguin Books, 1954.

Trachtenberg, Marc. "Audience Costs: An Historical Analysis." *Security Studies*, 21(2012), pp.3-42.

Wallace, Michael. "Arms Races and Escalation." *Journal of Conflict Resolution*, 23(1979), pp.3-16.

_____. "Armaments and Escalation." *International Studies Quarterly*, 26

(1982), pp.37-56.

Walt, Stephen M. *The Origins of Alliances.* Ithaca : Cornell University Press, 1987.

_____. "International Relations : One World, Many Theories." *Foreign Policy*, (1998), pp.29-46.

_____. "Why Alliances Endure or Collapse." *Survival*, 39(1997), pp.156-179.

_____. "Alliance Formation and the Balance of World Power." *International Security*, 9(1985), pp.3-43.

Waltz, Kenneth. *Theory of International Politics.* Reading : Addison Wesley, 1979.

_____. "The Spread of Nuclear Weapons : More May Be Better." Adelphi Papers, no.171. London : International Institute of Strategic Studies, 1982.

_____. "Nuclear Myths and Political Realities." *American Political Science Review*, 84(1990), pp.731-745.

Weede, Erich. "Arms Races and Escalation : Some Persisting Doubts." *Journal of Conflict Resolution*, 24(1980), pp.285-287.

Weeks, Jessica L. "Autocratic Audience Costs: Regime Type and Signaling Resolve." *International Organization*, 62(2008), pp.35-64.

Wendt, Alexander. *Social Theory of International Politics.* Cambridge : Cambridge University Press, 1999.

Williams, Phil et al.(eds.). *Classical Readings of International Relations.* Belmont : Wadsworth, 1994.

Woodward, Bob. *Fear : Trump in the White House.* New York : Simon & Schuster, 2018.

Wu, Samuel S. G. "To Attack or Not to Attack." *Journal of Conflict Resolution*, 34(1990), pp.531-552.

▌찾아보기 ▌

ㅎ

김우상(金宇祥)

現 연세대 정치외교학과 교수

미국 로체스터 대학 정치학 박사

歷任

한국국제교류재단(Korea Foundation) 이사장

주 호주 대한민국 특명전권 대사 / 믹타(MIKTA) 국회의장회의 특별자문관

호주 퀸즈랜드대학 명예교수(Honorary Professor)

연세대 동서문제연구원장 / 숙명여대 정치외교학과 교수

미국 텍사스 A&M 대학 정치학과 종신교수

미국 스탠퍼드 대학 후버연구소 연구원

한국정치학회, 한국국제정치학회 이사 / 동아일보 객원논설위원

대한민국 국방부 정책자문위원 / 대한민국 공군정책자문위원

한국해로연구회 집행위원장 / 국가안전보장회의(NSC) 정책전문위원

대한민국 국회 입법지원위원

저서

〈중견국책략 : 미 · 중 사이 한국의 스마트 외교〉

〈신한국책략 III : 대한민국 중견국 외교〉

〈신한국책략 II : 동아시아 국제관계〉

〈신한국책략〉

〈국제관계론 강의〉 I, II (공역)

〈동북아 질서와 미 · 중관계〉(영문 공편)

〈한반도 정치와 합리적 선택〉(영문 공편)

논문

〈World Politics〉, 〈American Journal of Political Science〉, 〈Journal of Peace Research〉, 〈Journal of Conflict Resolution〉, 〈International Studies Quarterly〉, 〈International Area Studies Review〉 등에 다수 게재

제3판 신한국책략 4.0 : 북한 핵위협과 한반도 안보

-

초 판 발행 2017년 1월 7일

제3판 발행 2021년 8월 20일

-

저 자 김우상

발행인 이방원

-

발행처 세창출판사

신고번호 제1990-000013호

주소 03736 서울시 서대문구 경기대로 58 경기빌딩 602호

전화 02-723-8660 팩스 02-720-4579

블로그 blog.naver.com/scpc1992 페이스북 fb.me/Sechangofficial 인스타그램 @sechang_official

-

ISBN 979-11-6684-039-5 93340